커스터머
커뮤니티

Customer Communities:
Engage and Retain Customersto Build the Future of Your Business
by NICK MEHTA & ROBIN VAN LIESHOUT
Copyright © 2024 by Gainsight, Inc. All rights reserved.
This translation published under license with the original publisher John Wiley & Sons, Inc.

Korean translation copyright ©2025 by Yemmibooks.
This translation published under license with John Wiley & Sons, Inc. through EYA(Eric Yang Agency)

이 책의 한국어판 저작권은 EYA(에릭양 에이전시)를 통한 John Wiley & Sons, Inc.사와의 독점계약으로 도서출판 예미가 소유합니다.
저작권법에 의하여 한국 내에서 보호를 받는 저작물이므로 무단전재 및 복제를 금합니다.

AI 시대, 고객을 넘어 팬덤을 만드는 10가지 성공법칙

커스터머 커뮤니티

닉 메타 · 로빈 판 리샤우트 지음
정서은 · 박예진 옮김

예미

Contents

한국어판을 번역하며	6
서문	10
들어가는 글 : 두 CEO의 외로운 성장기	13

PART 1
왜 지금 커뮤니티인가? 비즈니스 판도를 바꾸는 새로운 성장 엔진

Chapter 1 커뮤니티 세계로의 초대   21
　_ 소속감이 만드는 연결의 힘

Chapter 2 커뮤니티, 성장 전략이 되다   30
　_ 브랜드의 차별화를 결정짓는 요소

Chapter 3 차세대 커뮤니티는 어떻게 성공을 이끄는가   59
　_ 순수익 유지를 위한 새로운 기업 전략

Chapter 4 모든 팀의 무기가 되는 커뮤니티   74
　_ 고객지원, 고객성공, 마케팅, 제품개발 각 부서는 커뮤니티로부터
　무엇을 얻을 수 있는가?

PART 2
성공적인 커뮤니티 구축을 위한 10가지 법칙
고객이 모이고, 머무르고, 확산되는 구조 만들기

Chapter 5 법칙 1: 지금 당장, 작게라도 시작하라   93
　_ 빠르게 실험하고 작게 시작해 크게 키우기

Chapter 6 법칙 2: 자체 플랫폼을 운영하라   104
　_ 빌린 공간이 아닌 내 플랫폼에서 고객과 소통하기

Chapter 7 법칙 3: 커뮤니티를 고객 여정의 중심으로   118
　_ 고객을 대규모로 활성화하고 참여시키기

Chapter 8 법칙 4: 배움과 영감을 주는 콘텐츠를 만들어라   144
         _ 신뢰를 쌓는 콘텐츠 전략

Chapter 9 법칙 5: 고객을 찐팬으로 만들어라   160
         _ 충성고객 중심으로 성장하는 구조 만들기

Chapter 10 법칙 6: 고객은 모두의 책임이다   173
         _ 조직 전체를 아우르는 커뮤니티 전략

Chapter 11 법칙 7: 오프라인은 여전히 강력하다   198
         _ 진짜 관계는 만남에서 시작된다

Chapter 12 법칙 8: 모든 것을 하나의 고객 허브에 통합하라   217
         _ 파편화된 고객 경험을 하나로 연결하기

Chapter 13 법칙 9: 실질적인 성과에 집중하라   239
         _ 가짜 수치 아닌, 진정한 비즈니스 임팩트 추구하기

Chapter 14 법칙 10: 커뮤니티에 조직의 문화와 가치를 담아라   255
         _ '휴먼 퍼스트' 커뮤니티 만들기

PART 3
커뮤니티, 어디서부터 시작할까? 지속 가능한 커뮤니티의 첫걸음

Chapter 15 성공적인 커뮤니티 시작을 위한 로드맵   277
         _ 탄탄한 전략을 완성하는 5단계 방법

Chapter 16 예상되는 내부 저항, 어떻게 대처할까?   293
         _ 반대 의견에 대한 9가지 답변

에필로그   302
참고문헌   304

한국어판을 번역하며

"커뮤니티가 중요하다고는 하는데, 정작 커뮤니티를 어떻게 구축하고 운영해야 하는 걸까?"

"AI 시대에 커뮤니티가 여전히 필요할까?"

이런 질문들에 도움이 되고 싶어, 이 책을 한국어로 번역하게 되었습니다.

20여 년 전, 커뮤니티라는 개념이 아직 생소하던 시절, 저는 웨스턴 디지털Western Digital의 마케팅 매니저로서 파워유저 커뮤니티를 만들고 고객들과 직접 만나 소통하는 활동을 이끌었습니다. 이후 시스코Cisco에서는 전 세계 200만 명 이상의 회원이 7개 국어로 활동하는 글로벌 커뮤니티의 전략과 운영을 맡게 되었는데, 그 이전부터 저는 디지털 경험과 고객 성공 분야에서 활동하며, 커뮤니티가 단순한 지원 채널이 아니라 고객 경험과 디지털 여정의 중심이라는 점을 깊이 체감해 왔었습니다. 그래서 커뮤니티와 다시 연결된 그 순간은 저에게 매우 자연스럽고도 운명처럼 느껴졌습니다.

닉 메타의 이 책을 처음 접하고 팀원 모두에게 읽어보라고 권했을 때, 저는 놀라움과 공감을 동시에 느꼈습니다. 시스코 커뮤니티를 운영하면서 겪었던 고민, 시행착오, 그리고 우리가 몸으로 부딪치며 해온 실천들이, 이 책 속에서 고스란히 언어화되어 있었기 때문입니다. 그동안 커뮤니티의 중요성은 자주 이야기되어 왔지만, 실제로 커뮤니티를 어떻게 기획하고 구축하고 운영해야 하는지에 대해 체계적으로 정리된 자료는 드물었습니다. 이 책은 커뮤니티에 대한 '철학'뿐 아니라, '실전 전략과 프레임워크'를 함께 제시합니다. 특히 디지털 경험을 진지하게 고민하는 조직이라면 반드시 짚고 넘어가야 할 논점과 실행 지침들이 명료하게 담겨 있어, 같이 일했던 팀원들뿐 아니라 한국에 있는 더 많은 조직, 기업에도 도움이 되기를 바라는 마음으로 번역을 시작하게 되었습니다.

닉 메타가 이 책을 집필했을 당시에는 생성형 AI가 대중화되기 전이었기 때문에, 책의 내용에는 AI 관련 주제가 직접적으로 다뤄지지 않습니다. 하지만 그사이, 챗GPT를 비롯한 생성형 AI 기술이 우리의 일상에 깊숙이 들어왔습니다. 질문만 던지면 몇 초 만에 답을 주는 시대에, "챗GPT에 물어보면 되는데 굳이 커뮤니티에 갈 필요가 있을까?"라는 의문은 많은 독자들에게 너무도 자연스러운 생각일 것입니다. 그래서 이 책을 번역하면서 저는, 닉이 다루지 못했던 'AI 시대의 커뮤니티'라는 맥락을 이 글에서 함께 보완하고자 했습니다. 이 글은 바로 그 질문에 대한 저의 경험과 생각을 담은 작은 해설이자, 오늘날 커뮤니티의 의미를 새롭게 비춰 보는 시도이기도 합니다.

AI는 정보를 빠르게 찾아주지만, 커뮤니티는 경험의 맥락, 시행착오, 사람 간 신뢰를 통해 문제를 해결합니다. 단순히 정답을 얻는 것이 아니라, 비슷한 상황을 겪은 이들과 나누는 이야기 속에서 현실적인 해결책과 감정적 공감을 얻게 되는 과정—이것이 바로 커뮤니티의 본질입니다. 오늘날 고객은 단순한 사용자user가 아닙니다. 질문하고 배우며, 다시 누군가를 도우며 성장하는 존재입니다. 커뮤니티는 이러한 고객 여정을 유기적으로 연결하는 디지털 파트너이자, 함께 성장하는 무대입니다.

또한 커뮤니티는 고객에게 다양한 정보를 한 데 모아주는 디지털 허브의 역할도 합니다. 검색, 챗봇, 이메일, 홈페이지, 웨비나 등 여러 채널에 흩어져 있는 정보 속에서, 커뮤니티는 고객이 '어디서부터 시작해야 할지'를 찾을 수 있도록 돕고, 다른 사람들의 경험을 통해 방향을 제시해 줍니다.

기업 입장에서도 커뮤니티는 고객 지원, 제품 교육, 마케팅, 세일즈, 사용자 사례 등 다양한 활동이 연결되는 중심축이며, 부서 간 협업을 가능하게 해주는 전략적 플랫폼입니다. 고객의 목소리가 이곳에 모이고, 그 인사이트가 다시 제품과 서비스에 반영되는 선순환이 일어납니다.

무엇보다 커뮤니티는 고객이 단순히 질문하고 답을 얻는 수준을 넘어, 자신의 전문성과 영향력을 키워갈 수 있는 커리어 성장의 장이기도 합니다. 질문자에서 해결자, 나아가 리더로 성장하는 과정 속에서 고객은 기업과의 신뢰 관계를 깊이 있게 구축하며, 자신의 목소리와 위치를 넓혀갑니다. 이는 AI 기반의 자동화된 정보 전달과는 본질적으로 다른, 인간 중심의 진화 과정입니다.

고객은 단지 정보를 원하는 것이 아닙니다. "나만 그런 게 아니었구나"라는 공감, 그리고 함께 성장하고 있다는 소속감은 AI가 흉내 낼 수 없는 영역입니다. 커뮤니티는 정보보다 깊고, 관계보다 따뜻한 공간입니다.

물론 커뮤니티가 AI를 배척하는 것은 아닙니다. 오히려 커뮤니티는 AI의 자동화 역량을 적절히 활용함으로써 더 인간적인 공간으로 진화할 수 있습니다. 예를 들어 게시글 요약, 유사 질문 병합, 콘텐츠 추천 자동화, 고객 여정 기반 큐레이션, 커뮤니티 대화 분석을 통한 제품팀 피드백 등은 AI의 효율성과 커뮤니티의 사람 중심적 연결을 동시에 강화시켜 줍니다.

AI 시대에도, 아니, AI 시대이기 때문에 더욱, 커뮤니티는 고객과 기업을 이어주는 가장 인간적인 디지털 공간이자, 고객 여정의 핵심 접점이며, 지속 가능한 성공을 만들어가는 전략적 자산입니다. AI는 정보를 제공하고, 때로는 사람처럼 조언하지만, 실제 업무와 맥락에서 축적된 경험은 여전히 사람에게서 나옵니다. 커뮤니티는 그런 실전 지식과 집단 인사이트가 연결되는, 비즈니스에 직접 영향을 주는 전략적 공간입니다.

이 책이 그런 커뮤니티를 어떻게 설계하고, 관계를 넘어서 성과를 만드는 기반으로 발전시킬 수 있을지 그 실마리를 전해주기를 바랍니다. 그리고 한국에 건강한 커뮤니티 생태계가 만들어지는 데에도 도움이 되었으면 합니다.

옮긴이 **정서은**

서문

내가 이십 대 초반에 미국으로 이주했을 때, 어머니는 내게 첫 번째 컴퓨터를 사주셨다. 그것은 어머니의 전 재산이 들어간 투자였고, 어머니는 그 컴퓨터가 나와 내 커리어에 얼마나 중요한지를 알고 계셨다. 언제나 그렇듯, 어머니의 판단은 옳았다.

나는 그 컴퓨터 덕분에 코딩을 배우게 되었고, 더 나아가 사람들과 연결되는 법을 배웠다. 컴퓨서브CompuServe와 아메리카 온라인America Online을 통해, 얼마나 독특하고 마이너한 관심사이든 나와 같은 취향을 가진 사람들을 만날 수 있다는 사실을 알게 되었다. 발리우드 영화를 좋아하는 이들, 퍼즐을 좋아하는 이들, 그리고 루빅스 큐브 마니아들까지—나는 다양한 커뮤니티에서 그들과 연결되었다.

중요한 것은, 내가 '커뮤니티'를 처음 경험한 그 순간부터 더 이상 뒤를 돌아보지 않았다는 사실이다. 커뮤니티는 내가 처음으로 '진짜 나다운 모습'으로 존재할 수 있는 유일한 공간이었다.

커뮤니티는 중요하다.

개인적인 삶에서 커뮤니티가 주는 힘은 이미 잘 알려져 있다. 하지만 온라인 커뮤니티는 전문적인 삶에도 엄청난 영향을 미친다. 만약 당신이 커리어에서 어떻게 성장할지에 대한 조언을 찾고 있다면, 이미 성공을 이룬 사람들에게서 직접 정보를 얻는 것만큼 효과적인 방법이 또 어디 있겠는가? 그리고 이제는 개인의 성장뿐 아니라, 기업들 역시 커뮤니티가 전반적인 비즈니스에 미치는 영향을 인식하기 시작했다.

나는 허브스팟HubSpot 〈인바운드 2022INBOUND 2022〉 콘퍼런스에서 이 주제에 대해 이야기했다. 허브스팟의 핵심 미션은 항상 '비즈니스의 효율적인 성장'을 돕는 것이었다. 성장 방식은 시대에 따라 진화해 왔다. 초기에는 세일즈 주도 성장, 이후 마케팅 주도 성장, 다시 제품 주도 성장으로 이어졌다. 그리고 이제는 여기에 커뮤니티 주도 성장이라는 새로운 축이 더해지고 있다.

커뮤니티의 가치는 '연결connection'에 있다. 서로의 경험과 노하우를 공유할 수 있다는 것은 무엇과도 바꿀 수 없는 자산이다. 그렇기에 이 책 《커스터머 커뮤니티》가 필독서라고 자신 있게 말할 수 있다.

이 책은 게인사이트Gainsight의 CEO 닉 메타Nick Mehta가 공동 저술했다. 닉이 게인사이트를 창업하고 '펄스Pulse'라는 고객 성공 커뮤니티를 만들어가던 시절에 닉과 나는 처음 만났다. 그 후로 우리는 여러 콘퍼런스에서 대화를 이어왔고, 또 하나의 큰 커뮤니티인 트위터에서도 자주 소통해 왔다.

'들어가는 글'에서부터 닉과 공동 저자인 로빈 판 리샤우트Robin van Lieshout는 외롭고 고립된 어린 시절의 경험을 솔직하게 풀어낸다. 어쩌면 공동 창업자들에게 흔한 감정일지도 모르겠다. 하지만 우리 모두는 결국 '커뮤니티'를 통해 자기 자신을 찾아가는 여정을 시작했다.

　기술이 사람과 점점 더 가까워질수록, 커뮤니티의 중요성은 더욱 커진다. 커뮤니티는 단절의 위기를 치유하는 힘을 가지고 있다.

　《커스터머 커뮤니티》는 미래 지향적인 SaaS 리더라면 반드시 책장에 꽂아두어야 할 책이다. 이 책은 온라인 커뮤니티의 가치가 점점 커지고 있는 이유를 설명할 뿐 아니라, 지속 가능하고 활기찬 커뮤니티를 만들기 위한 실행 계획도 함께 제시한다.

　특히 주목할 부분은, '기업의 문화를 커뮤니티에 어떻게 담아낼 것인가'에 대한 통찰이다. 허브스팟은 창립 초기부터 회사의 핵심 가치와 접근 방식을 투명하게 공유해 왔으며, 이는 우리가 외부 커뮤니티와의 신뢰를 구축하는 데 중요한 역할을 해왔다.

　커뮤니티는 나에게, '나는 중요한 존재다'라는 사실을 일깨워 주었다. 이제는 당신의 차례다. 비즈니스 리더로서, 고객에게 '당신은 중요합니다'라는 메시지를 전할 때다.

허브스팟 공동창업자 및 최고기술임원

다르메시 샤 Dharmesh Shah

들어가는 글: 두 CEO의 외로운 성장기

닉 메타 Nick Metha

중학교. 이 단어는 지금도 나에게 불안감을 불러일으킨다. 중학교 시절을 좋아했던 사람이 과연 있을까? 애초에 사람을 괴롭히기 위해 만들어진 건 아닐까? (내 아내는 중학교 시절을 아주 좋아했다고 한다. 친구도 많았고 즐거웠다고. 얼마나 얄미운가!) 많은 사람들에게 중학교는 어정쩡한 사춘기 시절, 당황스러운 신체 변화, 그리고 어울릴 곳을 찾기 위한 고군분투의 기억을 떠올리게 한다. 적어도 내게는 그랬다.

왜 그런지는 모르겠지만, 유치원 시절부터 나는 피츠버그 교외에 있던 우리 학교에서 내 무리를 찾지 못했다. 나는 내가 이상하고 어색하다고 여겨졌고, 어디에도 속할 수 없었다. 그리고 그런 사실을 매일 뼈저리게 느끼고 있었다.

중학교 생활 중 가장 큰 스트레스는 점심시간이었다. 기름기 좔좔 흐르는 피자와 프렌치프라이를 쟁반에 담고 각자 자리를 찾아가야 했다.

멋진 아이들은 한쪽 구역에, 운동선수들은 또 다른 구역에, 괴짜들은 세 번째 구역에 앉았다. 하지만 나는 어디에도 속하지 못했다. 함께 앉을 친구도 없었고, 용기를 내어 먼저 다가갈 자신도 전혀 없었다.

그래서 모두가 보는 앞에서 혼자 밥을 먹으며 느낄 그 치명적인 수치심을 피하기 위해 나만의 루틴을 만들었다. 쟁반을 들고는 바쁜 척하면서 슬그머니 급식실을 빠져나왔다. 빈 교실을 찾거나, 고등학교 때는 컴퓨터실로 향했다. 그 안에서 조용히 외로움을 견뎠다. 그렇게 나는 여섯 살부터 열여덟 살까지, 매일 점심을 혼자 먹었다.

우리는 모두 유년기의 기쁨과 상처를 안고 살아간다. 수많은 사람을 만나고, 수백 명 앞에서 강연을 하는 지금도, 나는 여전히 외로움을 품고 살아간다. 나는 여전히 어울리지 못한다고 느낀다. 사람들이 나를 좋아하지 않을 것 같고, 함께 앉고 싶어 하지 않을 것 같다.

이런 학창 시절의 기억은 내가 '게인사이트'를 어떻게 만들고 싶은지 고민할 때 다시 떠올랐다. 우리는 각자 회사 안에서 외롭게 일하는 고객들을 연결해 줄 수 있는 커뮤니티를 만들 수 있겠다고 생각했다. 그리고 우리가 애정 어린 마음으로 '게인스터Gainster'라고 부르는 게인사이트 직원들이 서로 점심시간에 자연스럽게 한 자리에 앉는 그런 회사가 되길 바랐다.

최근 들어 이런 감정은 더 강해졌다. 내 자녀들이 친구를 사귀고, 자신만의 '무리'를 찾기 위해 애쓰는 모습을 지켜보면서 더욱 그랬다. 다행히 아이들은 각자의 방식으로 어울릴 자리를 찾아갔다. 하지만 그 과정에서 '나는 끼지 못할 것 같아'라는 불안감을 느끼는 모습을 여러 번 목격했다. 그럴 때마다 나는 내 어린 시절을 다시 떠올리며 공감했다.

내가 가장 좋아하는 뮤지컬 중 하나는 《디어 에반 핸슨Dear Evan Hansen》이다. 아내와 함께 이 뮤지컬을 큰아이를 데리고 봤는데, 그 아이는 당시 소외감을 겪고 있었다. 이 작품은 연결됨과 단절됨의 문제를 다룬다. 주인공은 이렇게 탄식한다.

"당신도 아무도 곁에 없는 것처럼 느껴본 적 있나요? 세상 한복판에서 잊혀진 것처럼 느껴본 적 있나요? 사라져도 아무도 모를 것 같은 기분, 그런 적 있나요?"

하지만 이야기는 결국 희망으로 끝난다.
우리 모두 외로움을 느낀다. 우리 모두 연결되기를 바란다.
우리 모두 어딘가에 속하고 싶어 한다.
그리고 우리가 자신을 있는 그대로 봐주는 공동체를 찾게 된다면—

"어둠이 몰려올지라도 누군가 당신을 이끌어줄 사람이 생길 것이다. 당신이 쓰러진 그 자리에서, 당신은 반드시 발견될 것이다!"

로빈 판 리샤우트Robin van Lieshout

내 인생은 꽤 충격적인 방식으로 시작되었다. 내가 두 살이었을 때 아버지는 우리 가족을 떠났다. 부모님이 이혼하시고 나는 아버지가 부재한 채로 자랐다. 아버지에 대한 기억은 전혀 없었다. 마침내 서른이 넘어 아버지를 찾아볼 마음의 준비가 되었을 때는 이미 돌아가셨다는 소식을 접했다.

내 어린 시절은 결코 순탄하지 않았다. 나는 어린 나이에 많은 책임을 떠안았고, 한편으로는 자신을 숨기며 살아갔다. 나는 수줍음이 많았다. 친구들과 어울려 보려 애썼지만, 내게는 쉽지 않았다. 닉과 마찬가지로, 나 역시 쉬는 시간마다 어울릴 곳이 없었다. 대부분은 학교가 끝나기만 기다리며 운동장을 어슬렁거렸다.

어느 모임에도 속하지 못했고 친구도 많지 않았다. 나는 대체로 외로운 아이였다. 하지만 그럼에도 불구하고, 다른 아이들처럼 나도 어딘가에 속하고 싶었다. 사람으로서 받아들여지고 싶었다. 내가 어디에 속할 수 있는지 알고 싶었고, 그곳에 당당히 서고 싶었다. 아마 누구든 한 번쯤은 외로움을 느껴봤을 테지만, 우리 두 사람은 분명 그랬던 것 같다.

얼마 전, 아이들과 함께 모로코로 휴가를 갔다. 해변에서 놀며 내 삶과 과거를 곱씹던 중, 문득 이런 소속감에 대한 갈망이 어린 시절부터 시작된 것이며, 그것이 내 인생의 주요 이정표들을 만들어냈다는 사실을 깨달았다.

그중 가장 중요한 전환점 중 하나는 1996년, 내가 처음으로 인터넷 세계에 발을 들이게 된 일이다. 가까운 친구 없이 자라면서 나는 온라인 그룹에 가입해 다른 사람들과 대화를 나누기 시작했다. 그 대화들은 나에게 에너지를 주었고, 나는 커뮤니티의 힘이 얼마나 강력한지를 깨닫게 되었다. 인생에서 처음으로, 나는 어떤 것의 일부가 되었다는 느낌을 받았다. 그것은 내가 오랫동안 갈망해 온 소속감을 주었으며 내가 한결 나아졌다고 느끼게 해주었다.

그 후 나는 간단한 프로그래밍 기술을 익혀 내가 관심 있던 분야였던 소비자 전자기기에 대한 온라인 포럼을 만들었다. 몇 년 동안 그런 활동을 이어가던 중, 더 큰 브랜드들도 그들만의 온라인 커뮤니티를 구축하는 데 도움이 되는 기술과 조언을 필요로 한다는 사실을 알게 되었다. 당시 기업들은 소셜 채널과 오픈 플랫폼을 통해 더 빠르고 나은 고객 서비스를 제공하기 시작하던 때였다. 나는 공동 창업자인 바우터르 네인도르프Wouter Neyndorff와 함께 2010년 말 '인사이디드inSided'라는 회사를 설립했다. 우리의 목표는 세계적인 브랜드들의 커뮤니티를 구축하고, 내가 예전에 느꼈던 바로 그 소속감을, 이번에는 그들의 고객들이 느낄 수 있도록 만들어주는 것이었다.

그 후 수년간 나는 온라인과 오프라인에서 수많은 커뮤니티를 구축해 왔다. 그러면서 깨달은 건, 우리 모두는 어딘가에 속하고 싶어 한다는 것이다. 커뮤니티는 우리의 일상에 있어 필수적인 존재다.

그사이 나는 예전보다 덜 수줍은 사람이 되었다. 무대에 서고, 세계 곳곳을 여행하며 고객, 직원, 투자자들을 만난 경험들이 분명 나에게 도움이 되었다. 그리고 무엇보다도 놀라운 변화는, 이제는 대부분의 시간 동안, 나는 내가 '속해 있다'고 느낀다는 사실이다.

* **일러두기**
이 책의 각주는 옮긴이 주입니다.

PART 1

왜 지금 커뮤니티인가?

비즈니스 판도를 바꾸는
새로운 성장 엔진

Chapter

1

커뮤니티 세계로의 초대
소속감이 만드는 연결의 힘

전 세계적으로 오랫동안 인기 있었던 TED 강연 '100세 이상 장수하는 법How to Live to Be 100+'에서 저자이자 연사인 댄 뷰트너Dan Buettner는 많은 사람들이 한 번쯤 생각해 봤을 법한 질문을 던졌다.

"어떻게 하면 건강하게 오래 살 수 있을까?"

그의 '블루존 프로젝트Blue Zones Project'는 전 세계에서 사람들이 유독 건강하고 행복하게 사는 지역을 조사하고, 우리 삶에 어떤 점들을 적용할 수 있을지 알아보려는 시도였다. 식단이나 운동에 대한 그의 결론은 이미 어느 정도는 알려진 사실이기에 그리 놀랍진 않았다.

그러나 일본 오키나와에 대한 그의 주장은 많은 사람들의 이목을 끌었다. 뷰트너는 오키나와가 세계에서 가장 오래 사는 여성 인구가 많고, 장애 없는 기대 수명이 가장 길며, 대장암이나 유방암, 심혈관의 낮은 발병률 등 여러 지표에서 다른 지역을 훨씬 앞서 있다고 설명한다.

그렇다면 오키나와의 장수 비결은 무엇일까? 답은 바로 오키나와 사람들 자신에게 있었다. 뷰트너는 '삶의 가치' 또는 '아침에 일어나는 이유'라는 뜻으로 번역되는 '이키가이生きがい, Ikigai'[1]라는 일본식 개념을 소개한다. 많은 오키나와 사람들에게 이키가이는 '모아이'라는 집단과 밀접하게 연결되어 있다. 모아이는 어린 시절부터 성인이 되어 직장을 다니고, 백세를 넘기기까지 함께하는 사람들의 모임이다.

즉, 오키나와 사람들이 속한 커뮤니티는 말 그대로 그들의 삶을 지탱하는 원동력과 같다.

사실 뷰트너의 생각은 새로운 주장이 아니다. 2020년 미국 공중보건 서비스 국장이었던 비벡 머시Vivek Murthy 박사는 그의 저서 《함께: 때로는 외로운 세상에서 인간 연결의 치유력Together: The Healing Power of Human Connection in a Sometimes Lonely World》에서 우리의 건강, 수명, 연결을 위협하는 가장 큰 전염병은 전통적인 질병이 아니라고 주장했다. 그는 우리 사회를 병들게 하는 집단적 외로움과 공동체 상실을 조명하는 방대한 연구 결과를 제시한 바 있다.

이러한 결론은 그다지 놀랍지 않다. 인간 사회와 문명의 근본은 바로 공동체, 즉 커뮤니티에 있기 때문이다. 우리는 동굴과 초원을 떠나 도시를 건설하며 함께 살기를 선택했다. 그리고 종교, 시민사회, 교육, 스

---

1   이키가이(生きがい, Ikigai): 일본어로 '살아가는 이유', '삶의 의미', '존재 이유'를 뜻한다. 이 개념은 개인의 삶에서 열정(passion), 사명(mission), 직업(vocation), 직업적 역량(profession)이 겹치는 지점을 의미하며, 자신이 잘하는 일, 좋아하는 일, 세상에 필요한 일, 그리고 보상이 따르는 일이 만나는 지점으로 설명된다. 서양에서는 '행복한 삶을 위한 일본식 비결'로 알려지며 주목을 받아왔다.

포츠 등 연결과 소속감을 기반으로 한 제도를 형성해 왔다. 철학자 아리스토텔레스가 한 말처럼 말이다.

> **인간은 본성적으로 사회적 동물이다. 본질적으로 비사회적인 개인은 인간 이하의 존재이거나 인간 이상의 존재이다. 사회는 개인에 선행한다.** (아리스토텔레스, 《정치학》 제1권, 1253a)

실제로 커뮤니티가 사라질수록, 커뮤니티의 중요성은 더욱 분명하게 드러나고 있다. 최근 출간된 여러 책들에서도 점점 더 단절되고 분열되는 세상 속에서 우리가 느끼는 외로움과 공동체 상실에 대해 공통적으로 지적한다. 우리는 언제나 그렇듯, 무언가를 잃고 나서야 그것이 얼마나 소중했는지를 깨닫는다.

간단히 구글 검색만 해봐도, 이를 뒷받침하는 수많은 사례들을 쉽게 찾을 수 있다.

- 미국인의 약 절반이 가끔 혹은 항상 외로움이나 '소외감'을 느낀다. (Cigna, 2018)
- 외로움은 하루에 담배 15개비를 피우는 것과 같은 수준으로, 기대 수명에 부정적인 영향을 미친다. (Holt-Lunstad et al., 2015)
- 사회적으로 고립된 사람들은 배고플 때 음식을 찾는 것처럼 동료를 갈망한다. (Tomova et al., 2020)

정부와 수명의 미래는 더 경험 많고 유능한 저자들이 쓴 책들에 맡기

더라도, 우리는 커뮤니티가 비즈니스의 미래에도 중요하다고 믿기 때문에 이 책을 저술하게 되었다. 그렇다면 커뮤니티community란 정확히 무엇일까? 옥스퍼드 영어사전에서는 커뮤니티를 두 가지로 정의한다.

1. 동일한 장소에 거주하거나 특정 특성을 공유하는 사람들의 집단
2. 공통된 태도, 관심사, 목표를 공유한 결과로 타인과 느끼는 유대감

이 책에서는 두 번째 정의로 커뮤니티를 설명하고자 한다. 공통된 태도, 관심사, 목표를 바탕으로 한 '유대감'은 커뮤니티를 정의하는 데 핵심적인 키워드다. 당신이 속해 있는 개인 커뮤니티를 떠올려보라. 유대감은 당신이 그곳에서 느끼는 감정을 잘 표현한다.

의도적으로 만들어졌든 우연히 형성되었든, 이러한 유대감은 이미 비즈니스 세계에도 존재하고 있다. 동네 커피숍은 살아 숨 쉬는 커뮤니티다. 당신이 시청하는 모든 프로그램과 좋아하는 밴드는 팬 커뮤니티에 기반한 비즈니스 모델을 가지고 있다. 디즈니랜드를 방문한 부모와 아이들이 머리부터 발끝까지 미키마우스 복장을 한 모습에서도 디즈니 커뮤니티는 분명하게 드러난다. 차량 공유, 배달, 에어비앤비 등 최근에 급부상한 대부분의 긱 이코노미gig economy[2] 비즈니스는 각각 운전자, 배달원, 호스트라는 커뮤니티 위에 구축되어 있다.

---

[2] 긱 이코노미(gig economy): 디지털 플랫폼의 발달과 함께 확산된 새로운 형태의 경제 구조로, 단기 계약이나 임시직 중심의 유연한 노동 방식을 뜻한다. 전통적인 정규직 고용과 달리, 프리랜서나 독립 계약자(independent contractor)로서 일하는 경우가 많으며, 우버, 에어비앤비, 배달 앱 등의 플랫폼에서 활동하는 노동자들이 대표적인 예로 꼽힌다.

이것이 바로 커뮤니티다. 각각의 커뮤니티는 다음과 같은 일련의 감정을 포함한다.

- 소속감을 느낀다: "나는 이곳에 어울리는 사람이다."
- 이해받는다고 느낀다: "이곳 사람들은 나를 이해해 준다."
- 도움받는다고 느낀다: "이곳 사람들은 나를 도우려 한다."
- 덜 외롭다고 느낀다: "나와 같은 사람들이 있다."
- 목적을 느낀다: "우리는 공통된 목표를 공유한다."

이는 비즈니스 서적에서 다소 이상적인 목표로 느껴질 수 있지만, 이 책을 계속 읽다 보면 오늘날 비즈니스에서 이것이 어떻게 구현되는지에 대한 수많은 예시를 확인할 수 있을 것이다.

스타벅스Starbucks를 예로 들어보자. 미국 도시사회학자 레이 올든버그Ray Oldenburg는 1989년 저서 《제3의 장소The Great Good Place》에서 새로운 용어를 만들어냈다. 제3의 장소는 직장과 가정을 넘어서는 공간으로, 커피숍 같은 장소가 연결과 소속감을 제공하는 이유를 설명한다. 1990년대 중반, 스타벅스는 이 개념을 기업 사명에 포함시켰다. "우리는 우리의 매장이 제3의 장소가 되기를 원합니다." 스타벅스는 본질적으로 커뮤니티를 우선시하는 기업이다.

스타벅스처럼 소비자에게 직접 제품이나 서비스를 판매하는 B2CBusiness-to-Consumer 기업의 경우, 커뮤니티는 눈에 보일 정도로 명확하고 생생하게 드러난다. 지역 매장에서 함께 줄을 서 있는 손님들, 혹은 콘서트장에서 옆에 서 있는 팬들 속에서 그 모습을 쉽게 확인할 수 있다.

이 책에서는 마찬가지로 B2B Business-to-Business 세계에서도 커뮤니티의 개념이 비즈니스의 기초가 된다고 주장할 것이다. 다만 이러한 커뮤니티가 일반인들의 눈에 안 띌 뿐이다.

B2B 비즈니스도 근본적으로는 비즈니스와 인간 B2H; Business-to-Human의 관계이다. 소프트웨어, 서비스, 생산 기계 등 무엇을 판매하든 간에, B2B 환경에서는 종종 '비즈니스'에만 집중하고 정작 '사람'에는 충분한 관심을 기울이지 못한다.

당신의 회사에 있는 사람들은 고객사에 있는 사람들과 함께 일하며, 그들에게 판매하고 서비스를 제공한다. 물론 양쪽 모두 기업 목표, 핵심 성과 지표 KPI; Key Performance Indicator, 기타 중요한 목표를 가지고 있다. 하지만 그 이전에, 우리는 누구나 이 한 번뿐인 인생을 살아가는, 똑똑하지만 때로는 서툰 하나의 인간일 뿐이다.

B2B 커뮤니티의 진정한 선구자 중 한 명인 에리카 쿨 Erica Kuhl은 2006년 세일즈포스닷컴 Salesforce.com의 '트레일블레이저 Trailblazer' 커뮤니티를 설립했다. 이 커뮤니티는 현재 엔터프라이즈 기술 분야에서 가장 규모가 크고 빠르게 성장하는, 전략적으로도 중요한 커뮤니티가 되었다. 그녀는 커뮤니티를 다음과 같이 정의한다.

같은 마음을 가진 열정을 중심으로 사람들이 모이는 것, 그것이 제품이든 서비스든 운동이든 상관없습니다. 커뮤니티를 만들 때 가장 중요한 것은 사람들이 함께 모이고, 지지하고, 하나가 되도록 이끄는 특별한 요소가 무엇인지를 찾는 것입니다.

이는 B2B 리더에게 있어 커뮤니티가 평범해 보이지만 숨겨진 강력한 무기임을 의미한다.

- 당신의 팀원들은 커뮤니티에 소속되고 싶어 한다.
- 고객들 역시 마찬가지이다.
- 파트너들 또한 그렇다.

여기서 커뮤니티의 기원을 되짚어 보자. 흥미진진한 연극을 볼 때, 우리는 주변 관객들의 에너지와 연결된 느낌을 받는다. 경기장에서 좋아하는 스포츠 팀을 응원할 때, 함께 환호하는 팬들의 응원이 당신을 더 큰 무언가의 일부로 느끼게 한다. 지역 종교 모임은 삶에 풍요로움과 만족감을 가져다주는 전통을 구현할 수 있다. 이러한 모든 커뮤니티는 익명의 거대한 세상에서 외로움을 조금이나마 덜 느끼게 해준다.

하지만 이러한 감정은 집을 나서거나 가상 회의에 참여한다고 사라지지 않는다. 회사에서 일하는 신입직원 또는 특수한 직업에 종사하는 사람들은 동료들이 자신이 하는 일을 잘 이해하지 못한다고 느낀다. 자영업자나 소규모 비즈니스 운영자들은 거의 모든 것을 스스로 해결해야 하기 때문에 외롭게 고군분투한다. 신기술 분야의 혁신가들은 종종 주변 동료들이 자신을 미쳤다고 생각하는 것 같은 느낌을 받기도 한다. 심지어 CEO들조차 때로는 이야기할 사람이 없다고 느낄 때가 있다.

요컨대, 일 역시 개인적인 삶과 마찬가지로 외로울 수 있다는 것이다.

데이터 분석 소프트웨어 회사인 태블로Tableau의 전 최고마케팅책임자CMO였던 엘리사 핑크Elissa Fink는 커뮤니티를 정의하며 감성적인 부분을 강조했다.

> 성공적인 커뮤니티에서는 사람들을 하나로 모으는 '공동의 목적'이 중요합니다. 하지만 그와 동시에, '나는 이곳에서 나와 같은 사람들을 찾았어'라는 감정이 들죠. 열정도 함께 따라옵니다. '이게 바로 나야. 내가 진심으로 좋아하는 일이야'라는 확신이 생기거든요. 표현의 자유, 성취감도 자연스럽게 뒤따르고요. 결국엔 '내가 이 커뮤니티의 일부가 된 것이 자랑스럽고, 이 경험을 통해 더 나은 사람이 되었다'는 깊은 만족감을 얻게 됩니다.

기업가로서 우리는 그동안 커뮤니티를 핵심으로 한 비즈니스를 만들고 성장시켜 왔다. 이는 다음과 같은 여러 방식으로 나타났다.

- 세계에서 가장 빠르게 성장하는 직업 중 하나인 고객 성공 매니저CSM; Customer Success Manager를 중심으로 최대 규모의 커뮤니티 구축
- 이 분야 전문가들을 하나로 모으는 역동적인 이벤트를 개최하여 참석자 300명에서 2만 명 규모로 성장
- 비즈니스 종사자들이 컴퓨터 앞에서도 편리하게 네트워킹하고 배울 수 있도록 돕는 소프트웨어 개발

우리는 지난 10여 년간의 경험을 통해 직원과 고객, 커뮤니티 사이에 우리가 만들어놓은 경계는 본질적으로 인위적인 것이라는 사실을 깨달

았다. 뛰어난 비즈니스 커뮤니티는 구성원들이 진정한 '나'로서 존재할 수 있게 하며, 내부 직원과 외부 이해관계자가 자연스럽게 어우러질 수 있도록 만든다.

영화 〈대부The Godfather, 1972〉의 마이클 코를레오네는 "이건 사적인 게 아니야, 철저히 비즈니스일 뿐이야It's not personal, it's strictly business"라는 명대사를 남겼다. 하지만 비즈니스, 특히 비즈니스 커뮤니티는 지극히 개인적인 영역이다. 이는 NBC의 인기 TV 프로그램 〈더 오피스The Office〉의 마이클 스콧이 말한 바와도 일치한다.

"비즈니스는 세상에서 가장 개인적인 것이다."

부디 이 책을 읽으면서 커뮤니티가 비즈니스를 성장시키는 좋은 방법일 뿐만 아니라 비즈니스의 미래이자 기업의 사명과 깊이 관련되어 있다는 확신을 갖기를 바란다. 그럼 이제 이야기를 시작하기에 앞서, 먼저 '성장'이라는 키워드부터 살펴보자.

Chapter

2

커뮤니티, 성장 전략이 되다
브랜드의 차별화를 결정짓는 요소

앞서 커뮤니티는 실제 우리의 삶에 도움을 주고, 동시에 비즈니스 성장에도 필수적이라는 점을 살펴보았다. 이제 그 이유를 더 자세히 들여다보자.

커뮤니티란 '공통된 태도, 관심사, 목표를 공유하는 사람들의 유대감'이라고 정의할 수 있다. 그렇다면 이러한 정의를 기업 조직에는 어떻게 적용할 수 있을까?

비즈니스의 핵심은 고객이다. 따라서 커뮤니티 역시 고객으로부터 출발한다. 모든 고객은 한 가지 공통점을 가지고 있다. 바로 당신의 제품이나 서비스를 구매했다는 점이다. 이것은 곧, 당신의 제품에 암묵적인 관심이 있고, 이를 어떤 목적을 달성하는 데 활용하려는 목표 또한 가지고 있다는 뜻이기도 하다.

기업의 커뮤니티는 단지 고객을 넘어 투자자, 직원, 파트너, 잠재 고객으로 확장된다. 더 나아가 이해관계자와 비고객까지도 포함되며, 이들을 커뮤니티의 일부로 만드는 데에는 명확한 비즈니스적 이유가 있다(이후에 이를 설명하도록 하겠다). 이 책에서 말하는 '고객' 커뮤니티 Customer Communities란, 고객을 중심으로 하되 더 나아가 이들을 둘러싼 확장된 이해관계자 그룹 전체를 아우르는 개념이다.

커뮤니티가 주목받는 이유

2009년부터 커뮤니티 라운드테이블The Community Roundtable[3]은 기업들의 커뮤니티 도입 방식을 추적해 왔다. 비즈니스 커뮤니티라는 것은 이미 20년 넘게 존재해 왔지만, 보고서에 따르면 현재 운영 중인 기업 커뮤니티 프로그램 중 35%는 도입된 지 2년 이하이며 대다수 프로그램도 4년이 채 되지 않은 상태라고 한다. 이는 최근 들어 커뮤니티 프로그램의 도입이 급격히 증가하고 있음을 보여주는 지표다.

글로벌 유망 브랜드에 투자해 온 벤처캐피털 기업, 베세머 벤처 파트너스Bessemer Venture Partners는 향후 5년 내에 매출 500만 달러를 초과하는 스타트업과 기술기업의 절반 이상이 커뮤니티 전담 팀과 임원을 보유하게 될 것이라고 예측했다(Walker & Goldberg, 2022). 실제로 베세머가 발표한 '클라우드 100 인덱스Cloud 100 Index'에 포함된 기업의 75%가 커뮤니티 강화를 위한 리소스를 할당하고 있으며, 이 중 10% 이상이 현재

---

[3] 커뮤니티 라운드테이블(The Community Roundtable): 커뮤니티 전략과 운영에 대한 연구 및 교육을 제공하는 기관으로, 매년 《커뮤니티 관리 현황(State of Community Management)》 보고서를 발간하고, 커뮤니티 성숙도 모델(CMM; Community Maturity Model)을 개발한 것으로 알려져 있다.

커뮤니티 관련 직무를 채용하고 있다(Konrad, 2022). 특히 상위 50개 기업에서 이 비율은 20% 이상 증가했다.

베세머 벤처 파트너스의 파트너인 탈리아 골드버그Talia Goldberg는 향후 기업 성장 전략에서 커뮤니티의 중요성이 더욱 커질 것이라고 전망한다. 그녀는 "성공적인 기업들이 커뮤니티를 장기 전략의 일부로 받아들이고 커뮤니티에 대규모로 투자하고 있다"고 설명한다.

그렇다면 왜 기업들이 커뮤니티에 대한 투자를 더 확대하고 있는 것일까? 그 배경을 살펴보자.

NRR의 선행 지표로서의 고객 참여

최근 구독 기반 수익 모델이 확산되면서 기존 고객에 집중하는 것이 그 어느 때보다 중요해졌다. 이에 따라 기업의 핵심 지표 중 하나로 '순수익 유지율NRR; Net Revenue Retention[4]이 주목받고 있다. 이 지표는 기존 고객으로부터 발생한 수익이 1년 동안 얼마나 성장했는지를 측정한다(Bailey, 2021).

우리 게인사이트Gainsight에서는 순수익 유지율 NRR을 다음과 같은 방식으로 계산한다.

---

[4] 순수익 유지율(NRR; Net Revenue Retention): 기존 고객으로부터 발생한 수익의 변화율을 나타내는 지표로, 업셀(up-sell), 크로스셀(cross-sell), 이탈(churn) 등을 반영해 고객 기반의 성장성과 충성도를 평가한다.

```
┌─────────────────────────────────────────────┐
│   연간 반복 수익, 리뉴얼, 크로스셀링, 가격 인상   │
└─────────────────────────────────────────────┘
                       −
┌─────────────────────────────────────────────┐
│        다운셀링, 이탈, 기타 수익 감소           │
└─────────────────────────────────────────────┘
                       +
┌─────────────────────────────────────────────┐
│  측정 기간 동안 기존 고객만을 대상으로 한 ARR 시작  │
└─────────────────────────────────────────────┘
```

2022년, 맥킨지McKinsey는 클라우드 기업의 기업 가치와 매출 배수 간의 상관관계를 분석했다. 효율적인 매출 성장 다음으로 기업 가치를 결정짓는 가장 중요한 요소가 바로 NRR이었다. 이는 기존 고객에 집중하는 기업일수록 더 높은 가치를 인정받는다는 의미다. 이러한 이유로 많은 기업 이사회가 NRR을 면밀히 주시하면서 이를 바탕으로 전략적 의사결정을 내리고 있다.

그렇다면 이것이 커뮤니티와는 어떤 관계가 있을까? 2020년, 아쉬빈 바이디야나탄Ashvin Vaidyanathan과 루벤 라바고Ruben Rabago는 《고객 성공 전문가 안내서The Customer Success Professional's Handbook》에서 "고객 유지와 확장의 주요 지표는 고객과 공급업체 간의 관여도 수준level of engagement과 관련이 있다"고 밝혔다(p.138). 고객이 비즈니스에 많이 관여할수록, 다시 말해 더 자주, 더 깊이 소통할수록 이탈할 가능성은 낮고 추가 구매로 이어질 확률은 높아진다는 것이다.

따라서 고객 커뮤니티를 성장시키는 것—즉, 고객 관계에 집중하며 활발히 참여하는 고객 기반을 구축하는 일—은 오늘날 기업 가치를 증대시키는 데 그 어느 때보다 중요한 요소가 되었다.

높아지는 비용, 더 똑똑한 고객 확보 전략이 필요하다

고객 획득 비용(CAC; Customer Acquisition Cost)[5]은 기업이 신규 고객을 확보하는 데 들어가는 마케팅 및 영업 활동의 총비용을 뜻한다. 즉, 고객이 제품이나 서비스를 구매하도록 설득하는 데 얼마나 비용이 들었는지를 나타내는 지표다. 고객 획득 비용은 시장 진출 전략의 효율성을 판단하는 데 중요한 기준이 되며, 경영진과 재무팀이 특히 주목하는 수치이기도 하다. 만일 CFO와 CEO가 당신이 고객 획득 비용을 고려하고 있다는 사실을 알게 된다면, 예산 요청에 대한 신뢰도와 설득력이 높아질 것이다.

최근 몇 년간 고객 획득 비용은 크게 증가했다. 개인정보 보호 규제의 강화로 인해 모든 마케팅 활동이 훨씬 더 비싸졌고, 광고주 수가 사상 최대 수준으로 늘어나면서 유료 검색과 광고 단가 역시 급등했다. 경쟁이 치열해지며 마케팅 채널과 콘텐츠는 포화 상태에 이르렀고, 광고에 대한 고객의 반응은 줄어들었으며, 구매 방식에도 큰 변화가 일어나고 있다.

이제 고객은 단지 좋은 제품을 만드는 브랜드를 선택하지 않는다. 자신이 하나의 '커뮤니티'의 일부라고 느끼게 하는 브랜드를 선택한다. 실제 여러 연구 결과에 따르면 리뷰, 추천글, 동료 피드백과 같은 정보들이 기업 신뢰도보다 구매 결정을 하는 데 더 중요한 역할을 하고 있다.

결과적으로 기업은 더 똑똑하고 효율적으로 고객을 만드는 방법을

---

5 고객 획득 비용(CAC; Customer Acquisition Cost): 신규 고객 한 명을 확보하기 위해 투입한 마케팅 및 영업 비용의 평균치를 나타내는 지표로, 비즈니스의 수익성과 성장 효율성을 평가하는 데 활용된다.

찾아야 한다. 그 해답이 바로 '커뮤니티'다. 실제로 많은 기업들이 커뮤니티의 중요성을 인식하며, 커뮤니티를 비즈니스 전략의 중심에 두려는 움직임을 보이고 있다.

- 커뮤니티는 외부(유료) 채널에 의존하지 않는, 비용 효율적이며 기업이 자체 소유한 채널이다.
- 고객은 진정으로 자신이 속한 커뮤니티와 소통하고 이로부터 정보를 얻고 싶어 한다.

기업은 투명하고 사용자 주도적인 콘텐츠 플랫폼을 제공함으로써 고객의 목소리가 자연스럽게 확산되도록 했고, 이는 고객 확보 과정에서 큰 효과를 발휘했다. 그 결과, 커뮤니티 프로그램은 지난 몇 년 사이 급격히 증가해 왔다.

커뮤니티 성장을 이끄는 거시적 트렌드

커뮤니티의 성장을 이끄는 몇 가지 거시적인 흐름이 있다. 코로나19 팬데믹이 시작된 이후, 많은 기업들이 온라인 고객 참여를 강화할 방법을 모색하기 시작했다. 여행과 대면 접촉이 제한되는 상황에서 기업은 새로운 방식의 소통 수단이 필요했고, 보다 창의적인 접근이 요구되었다. 이 과정에서 지금이야말로 온라인 커뮤니티를 구축하고, 이를 기반으로 고객과의 접점을 확대할 최적의 시기라는 사실을 깨닫게 되었다.

게다가 인터넷의 핵심 기반 자체가 변화하고 있다. 예를 들어, 웹 3.0Web3.0은 월드 와이드 웹World Wide Web의 새로운 진화를 제안하는 개념으로, 탈중앙화decentralization, 블록체인blockchain 기술, 토큰 기반 경제 token-based economics 등의 요소를 포함한다. 웹3.0이라는 용어는 2014년 이더리움Ethereum 공동 창립자인 개빈 우드Gavin Wood에 의해 만들어졌으며, 이후 혁신과 기술 투자의 새로운 물결을 이끌고 있다.

기존에는 빅테크Big Tech 기업들이 데이터와 콘텐츠를 중앙에서 통제해 왔다면, 이제는 콘텐츠와 의사결정 권한이 온라인 커뮤니티 전반으로 분산되고 있는 것이다. 웹3.0은 사람들이 자신만의 방식으로 연결되어, 스스로의 가치와 신념에 부합하는 커뮤니티를 형성할 수 있도록 돕는 디지털 하이웨이를 제공한다.

이러한 웹3.0 기반 비즈니스는 커뮤니티 주도로 운영되는 것이 특징이며, 더 많은 가치를 사용자에게 되돌려주는 구조를 지향한다. 이들에게 커뮤니티는 단순히 부가적인 요소가 아니라, 존재 이유 그 자체라고 할 수 있다.

물론 탈중앙화 웹에 대한 우려는 여전히 존재하고, 이를 단지 유행어로 치부하는 시각도 적지 않다. 그럼에도 불구하고 사용자와 온라인 커뮤니티로의 권한 이동은 근본적인 변화이며, 이 변화는 일시적인 흐름이 아니라 지속될 것으로 보인다. 설령 앞으로 모든 거래가 블록체인 기반으로 이뤄지고 비트코인Bitcoin의 가치가 10만 달러에 도달하는 세상이 오지 않더라도, 이미 'API Application Programming Interface'라 불리는 개방형 인터페이스의 대중적인 도입은 다수의 기여자가 협업할 수 있는 환경을 열어주고 있다.

이제는 직원, 고객, 그리고 더 넓은 커뮤니티까지도 제품 개발에 실질적으로 참여할 수 있으며, 그 속도와 규모 또한 과거와는 비교할 수 없을 정도로 커졌다. 실제로 에어테이블Airtable, 노션Notion, 미로Miro와 같은 새로운 '웹 2.0' 기반 기업들조차 커뮤니티의 기여를 핵심 요소로 삼아 제품을 설계하고 있다.

사실 1998년 시작된 오픈 소스open source 운동이야말로 최초의 비즈니스 커뮤니티 중 하나라고 말할 수도 있다. 이런 점에서 리눅스Linux, 레드햇Red Hat, 마이SQLmySQL과 같은 기업들은 웹3.0 운동의 원조 혁신가라고 불릴 수 있다. 이들 제품의 핵심에는 이미 탈중앙화라는 개념이 내재되어 있었기 때문이다.

이처럼 커뮤니티는 앞으로 비즈니스 성장 전략에서 더욱 중추적인 역할을 하게 될 것이다. 이는 순수익 유지율NRR에 대한 관심이 높아지고, 고객 획득 비용CAC이 증가하며, 제품 내부에서 온라인 커뮤니티의 영향력이 급속도로 확대되는 시장 환경과 맞물려 있다.

이제 커뮤니티는 기업이 자체적으로 책임지고 육성해야 할 필수 성장 채널이 되었으며, 그 중요성은 그 어느 때보다 커지고 있다. 커뮤니티가 정성적·정량적 측면 모두 효과가 입증되면서 커뮤니티에 대한 투자도 늘어나고 있으며, 이에 따른 성과도 거두기 시작했다. 커뮤니티야말로 장기적인 관점에서 기업이 가질 수 있는 유일하고 지속 가능한 경쟁 차별화 요소이다.

제품 자체가 경쟁력이었던 시절

헨리 포드Henry Ford, 1863-1947가 세계 최초의 대중형 자동차인 포드 모델 TFord Model T를 생산하며 역사적인 영향을 미쳤다는 것은 의심의 여지가 없다. 1908년 출시 당시 모델 T의 가격은 850달러였다. 세계 최초로 대량 생산된 자동차였던 모델 T는 1925년에는 가격이 260달러까지 낮아졌고, 전 세계 등록 자동차의 절반 이상이 포드 차량이 될 정도로 큰 성공을 거두었다. 헨리 포드는 이동식 조립 라인을 완벽히 구현했으며, 1914년에는 단 93분 만에 모델 T 한 대를 생산할 수 있었다(디트로이트 역사 협회, n.d.). 이 차량에 대한 수요가 워낙 컸던 탓에, 생산된 자동차를 공장에서 즉시 출하해야 할 정도였다.

한 회의에서 헨리 포드는 "고객이 원하는 어떤 색으로든 차를 살 수 있습니다. 단, 그 색이 검정색이라면 말이죠."(Ford, n.d.)라고 말했다고 한다. 이에 대한 한 가지 해석은 그가 제품-시장 적합성product-market fit을 이미 확신했기 때문이라는 것이다. 즉, 제품 자체가 충분히 우수하다고 판단한 것이다.

당시는 오늘날과는 달리, 고객이 아닌 기업이 주도권을 쥐고 있었던 '생산 중심 시대'였다. 기업은 제품을 통해 시장을 이끌었고, 고객의 세세한 요구에 대응하는 것은 의미 없다고 여겼다. 예를 들어 자동차 색상 같은 고객의 기호는 고려 대상조차 아니었다. 제품 그 자체가 시장에서의 가장 중요한 차별화 요소였던 것이다. 게다가 검은색 페인트는 건조 속도가 가장 빨랐다는 실용적인 이유도 있었다.

이런 현상은 소프트웨어 산업 초기에서도 찾아볼 수 있다. 1970년대 중반 개인용 컴퓨터PC가 등장한 이후, 소프트웨어 시장이 성장하면서 마이크로소프트Microsoft가 그 시장을 주도하는 기업으로 부상했다. 이후 21세기 초반에는 소프트웨어를 서비스로 제공하는 형태인 SaaSSoftware-as-a-Service가 등장했으며, 지금 이 책을 읽는 대부분의 독자들도 이미 이 방식을 기본적인 운영 모델로 사용하고 있을 것이다.

오늘날 사물인터넷IoT 소프트웨어부터 전 세계 기업들이 사용하는 맞춤형 소프트웨어까지 모두 포함하면, 소프트웨어 애플리케이션의 수는 수십억 개에 이를 것으로 보인다. 넷스케이프Netscape 공동 창립자이자 실리콘밸리 벤처캐피털 회사 앤드리슨 호로위츠Andreessen Horowitz의 공동 창립자 겸 제너럴 파트너인 마크 앤드리슨Marc Andreessen은 2011년에 "소프트웨어가 세상을 집어삼키고 있다Software is eating the world"라고 말한 것으로 유명하다. 그는 소프트웨어 기업이 전통 산업을 뒤흔들 것이라고 예측했으며, 이후 우리는 전체 산업이 변혁을 겪는 것을 목격해오고 있다.

소프트웨어 기업의 수는 폭발적으로 증가했고, 고객들은 이전보다 훨씬 더 많은 선택지를 갖게 되었다. 지난 10년 동안 SaaS 진입장벽은 매우 낮아져서, 이제 거의 모든 소프트웨어 카테고리에서 수십 개 이상의 경쟁자가 등장했다. 실제로 동료 간P2P; Peer-to-Peer 리뷰 플랫폼인 G2[6]에서 어떤 소프트웨어 카테고리를 검색하든 유사한 기능을 제공하는 다수의 벤더vendor가 존재한다는 사실을 쉽게 확인할 수 있다. 이제는 기술과 기능만으로는 더 이상 뚜렷한 차별점을 만들기 어려운, 이른바 '기술의 상품화commoditization'가 진행되고 있는 것이다.

이와 동시에 모든 기업들이 이 시장에서 치열한 경쟁을 하고 있다. 소프트웨어 엔지니어는 계속해서 채용되고 있으며, 이들이 관리하는 제품 로드맵은 늘 가득 차 있다. 지속적인 배포continuous deployment와 같

---

6 G2: 기업용 소프트웨어와 서비스를 사용하는 실제 사용자들의 리뷰를 기반으로, 제품을 비교하고 평가할 수 있도록 도와주는 동료 기반 리뷰 사이트이다. (https://www.g2.com)

은 새로운 제품 및 엔지니어링 프로세스를 통해 하루에도 여러 차례 새로운 기능이 실시간으로 배포되고 있다. 기업들은 경쟁사 분석에 많은 자원을 투자하고 있으며, 원활한 연구개발R&D 체계를 갖춘 기업이라면 이제 경쟁사의 기능쯤은 빠르고 저렴하게 복제할 수 있게 되었다.

결론적으로, 제품 기능만을 차별화 요소로 삼는 것은 결국 하향 경쟁으로 이어질 뿐이다. 물론 제품이 고객의 실제 비즈니스 문제를 해결하고 구체적인 성과를 만들어내야 한다는 전제는 여전히 유효하다. 제품이 고객 확보, 서비스 및 지원, 고객 유지율, 확장성 등 모든 영역에 영향을 준다. 그러나 이제 기업은 장기적인 비즈니스 성공을 위해서 더 이상 기능이나 제품 자체만으로 경쟁할 수 없다는 점을 명확히 인식해야 한다.

고객 경험이 차별화 요소로 지속될 수 있을까?

구독 기반 수익 모델이 확산되면서 기존 고객을 우선시하는 것이 점점 더 중요해지고 있다. 이처럼 기존 고객을 중심에 두는 것이 필수적인 과제가 되면서 '고객 성공Customer Success'이라는 새로운 직업 분야가 탄생했다. 이 분야의 리더와 실무자들은 고객 성공을 기업 전반의 철학으로 내재화하고 체계화하기 위해 노력해 왔다.

여기서 한 가지 의문점이 생긴다. 과연 고객 경험이 기업의 새로운 경쟁 차별화 요소가 될 수 있을까? 더 이상 제품 자체만으로 경쟁할 수 없다면, 고객에게 더 나은 경험을 제공함으로써 경쟁 우위를 만들어낼 수 있을까?

사실 B2B 고객 관계는 이미 변화하고 있다. 과거에는 고객 관계가 개인적이고 맞춤화된 형태였다. 개인적인 관계는 고객이 제품을 구매하고 기업에 충성심을 갖게 되는 주요 요인 중 하나였다. 우리 회사도 초기에 이런 경험을 직접 겪었다. 당시 우리 제품이 아직 최고 수준이 아니었을 때(네, 그런 시절이 있었다는 것을 인정합니다!) 새로운 기능이 출시될 때마다 서비스가 멈추는 일이 있었고, 고객과 내부 팀이 감당할 수 없는 수준의 버그가 발생하기도 했다. 이런 상황에서도 우리는 개인적인 관계에 의존해 문제를 수습하곤 했다. CEO가 직접 나서서 고객 한 명 한 명에게 사과하고 저녁 식사를 하며 술잔을 나눴으며, 심지어 노래방에서 노래를 부르며 관계를 다져나가기도 했다.

그러나 시간이 지나면서 이러한 접근 방식은 확장성의 한계를 드러냈다. 고객 계정 수가 증가하면서 모든 고객과의 관계를 유지하는 일이 점점 어려워졌다. 그러던 중, 고객이 공급사의 영업 담당자와 연락하지 않고도 제품에 가입할 수 있는 새로운 제품 주도 성장PLG; Product-led Growth[7] 방식이 등장했다. 연간 계약 금액ACV; Annual Contract Value[8]이 낮은 요금제가 도입되면서 고객 수는 크게 늘었지만, 동시에 고객 지원 방식에도 새로운 도전 과제가 생겼다.

최고재무책임자CFO들은 고객 성공 부서의 인력 증가에 의문을 제기하기 시작했고, 고객 성공 매니저CSM; Customer Success Manager의 수를 고객 증가율에 맞춰 늘리는 것은 현실적으로 불가능했다. 실제로 지금도

---

7   제품 주도 성장(PLG; Product-led Growth): 제품 자체가 고객 유입, 전환, 확장까지의 핵심 수단이 되는 성장 전략으로, 사용자가 제품을 직접 경험하면서 가치를 느끼고 자연스럽게 유료 고객으로 전환되는 구조를 기반으로 한다.
8   연간 계약 금액(ACV; Annual Contract Value): 고객이 서비스나 제품에 대해 1년 동안 지불하기로 한 금액을 의미한다.

많은 기술기업들이 이러한 문제를 겪고 있다.

즉 고객 관계, 고객 경험, 고객 성공에 투자하는 것은 비즈니스에서 매우 중요하며, 특히 순수익 유지율NRR을 높이는 데 핵심적인 역할을 한다. 그렇지만 장기적인 비즈니스 확장과 차별화를 제공하는 데는 어려움이 있다.

왜 커뮤니티가 기업의 미래 성장 동력인가

오늘날 소프트웨어 기업은 넘쳐난다. 미국에만 5만 개 이상의 기술기업이 있으며, 새로운 스타트업도 계속 등장하고 있다. 기술 혁신으로 창업은 쉬워졌지만, 대부분 첫 투자 라운드를 넘기지 못하고 사라진다. 실제로 스타트업의 90% 이상이 실패하며, IPO에 성공하는 기업은 극소수다(Hayes, 2022). 뛰어난 아이디어와 제품만으로는 성공이 어렵고, 강력한 브랜드 구축을 위해서는 그 이상의 전략이 필요하다. 실제로 연간 수십 개 정도만이 데카콘(기업가치 100억 달러 이상) 지위에 오르고 있다.

쿠파 소프트웨어Coupa Software의 최고마케팅책임자CMO인 찬다르 파타비람Chandar Pattabhiram은 "성공을 위해서는 카테고리[9]와 커뮤니티의 마법 같은 조합이 필요하다"고 말한다.

---

9 카테고리(category): 유사한 기능이나 목적을 가진 제품이나 서비스가 속하는 시장 영역으로, 소비자가 비교하고 선택하는 기준이 되는 단위다. 예를 들어, 'CRM', '프로젝트 관리 툴', '스트리밍 서비스' 등이 각각 하나의 카테고리에 해당한다.

1단계: 제품 역량에서 카테고리 리더[10]로

모든 소프트웨어 기업은 시장에서 잠재 수요나 새로운 기회의 영역을 찾아내는 것에서부터 시작한다. 하지만 그다음 단계로 도약하기 위해서는 단순한 역량을 넘어, 카테고리를 선도하는 리더로 성장해야 한다. 많은 기업들이 여전히 기능feature 수준에 머무르며 이 과정에서 실패한다. 제품-시장 적합성을 명확히 하지 못한 채 반복 가능한 수익 모델을 구축하지 못하기 때문이다. 아이디어 자체가 시장 상황에 비해 너무 이르거나, 시장의 범위 자체가 지나치게 협소한 경우도 많다.

게임화gamification는 한때 주목받는 역량이었지만 필수적인 카테고리로 발전하지는 못했다. 나는 배지빌Badgeville에서 마케팅을 총괄할 때 이 과정을 직접 목격했다. 배지빌은 그 분야에서 최고의 제품을 제공했지만, 고객들에게 이 기능은 '있으면 좋은' 수준에 머물렀고 '꼭 필요한' 기능이 아니었다. 결국 이 분야는 하나의 '기능'에 불과했고 '카테고리'로 자리 잡지 못했다.

하지만 설령 필수적인 카테고리를 성공적으로 정의하거나 새롭게 창출해 초기 시장을 넘어 주류 시장에 안착했다 하더라도, 여전히 자립적인 성장을 이루지 못하는 소프트웨어 기업들이 많다. 하나의 카테고리를 확보한 이후에는, 관련 시장으로 신속하고 전략적으로 확장해 나가는 것이 무엇보다 중요하다(Pattabhiram, 2019).

---

10   카테고리 리더(category leader): 특정 시장이나 제품 분야에서 가장 높은 영향력과 점유율을 가진 선도 기업 또는 브랜드를 일컫는다.

2단계: 카테고리 리더에서 카테고리 확장자로

찬다르 파타비람은 기업이 성장의 정체에 빠지지 않기 위해서는 전략적인 카테고리 확장에 집중해야 한다고 설명한다. 그는 무엇보다도 먼저, 전략적 관점에서 카테고리를 확장하는 것이 중요하다고 말한다. 이때 유사하지 않은 카테고리 영역으로 무리하게 확장하려는 '사과에서 감자로apples-to-potatoes'식의 접근은 피하고, 동일한 핵심 기능 영역 내에서 같은 혹은 유사한 타깃 고객을 대상으로 더 포괄적인 솔루션을 제공하는, 즉 '사과에서 사과로apples-to-apples'의 방식으로 카테고리를 신중하게 확장해야 한다는 것이다.

파타비람은 이와 같은 전략적 확장의 대표적인 사례로 세일즈포스Salesforce를 꼽는다.

"세일즈포스는 세일즈 자동화에서 고객 관계 관리CRM; Customer Relationship Management로 성공적으로 확장했다. 또한 SAP 석세스팩터스SAP SuccessFactors 역시 성과 관리에서 인적 자본 관리HCM; Human Capital Management로 카테고리를 넓혔다. 쿠파Coupa의 경우, 조달 분야의 카테고리 리더에서 시작해 소싱, 결제까지 연관된 카테고리 영역으로 확장했으며 이들 모두를 아우르는 비즈니스 지출 관리BSM; Business Spend Management라는 '메가 카테고리'를 형성하는 데 성공했다."

파타비람은 이 모든 여정의 궁극적인 완성이 커뮤니티로 이어진다고 강조한다.

3단계: 대규모 카테고리에서 대규모 커뮤니티로

탁월한 제품 역량과 시장 잠재력TAM; Total Addressable Market의 확장만으로는 성공적이고 지속 가능한 메가 브랜드가 될 수 없다. 많은 기업들이 카테고리 확장에는 성공하지만 여전히 비즈니스 성장에 한계를 겪고 있다. 카테고리에서 압도적인 지위를 확보한 이후에도, 메가 브랜드로 도약하기 위해서는 반드시 넘어야 할 마지막 관문이 있다. 소프트웨어 메가 브랜드가 되기 위한 마지막이자 결정적인 단계는 바로 커뮤니티다.

스플렁크Splunk와 태블로Tableau는 이 과정을 실현한 대표적인 사례들이다. 이 기업들은 각자의 카테고리에서 압도적인 입지를 구축함과 동시에 커뮤니티—고객, 잠재 고객, 파트너, 인플루언서로 이루어진 집단—를 만드는 데 집중했다. 커뮤니티, 곧 나만의 '부족tribe'을 만드는 일은 나중으로 미룰 수 없다. 이는 초기 시장 진입 전략과 함께 동시에 시작되어야 한다. 오픈텍스트OpenText와 같이 인수합병M&A을 통해 카테고리를 확장하며 비즈니스를 키운 사례도 있지만, 이들은 커뮤니티 구축에 실패했기 때문에 메가 브랜드로 성장하지 못했다.

그럼에도 많은 기업들이 커뮤니티 구축에 성공하고 있다. 세일즈포스는 메가 브랜드로 성장하는 여정 초기부터 이반젤리즘 마케팅evangelistic marketing[11]을 통해 그들의 집단을 형성했다. 온디맨드on demand, SaaS, 클라우드, 소셜, 심지어 아랍의 봄Arab Spring에 이르기까지 시대적 주요 흐름에 세일즈포스의 스토리를 절묘하게 연결시켰고, '아이스하

----

11 이반젤리즘 마케팅(evangelistic marketing): 제품이나 브랜드에 강한 신념과 애정을 가진 고객이 자발적으로 주변 사람들에게 이를 전파하는 마케팅 방식. 단순한 추천을 넘어, 해당 제품의 '전도사(evangelist)'처럼 행동하며 브랜드 확산에 기여한다. 애플(Apple)이나 테슬라(Tesla) 초기 팬층이 대표적 사례다.

키 퍽$_{puck}$이 향하는 방향으로 스케이팅하고 있다'는 느낌을 탁월하게 만들어냈다. 만약 이 흐름에 합류하지 않으면 도태될 것 같은 인식을 성공적으로 심어준 것이다(Pattabhiram, 2019).

몽고DB$_{MongoDB}$와 같은 상업용 오픈 소스 기업부터 피그마$_{Figma}$와 같이 인기 있는 크리에이터 중심의 기업들까지, 커뮤니티 활동을 기반으로 수십억 달러 규모의 거대 기업으로 성장한 스타트업들의 사례는 무수히 많다.

결론적으로, 기업 여정 초기에 커뮤니티를 구축하기 시작해야 하며, 가능하다면 제품 설계 단계에서부터 커뮤니티 요소를 반영하는 것도 고려해야 한다. 비즈니스 규모를 어느 정도 갖춘 뒤에야 커뮤니티를 구축하려는 시도는 이미 때를 놓친 것이다.

커뮤니티는 기술기업의 본질이다

이 책을 쓰면서 우리는 "기술기업의 본질은 무엇인가?"라는 질문을 스스로에게 던졌다. 일반적으로 떠오르는 답은 '제품'일 것이다. 하지만 앞서 살펴보았듯이 소프트웨어 시장의 진입장벽이 낮아지면서 제품 기능과 특성의 차별화가 사라지고 있다. 우리는 소프트웨어 기업의 가장 큰 차별화 요소이자 가치 제안은 그 제품을 사용하고, 개선하며, 지지하는 사람들로 이루어진 커뮤니티라고 믿는다. 이 때문에 커뮤니티 주도 성장$_{community\text{-}led\ growth}$은 오늘날 기술 업계에서 가장 주목받는 지속 가능한 성장 전략 중 하나로 부상하고 있다.

SaaS 기술을 구매한다는 것은 곧 그 제품의 사용자 커뮤니티에 참여한다는 뜻이기도 하다. 말하자면 일종의 '클럽'에 가입하는 셈이다. 그 대표적인 사례가 세일즈포스다. IT 업계 종사자라면 거의 대부분 세일즈포스를 한 번쯤은 사용해 봤기 때문에 누구나 이에 대한 다양한 의견을 갖고 있다. 어떤 의견을 갖고 있든 간에 세일즈포스의 커뮤니티가 거대하다는 사실만큼은 부인할 수 없다. 새로운 영업 책임자를 채용해도 그들은 이미 세일즈포스를 사용할 줄 알고, 영업 담당자들 역시 좋아하든 싫어하든 대부분 사용 경험을 가지고 있다.

수십만 명에 이르는 세일즈포스 공인 관리자 커뮤니티가 존재하며, 이들은 언제든 계약하거나 채용할 수 있는 인력 풀이다. 그리고 이 커뮤니티는 끊임없이 세일즈포스에 피드백을 주며 제품을 개선하는 데 기여하고 있다. 나아가 커뮤니티 구성원들끼리 세일즈포스를 어떻게 구매하고 사용하는지 서로 의견을 주고받는다. 세일즈포스의 가치 제안 중 상당 부분은 바로 이 커뮤니티에서 나온다고 볼 수 있다.

2022년 말, 허브스팟HubSpot 공동 창업자인 다르메시 샤Dharmesh Shah는 연례행사인 〈인바운드 2022INBOUND 2022〉 콘퍼런스에서 '왜 지금 커뮤니티가 그 어느 때보다 중요한가?'라는 주제로 발표를 진행했다. 허브스팟은 비즈니스의 효율적인 성장을 지원하는 것을 핵심 가치로 삼고 있으며, 가치가 창출되는 방식이 어떻게 진화해 왔는지를 직접 목격해 왔다.

초기에는 '세일즈 주도 성장sales-led growth'이 주를 이뤘다. 사람들이 직접 판매를 진행하며, 상담 서비스가 부가가치를 제공하는 주요 수단이었다. 영업 사원들은 고객이 겪는 문제를 발견하고 이를 자사 솔루션과 연결해야 했다.

그 이후에는 '마케팅 주도 성장marketing-led growth' 시대로 전환되었다.

'콘텐츠'가 새로운 부가가치로 자리 잡으면서, 허브스팟이 시장의 거대한 리더로 성장할 수 있었던 핵심 요인 중 하나가 되었다. 기업들은 블로그나 동영상 같은 콘텐츠에 투자하기 시작했고, 이는 영업 조직의 활동을 지원하고 보완하는 역할을 했다.

이후 소프트웨어 구매 결정권이 분산되면서 새로운 가치 창출 방식이 등장했다. 바로 '제품 주도 성장product-led growth'이다. 코드code12가 새로운 가치의 원천이 되었고, 기업들이 제품 경험을 중심으로 전략을 세우면서 제품 그 자체가 고객 확보의 핵심 수단으로 자리 잡았다.

이를 기반으로 기업들은 '커뮤니티 주도 성장'이 궁극적인 방향이라는 사실을 인식하게 되었다. 이때 핵심 가치는 더 이상 영업 담당자도, 마케터도, 제품의 코드 한 줄도 아니다. 바로 '연결connection'이다. 인간 중심의 진정성 있는 연결이 비즈니스 가치를 만들어내는 것이다. 예를 들어, 사람들이 서로에게 조언을 구하거나 솔직한 경험을 공유할 때 그 가치가 발휘된다.

가치 주도 성장의 진화

---

12 코드(code): 소프트웨어의 핵심 구성 요소이자, 제품 그 자체를 구현하는 프로그래밍 코드를 의미한다.

다르메시 샤는 허브스팟이 고객에게 최대한의 가치를 제공할 수 있는 최적의 방법을 찾았다고 설명한다. 처음에는 제품에 집중했지만, 훌륭한 소프트웨어는 필요조건일 뿐 충분한 가치를 제공하기에는 부족하다는 사실을 깨닫게 되었다. 이에 더해 훌륭한 콘텐츠를 제공할 필요성도 느꼈으며, 실제로 허브스팟 내부에 미디어 회사가 내재되어 있다고 해도 과언이 아닐 정도로 콘텐츠 생산에 주력했다. 그러나 허브스팟의 창립자들은 궁극적으로 한 가지 중요한 요소가 부족하다는 사실을 깨달았다. 그것은 바로 커뮤니티였다.

허브스팟은 이미 초기부터 커뮤니티에 투자해 왔지만 이를 더욱 강조하고 확장하기 위해 'Connect.com'이라는 새로운 온라인 커뮤니티를 론칭했다. 이 플랫폼은 마케팅 전문가들이 동료 및 커뮤니티 구성원과 강력한 관계를 구축할 수 있도록 돕는 것을 목표로 한다(Shah, 2022).

고객 커뮤니티가 가진 고유한 가치 요소

커뮤니티의 고유한 가치에 대해 좀 더 자세히 살펴보자. 이들이 커뮤니티가 가진 고유한 가치 요소들이다.

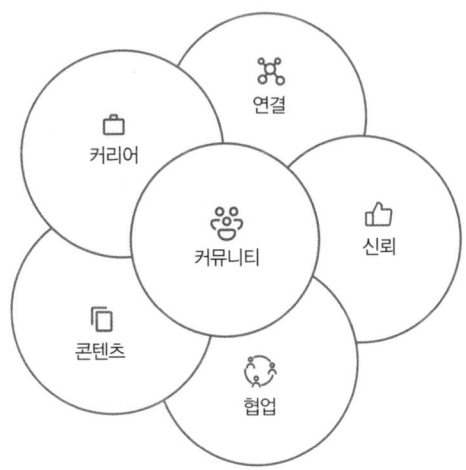

연결 Connection

커뮤니티 주도 성장은 현재 기술 분야에서 가장 주목받는 전략이다. 그 주된 이유는 바로 '연결'을 만들어가기 때문이다. 우리는 빠르게 성장하는 기업들이 고객들이 서로 연결되어 관계를 형성할 수 있는 자연스러운 커뮤니티를 만들어가는 모습을 보았다. 이런 연결은 사람들이 서로 지지하고 돕는 관계로, 제품이나 기술이 결코 만들 수 없는 진정성 있는 인간적인 과정이다.

실제로 연결은 고객, 직원, 파트너 간 참여의 핵심 원동력이다. 열정적인 고객들은 새로운 잠재 고객과 교류하며, 그들이 당신의 회사와 함께 일하는 가치를 이해하도록 돕는다. 장기적으로는 고객들이 새로운 고객들에게 기술을 사용하는 방법에 대한 아이디어를 제공하고, 파트너들은 산업 내에서 당신의 회사가 가치를 실현할 수 있도록 돕는다.

또한 벤더가 운영하는 커뮤니티는 고객사의 입장에서도 큰 도움이 된다. 소프트웨어 종류에 따라, 어떤 기업은 소수의 직원만 해당 제품을 사용하는 경우도 있다. 이럴 때 커뮤니티는 각각의 사용자들이 타사 사용자들과 교류하며 동료애를 느낄 수 있도록 도와준다. 더불어 신규 입사자 입장에서도 커뮤니티는 긍정적인 요소다. 그들이 속한 회사가 활발한 커뮤니티를 갖춘 소프트웨어를 도입했다는 것은 네트워킹 기회나 향후 커리어 발전 측면에서 매력적인 요소로 작용할 수 있기 때문이다.

게인사이트에서는 이 현상을 매일 경험하고 있다. 우리의 온라인 커뮤니티와 오프라인 이벤트는 게인사이트 관리자Gainsight admin들이 인간적인 방식으로 서로 연결될 수 있는 기회를 제공하며, 웃음이나 좌절,

이모지나 GIF 이미지 등을 서로 공유할 수 있게 해준다. 그리고 종종 고객 성공 리더나 고객 성공 매니저가 이직하면서 "다행히 이 회사도 게인사이트를 사용해서 여전히 커뮤니티 활동을 할 수 있어서 좋아요" 라고 말하는 경우를 듣게 된다.

신뢰|Confidence

커뮤니티가 제공하는 두 번째 가치는 신뢰이다. 소프트웨어는 기술 그 자체가 아니라, 기술이 약속한 결과를 달성하는 것임을 모두가 알고 있다. 그리고 거의 모든 결과는 소프트웨어와 한 명 이상의 사람이 그 것을 사용하는 것과 관련이 있다.

구매자들(특히 CEO나 CFO와 같은 고위 경영진)이 새로운 소프트웨어를 구매할 때 가장 먼저 떠오르는 질문은 "이걸 써본 사람이 누구인가?"와 "다른 고객들이 이 소프트웨어를 추천하는가?"이다. 의사 결정 권자들은 종종 다른 고객이나 동료들과 솔직하게 대화하길 원한다. 커뮤니티 안에서 활발하게 활동하는 사용자 기반을 발견하게 되면, 이들이 구매를 결정하는 데 필요한 신뢰감을 얻게 된다.

이제 고객들은 단순히 영업팀이나 마케팅 콘텐츠에만 의존하지 않는다. 신뢰는 커뮤니티가 제공할 수 있는 핵심적인 가치 요소이며, 이는 단순히 구매 시점에만 해당하는 것이 아니다. 기존 고객 또한 벤더로서 당신을 선택한 결정이 지속적으로 정당화되고 확신으로 이어지길 원한다. 따라서 커뮤니티 전체를 전략적으로 활용하면 신뢰감을 계속해서 심어줄 수 있다.

또한 고위 경영진과 결정권자를 넘어, 구매 결정을 내리거나 추천하는 개별 기여자individual contributor들은 그들의 회사를 대표하여 자금을 지출한다. 이것은 개인적인 구매와는 다른 관점에서 접근할 수 있다. 다음 승진이 이 새로운 소프트웨어 프로젝트의 성공적인 결과에 달려 있을 수 있으며, 더 중요한 것은 이 큰 구매로 인해 본인의 경력이 위태로워질 수도 있다는 점이다. 이로 인해 높은 자신감과 새로운 공급업체에 대한 신뢰가 필요하다.

이것이 바로 어도비Adobe가 200억 달러에 인수하려 한, 협업 디자인 도구 피그마Figma가 디자인 대화를 이끄는 사람들을 찾고 그들 주위에 커뮤니티를 형성하려고 했던 이유 중 하나다. 결국, 조언을 구하거나 결정을 내릴 때 누구를 신뢰하는지가 중요한 요소가 된다. "영업사원(세일즈 주도 세계에서)인가, 자신(제품 주도 세계에서)인가, 아니면 동료들과 친구들의 커뮤니티(커뮤니티 주도 성장의 세계에서)인가?"

협업Collaboration

제프리 무어Geoffrey Moore의 베스트셀러 《캐즘 마케팅Crossing the Chasm》에서는 '완전한 제품whole product'에 대한 개념을 다룬다. 이 아이디어는 제품을 단순히 기능들의 총합으로 보는 것이 아니라, 고객이 제품과 상호작용하며 경험하는 모든 것을 포함해 바라봐야 한다는 것이다. 즉, 기술 자체만이 아니라 전체 생태계 내에서의 협업이 중요하다.

예를 들어, 기술을 구현하거나 사용하는 데 관리자를 고용하거나 컨설턴트의 도움을 필요로 한다면, 그들 역시 더 넓은 생태계의 중요한 일부로 볼 수 있다. 만약 필요한 관리자나 사용자를 쉽게 고용할 수 있는 준비된 인력이 있다면, 이는 판매를 더 원활하게 하고 제품의 구현 속도를 더욱 빠르게 만드는 데 큰 도움이 된다(Moore, 2014).

예를 들어, 게인사이트는 게인사이트를 관리할 수 있는 인증된 전문가 수를 늘리는 데 시간과 자금을 투자했다. 우리는 고객 성공 운영 및 교육 리더들에게 CS 운영 커뮤니티를 맡겨, 전 세계에 더 많은 게인사이트 관리자를 양성할 수 있도록 지원했다. 이를 위해 구인 게시판을 만들고, 게인사이트 관리자를 위한 슬랙Slack 그룹에 경력 섹션을 추가하는 등 다양한 활동을 펼쳤다. 또한 '펄스 임팩트Pulse Impact' 이니셔티브의 일환으로 인도에서 시작한 '게인사이트 ALL'[13] 프로그램은 육아휴직 후 복직하는 부모들에게 게인사이트 관리 방법을 교육하여 해당 지역의 인재 풀을 확대하고 있다.

이러한 노력의 결과로 우리는 인재 풀을 크게 확대해 고객들의 총비용을 절감할 수 있었다. 게인사이트를 중심으로 협력적인 커뮤니티 생태계를 구축함으로써, 인재를 찾는 데 걸리는 시간을 단축하고, 소프트웨어의 총 소유 비용을 낮추며, 가치 실현 시간을 줄이는 동시에 수많은 옹호자advocate들을 양성하는 데 성공했다.

마찬가지로, 세일즈포스는 자사의 비즈니스 외에도 거대한 개발자 생태계를 구축했다. 개발자들은 다른 소프트웨어를 사용하는 마이크로소프트Microsoft나 오라클Oracle로 옮겨가는 대신, 제품과 사용자 측면에서 유대감이 강한 세일즈포스가 도입된 회사로 이직하길 원한다. 또는

---

13 게인사이트 ALL(Gainsight Admin Leadership League): 졸업생들이 'GS Admin' 자격을 갖추고 업계에서 정규직으로 취업할 수 있도록 집중적인 교육을 제공하는 프로그램이다. 본 프로그램은 취업 지원이 부족한 인도 농촌 지역 주민, 직장 복귀 여성, 장애인, 그리고 신규 졸업생들을 지원하기 위해 마련되었다. (*참고 : https://www.gainsight.com/pulseimpact)

자신의 경험을 바탕으로 많은 개발자들이 새로운 회사에 세일즈포스 도입을 설득하기도 한다. 이와 같이 세일즈포스는 수많은 사람들과 지속적으로 협력하며 끈끈한 생태계를 만들어냈고 평생 동안 세일즈포스를 지지하는 팬층을 확보하게 되었다.

그러나 커뮤니티 생태계를 구축한다는 것은 단순한 교류 중심의 파트너 네트워크를 넘어서야 한다. 그것은 다른 기술 벤더들과의 유기적인 통합, 개발자 생태계, 그리고 투자자들과의 네트워크를 포함한다. 핵심 제품 위에 확장 기능을 구축할 수 있는 개발자 네트워크를 만들고, 투자자들과의 긴밀한 관계를 통해 회사가 다음 성장 단계로 나아가는 데 필요한 자원을 마련해야 한다. 이렇듯 커뮤니티 중심 사고는 생태계 내 협업을 구축하는 중요한 가치 동력을 제공한다.

콘텐츠 Content

네 번째 가치 동력은 콘텐츠이다. 기업 소유의 콘텐츠는 오랫동안 존재해 왔지만, 항상 고객의 요구를 충족하기에는 충분하지 않았다. 일반적인 기업에서는 고객을 위한 콘텐츠 제작을 맡은 사람이 겨우 몇 명에 불과하다. 여기에는 잠재 고객을 고객으로 전환시키기 위한 마케팅 콘텐츠나 기존 고객을 교육하고 정보를 제공하기 위한 포스트 세일즈post-sales 콘텐츠가 포함된다.

하지만 더 큰 규모를 가진 커뮤니티에서는 지속적으로 콘텐츠를 개발하고 있다. 그것이 항상 글로 작성되거나 쉽게 이용 가능하며 재사용 가능한 형식으로 제공되지 않을 수는 있지만 말이다. 고객들은 당신의 제품에 대해 이야기하고 있다. 해결 방법, 새로운 기능 아이디어, 모범 사례best practice 등을 논의하고 자신의 경험을 다른 사람들과 공유하는 것이다.

　대부분의 고객이 당신 회사의 제품을 당신의 팀원들보다 더 잘 알고 있다고 말할 수 있다! 즉, 커뮤니티는 많은 사용자 생성 콘텐츠를 보유하고 있으며, 기업은 이를 활용하여 큰 성과를 이끌어낼 수 있다. 그리고 이 모든 콘텐츠는 '내부에서 외부로'의 관점이 아닌 '외부에서 내부로'의 관점에서 만들어지기 때문에, 대부분의 경우 더 관련성 있고 가치 있게 느껴진다.

　후속 챕터에서 다루겠지만, 온라인 커뮤니티는 문서화, 교육, 아이디어 공유, 모범 사례 등 고객이 제품을 최대한 잘 활용하는 데 필요한 모든 정보를 아우르는 지식의 중앙 허브 역할을 할 수 있다. 커뮤니티는 고객성공팀이나 제품개발팀의 역할을 디지털 공간에서 확장해 주는 역할을 하며, 새로운 고객에게 유용한 정보와 팁을 제공한다. 무엇보다 중요한 것은, 제품을 배우고 사용하는 과정에서 다른 사용자들과 쉽게 연결되고, 서로의 모범 사례를 공유함으로써 모든 고객의 전반적인 지식 수준을 향상시킨다는 점이다.

　또 다른 형태의 콘텐츠는 제품 아이디어와 고객 피드백이다. 소프트웨어 회사는 어떻게 개선될 수 있을까? 우리는 그 유일한 지속 가능한 답이 바로 헌신적인 고객 집단을 보유하는 것에 있다고 생각한다. 이들은 제품을 어떻게 개선할지에 대해 피드백을 준다(때로는 친절하게, 때로는 거칠게 주지만 말이다). 그리고 좋은 벤더는 이를 경청한다. 하지만 커뮤니티가 없다면, 어디에 귀를 기울여야 할까? 우리는 게인사이트의 고객 성공 제품에서 실제로 커뮤니티의 열정적인 피드백을 바탕으로 수백 가지의 제품 개선 사항을 받아들이고 이를 출시했다.

고객 모두가 힘을 합쳐도 당신의 회사와 전체 생태계가 필요로 하는 콘텐츠를 만들어낼 수 없다면 과연 누가 그 역할을 할 수 있을까? 그렇기에 특히 대규모로 생산되는 콘텐츠는 커뮤니티가 제공할 수 있는 또 하나의 독보적인 가치 요소이다.

커리어 Careers

마지막 가치 요소는 커리어로, 이는 커뮤니티가 사람들에게 제공할 수 있는 의외의 성장 동력이다. 우리는 모든 비즈니스가 '사람 중심 Human-First' 조직이 되어야 한다고 믿는다. 소프트웨어 회사에서 일한다는 것은 단순히 수익을 창출하고, 주주 가치를 높이며, 신규 고객을 확보하는 것만을 의미하지 않는다. 물론 이러한 목표들이 중요하긴 하지만 그 이면에는 그 목표를 실현하는 '개인'들이 있다.

당신이나 우리처럼, 이 개인들은 자기 발전, 학습, 지식 축적, 그리고 역량 개발에 관심을 가지고 있다. 50년 전만 해도 평생 한 회사에서 일하는 것이 일반적이었지만, 지금은 이직이나 경력 이동이 매우 흔해졌다. 만약 당신의 직무나 업계에 탄탄하고 누구나 참여할 수 있는 커뮤니티가 있다면, 다양한 상황에서 자신의 경험을 더 쉽게 활용할 수 있을 것이다.

커뮤니티는 같은 분야의 사람들이 직무를 바꾸거나 새로운 커리어 방향을 모색할 때 그 전환 과정을 원활하게 만든다. 왜냐하면 커뮤니티를 통해 더 넓은 생태계를 볼 수 있고, 정보가 투명하게 공유되며, 다른 사람들과 쉽게 연결될 수 있기 때문이다. 이러한 커뮤니티 안에서 사람들은 미래의 커리어 기회로 이어질 수 있는 관계를 만들어간다. 궁극적으로 커뮤니티는 우리 각자가 커리어 안에서 성장하고 활약할 수 있도록 돕는 역할을 한다.

이러한 커리어 기회는 개인에게만 유익한 것이 아니라 관련된 기업들에게도 긍정적인 효과를 가져다준다. 우리는 전 세계적으로 게인사이트를 관리할 수 있는 공인 전문가의 수를 늘리기 위해 노력해 왔다. 또한 이 커뮤니티를 지속적으로 확장하기 위해 힘쓰고 있으며, 구인 게시판 운영과 커뮤니티 내 채용 정보 공유를 통해 커리어 기회를 꾸준히 제공하고 있다. 커뮤니티를 육성함으로써 개인의 커리어 성장에 기여하고, 모두에게 진정한 성공을 만들어가는 데 도움이 되고자 하기 때문이다.

커뮤니티를 전략적 우선순위로 삼기

과거에는 많은 기업들이 제품을 구매한다는 것을 단순히 소프트웨어를 사는 일로 여겼다. 하지만 지난 15년 동안 구매자들은 벤더를 둘러싼 커뮤니티야말로 가치 제안의 중요한 부분임을 깨달았다. 커뮤니티가 없는 제품은 단지 또 하나의 소프트웨어에 불과하다. 결국 소프트웨어의 가치를 만드는 것은 그것을 개발하고 사용하는 사람들이기 때문이다.

이 책의 목표는 커뮤니티가 왜 그리고 어떻게 조직의 전략적 우선순위가 되고 유지되어야 하는지를 보여주는 것이다. 이 책은 다양한 팀을 독자로 삼아 집필되었으며, 이는 기업 내 여러 리더들이 커뮤니티의 원칙에 공감하고 동참하는 것이 성공의 핵심이라고 믿기 때문이다. 우리는 커뮤니티를 비즈니스에 어떻게 더 밀접하게 연결하고, 전략에 통합할 수 있는지를 보여주고자 한다. 25년 이상의 경험을 바탕으로 성공적인 커뮤니티 구축을 위한 핵심 요소를 논리적으로 정리하여 제공하며, 가능한 한 명확하고 실질적인 가이드를 제시할 것이다.

    성공적인 커뮤니티 구축을 위한 10가지 법칙을 살펴보기에 앞서 커뮤니티가 조직 내 다양한 팀에 어떤 가치를 제공하는지 소개하려 한다. 이후 챕터에서 차세대 커뮤니티가 각 부서에 어떤 이점들을 가져다줄 수 있는지 자세히 살펴볼 것이다.

Chapter

3

차세대 커뮤니티는 어떻게 성공을 이끄는가
순수익 유지를 위한 새로운 기업 전략

인류는 주로 협력과 협업을 통해 성공을 거두었다. 현대 사회에서 많은 사람들이 주변 사람들과의 유대가 약해진 지금, 인터넷은 사람들이 다시 비슷한 생각을 가진 이들과의 커뮤니티를 찾을 수 있는 기회를 제공한다. 이러한 상황은 비즈니스에서도 마찬가지다. 기업들은 고객을 한 곳에 모으는 것의 가치와 힘을 깨닫게 되었고, 그 결과 지난 30년간 비즈니스 커뮤니티가 탄생하고 성장했다.

비즈니스 커뮤니티의 진화

컴퓨터와 네트워크, 인터넷이 연결되기 시작한 초창기부터 온라인 커뮤니티는 존재해 왔다. 이후 이 커뮤니티들은 수많은 변화와 발전을 거쳐 다양한 매체와 포럼을 통해 성장해 왔다. 이제 이러한 변화의 흐름과, 그것이 오늘날 우리가 서 있는 지점에서 어떤 의미를 가지는지 함께 살펴보고자 한다.

1단계

조금 나이가 있는 독자라면, 초기의 '게시판 시스템BBS; Bulletin Board System'을 기억할지도 모른다. 광대역 인터넷이 보편화되기 전에는 PC 모뎀을 이용해 이 네트워크에 접속해야 했다. (정말 어려운 시절이었다!)

BBS는 사용자들이 메시지를 주고받을 수 있는 간단한 방법을 제공했으며, 이는 공공장소의 벽에 붙어 있는 전통적인 오프라인 게시판과 비슷한 방식으로 운영됐다. 1980년대와 1990년대 초반, BBS는 온라인 커뮤니티의 주요 형태로 자리 잡고 있었다.

그러다 1990년대 후반에 월드 와이드 웹이 등장하고 인터넷 접속이 보다 일반화되면서, 기존의 메시지 방식은 새로운 프로토콜과 애플리케이션으로 발전하게 된다. 그 대표적인 예가 IRC[14]와 ICQ[15]로, 특히 ICQ는 최초로 대중에게 널리 보급된 텍스트 기반 메신저 중 하나였다.

2000년 초에는 딕닷컴Digg.com과 같은 인기 커뮤니티 웹사이트가 등장했다. 딕은 사람들이 웹 콘텐츠에 대해 찬반을 투표할 수 있는 소셜 뉴스 웹사이트로, 당시에는 혁신적인 서비스였다.

....

14 IRC(Internet Relay Chat): 1988년에 개발된 실시간 텍스트 기반 채팅 프로토콜로, 여러 사용자가 동일한 채널에 접속해 동시에 대화할 수 있는 기능을 제공했다. 개발자나 오픈 소스 커뮤니티에서 활발히 활용되었다.
15 ICQ(I Seek You): 1996년 이스라엘의 미라빌리스(Mirabilis)가 개발한 인터넷 메신저로, 사용자 간 실시간 텍스트 메시지 교환, 친구 목록 관리 등의 기능을 제공하며 대중적인 인기를 끌었다.

이 초기의 소셜 및 커뮤니티 활동은 주로 개인들이 온라인에서 서로 소통하는 것이었으며, 때때로 비즈니스 목적을 가지고 있었다.

2단계

2000년대 중반, 소셜 미디어가 등장하면서 기업들은 단순히 웹사이트를 운영하는 것 이상의 존재감을 온라인에서 확립해야 한다는 필요성을 느꼈다. 이 시기에 페이스북Facebook, 레딧Reddit, 트위터Twitter, 현재 X, 인스타그램Instagram과 같은 플랫폼들이 등장했다. 또한 초기 포럼 기반의 솔루션들이 나오면서 기업 커뮤니티의 첫 발걸음이 시작되었다.

이때는 매우 흥미로운 시기이기도 했다. 기업들(특히 마케팅팀과 때로는 고객지원팀)이 소셜 미디어 프로그램에 적극적으로 투자하기 시작했다. 고객들이 다양한 소셜 미디어 플랫폼에서 활발히 소통하기 시작하면서, 기업들도 소셜 미디어 지원과 모니터링 프로그램을 통해 이에 대응해야 했다. 이 시기의 커뮤니케이션은 고객이 문의하거나 불만을 제기한 경우의 '사후 대응형 지원 방식'이 중심이었고, 소셜 미디어는 단지 또 하나의 고객 응대 채널로 인식되었다.

자이브Jive와 리튬Lithium 같은 기업들은 기업 커뮤니티의 초기 선도자로서, 통신업체와 같은 B2C 브랜드를 주요 고객으로 확보했다. 모바일과 스마트폰의 보급이 확대되면서 온라인상에서의 참여가 급증했고, 온라인 고객 지원은 기업의 중요한 서비스로 자리 잡았다. 이에 따라 많은 기업들이 브랜드를 대표할 '얼굴'을 갖추게 되었고, 실제 직원들이 대변인 역할을 하며 고객과 온라인에서 실시간으로(고객의 요청에 대응하는 수준으로) 소통하게 되었다.

현재

그 이후로 대부분의 기업은 초기의 소셜 프로그램을 종료하고 핵심 소셜 미디어 활동을 마케팅 조직에 통합했다. 소셜 미디어 채널은 이제 고객 및 잠재 고객과 연결하는 중요한 경로로 자리 잡았고, 광고와 마케팅 캠페인을 전파하는 핵심 채널이 되었다. 온라인 플랫폼과 소셜 미디어의 인기가 상승하면서 전통적인 미디어의 영향력은 줄어들었고, 대부분의 기업은 광고 예산을 대폭 재조정했다.

동시에 기업들은 지난 5~10년간 커뮤니티 프로그램에 대한 투자도 크게 늘렸다. 소셜 미디어 참여는 피상적이거나 지속적인 관계 형성에 한계가 있지만, 커뮤니티는 깊이 있고 지속적인 고객 참여를 이끌어내는 역할을 하기 때문이다.

커뮤니티는 이제 단순한 고객 지원 차원을 넘어, 고객 여정customer journey 전반에 걸쳐 제품, 고객성공, 영업, 마케팅 등 여러 팀이 협력하는 참여 채널로 자리 잡았다. 커뮤니티의 활용 분야도 네트워킹, 아이디어 공유, 참여, 모범 사례 공유, 업계 전문 리더십 확보, 옹호 활동 등으로 확장되었다. 이제 커뮤니티는 단순한 도구나 플랫폼을 넘어 전략으로 발전했으며, 사람들이 함께 모여 소속감을 느낄 수 있는 공간을 만들어준다.

특히 기업 내 다양한 내부 이해관계자들에게 더 큰 가치를 제공하고 있다. 이를 설명할 수 있는 좋은 비유는 '고객 성공Customer Success'의 개념이다. 고객 성공은 비즈니스 성장을 이루기 위한 고객 중심의 접근 방식으로, 모든 팀이 고객 경험 개선에 참여해야 한다는 철학을 바탕으로 한다.

고객은 당신의 기업 조직이 어떻게 구성되어 있는지에 상관없이 전체적인 경험을 통해 판단한다. 마찬가지로 고객이 커뮤니티에서 활동할 때에도 한 부서만이 아닌 회사 전체와 소통하기를 기대한다. 그래서 조직 전체가 고객 성공을 추구하고, 커뮤니티를 함께 구축해 나가는 것이 중요하다.

온라인 커뮤니티는 확실히 진화했지만, 여전히 모든 기업이 커뮤니티의 의미와 그것이 성장에 미치는 잠재력에 대해 충분히 이해하고 있는 것은 아니다. 이제 커뮤니티를 바라보는 전통적인 방식과 차세대 커뮤니티가 어떻게 다른지 비교해 보자.

커뮤니티에 대한 기존 인식

B2C 기업의 고객 지원 커뮤니티가 기업 커뮤니티의 선구자였다. 사실 고객 지원 요청의 방대한 건수가 기업들이 처음 커뮤니티를 도입하게 만든 주요 원인이었다. 초기에는 커뮤니티가 이 '고객 지원 티켓 support ticket'을 줄이는 데 사용되었고, 이는 주로 사후 대응적인 전술이었다.

커뮤니티는 고객들이 서로 돕는 단순한 포럼 형태로 시작되었으며, 특히 소셜 미디어가 부상하면서 커뮤니티는 한때 '있으면 좋은 정도'로 여겨지기도 했다. 기업들이 온라인상에서 자사 브랜드에 대한 대화의 흐름을 따라잡는 것이 어려웠기 때문이다.

기업들은 모든 온라인 상호작용과 메시지를 통제하려 했다. 2008년에 유럽 최대 통신사였던 한 기업과의 임원회의가 아직도 생생하게 기억난다. 몇 달에 걸쳐 우리 팀은 온라인 커뮤니티 론칭 계획을 세웠고,

최종 승인을 받기 위해 임원들과 논의하게 되었다. 그 회의에서 한 고위 VP가 일어나 이렇게 말했다.

"우리 스스로 고객들에게 불평할 공간을 주는 건 아니겠죠?"

물론 그 당시 이미 소셜 미디어에서 고객들의 상호작용이 급증하고 있었고, 고객들은 불만을 표현할 방법을 다양하게 가지고 있었다. 하지만 그런 대화에 참여하지 않는 것은 사실상 문제를 외면하는 것과 같다.

고객 지원은 여전히 중요하고 유효하지만, 그것만으로는 더 큰 가치를 창출할 수 없다. 오늘날의 고객들은 그 이상의 것을 기대한다. 단순히 고객 지원에만 집중하는 것은 전통적인 관점으로 커뮤니티의 가치를 바라보는 것이다.

세일즈포스닷컴Salesforce.com의 초창기 커뮤니티 개척자였던 에리카 쿨Erica Kuhl은 "예전에는 고객 지원이 커뮤니티의 핵심 용도였지만, 이제는 그렇게 생각하지 않아요. 그렇게 보는 것은 단기적인 시각에 불과합니다. 장기적으로 커뮤니티를 지속시키기 위해서는 그 이상의 가치가 필요합니다"라고 말한다.

세일즈포스는 커뮤니티 구축에 있어 개방적이고 투명한 접근 방식을 채택했다. 에리카는 이렇게 설명한다.

"리더들이 항상 '우리는 이 모든 것을 공개적으로 유지할 거야. 커뮤니티 아이디어는 모두 투명하게 공유되는 거야'라고 말했던 것이 정말 좋았어요. 그들이 자주 하던 말은 '경쟁자들이 더 잘할 수 있다고 생각한다면 그렇게 하라고 해. 우리는 모두 함께 더 나은 기술 공동체의 성숙한 구성원으로 더 좋은 소프트웨어를 만들고 회사의 성장을 도울 거야.

해보라고 해'였어요. 물론 현실적으로 경쟁자들이 그렇게 할 수 없었고, 그렇게 하지도 않았지만요."

역사적으로 커뮤니티의 내부 소유권은 자주 변화했다. 많은 팀들이 이 새로운 현상을 어떻게 다뤄야 할지 몰랐기 때문이다. 종종 한 사람이 커뮤니티를 이끌었고, 이는 독립적인 프로그램처럼 운영되었다. 커뮤니티는 회사 전략과 연계되지 않은 채 독립적인 프로젝트로 인식되었으며, 초기 주도자나 후원자가 회사를 떠나면 커뮤니티를 지속적으로 성장시키기 위한 지침이나 지식의 전달이 제대로 이루어지지 않았다. 모범 사례나 벤치마크도 거의 존재하지 않았으며, 커뮤니티팀은 규모가 작고 영웅적인 노력에 의존하는 경우가 많았다.

커뮤니티에 대한 또 다른 전통적인 관점은, 비즈니스 ROI Return on Investment, 투자 대비 수익를 입증하는 것이 어렵다는 믿음이었다. 한때 커뮤니티 실무자들은 내부 이해관계자들에게 관련된 통찰과 데이터를 제공하는 데 어려움을 겪었고, 이로 인해 그들의 역할이 중요하게 여겨지지 못했다.

핵심 성과 지표 KPI는 회원 수, 페이지 뷰, 커뮤니티 가입자 수 등에 초점을 맞췄다. 비즈니스 결과에만 집중한 실무자들은 커뮤니티에 대해 거의 전적으로 ROI의 관점으로 '콜 디플렉션 call deflection'[16]으로만 바라봤다. 이는 2005년부터 2015년 사이의 사고방식과 맞물린다. 당시 기업 커뮤니티는 주로 고객 지원의 기능으로 간주되었고, 판매 이후의 고

---

[16] 콜 디플렉션(call deflection): 고객이 콜센터(또는 고객지원팀)에 직접 전화하기 전에 스스로 문제를 해결하도록 유도하는 전략

객 대응에만 반응적으로 작동하던 전통적인 퍼널 모델funnel model 안에 위치해 있었다.

고객 지원의 품질을 평가하는 KPI가 존재했지만, 지원 부서는 여전히 수익을 창출하지 못하고 비용만 발생하는 '코스트 센터cost center'로 여겨졌으며, 커뮤니티에 대한 접근법도 이에 따랐다. 놀라운 사실은 그 당시만 해도 고객 유지customer retention가 가장 중요한 이슈가 아니었다는 점이다. 실제로 '고객 유지'라는 검색어는 최근 몇 년간 구글에서 두 배 이상 증가했다!

제한적이었던 것은 고객 지원 활용 사례뿐만이 아니었다. 커뮤니티 플랫폼 기술과 관련한 전통적 사고방식도 문제였다. 예를 들어, 커뮤니티에 '가입'해야 한다는 개념을 생각해 보자. 이는 고객이 제품에 로그인하는 것 외에 또 다른 로그인 정보를 요구한다는 의미다. 이를 해결하기 위해서는 고객이 이미 회사의 CRM고객 관계 관리 시스템이나 제품 권한 부여 데이터베이스에 등록되어 있다고 가정할 수 있다. 그러나 커뮤니티 실무자들은 다른 팀들이 이미 보유하고 있는 동일한 고객 정보를 기반으로 등록을 유도하려 애쓰면서 많은 시간과 노력을 낭비하게 된다. 물론 싱글 사인온SSO; Single Sign-On 방식이 있다면 더 편리하지만, 실제로 등록을 완료하지 않으면 커뮤니티에 가입된 것이 아니란 사실은 변하지 않는다.

이러한 분리된 접근 방식은 커뮤니티 회원 수와 관련된 활동 지표에 초점을 맞추는 결과를 초래했다. 커뮤니티팀은 고객들의 관심을 끌기 위해 노력했고, 고객들이 독립적인 커뮤니티 환경에 가입한 숫자에 의해 평가되었다.

회원 수, 페이지 조회 수, 활동이 중요하지 않다는 의미는 아니다. 이 지표들은 커뮤니티의 건강 상태를 판단하는 데 도움이 되지만, 그 이상이어야 한다. 사실 그룹의 규모가 커져도 반드시 질이 향상되는 것은 아니기 때문에 가입자 수를 주요 목표로 삼아야 하는지에 대한 논란의 여지가 있다. 많은 커뮤니티에서 가입자 수는 전체 고객 수에 비해 매우 작은 비율에 불과하다.

마지막으로 또 다른 전통적인 사고방식은, 커뮤니티에서의 적극적인 참여가 전부라고 생각하는 관점이다. 실제로 온라인 커뮤니티에서의 질문 수는 전체 고객 지원의 질문에 비해 아주 작은 비율에 불과하다. 이것은 큰 문제가 아니다. 곧 설명하겠지만, '파워유저'나 '동료 간peer-to-peer'으로부터 가능한 한 많은 질문에 대한 답변을 얻어 인력 절감을 꾀하는 것은 기업에 실질적인 이익을 가져오지 않는다.

물론 일부 고객이 커뮤니티에서 도움을 주며, 조직에 무료 지원 자원을 제공할 수 있다. 그러나 대규모 조직에서는 인력 절감 효과가 비즈니스 ROI를 논할 때 중요한 요소가 되지 않는다. 그렇다고 해서 파워유저와 옹호자를 육성하지 말아야 한다는 것은 아니다. 그런 일에는 많은 비즈니스적인 이유가 있지만, 인력 절감을 목표로 삼는 것은 적합하지 않다.

이제 우리는 커뮤니티에 대한 이런 전통적인 사고방식에서 벗어나 새로운 관점으로 접근해야 한다.

차세대 커뮤니티에 대한 시각

그렇다면, 커뮤니티를 어떻게 바라봐야 할까? 이 질문에 답하기에 앞서, 먼저 '고객 성공'의 등장 배경에 대해 다시 한번 생각해 보자.

앞서 언급했듯, 구독 기반 수익 모델의 확산으로 인해 우리 제품을 쓰고 있는 고객에 대한 집중이 훨씬 더 중요해졌다. 고객 지원이 주로 사후 대응적인 방식이었다면, 고객 성공은 고객에게 보다 능동적이고 부가가치를 제공하는 접근 방식을 의미한다. 기업들은 이제 자사 제품을 통해 고객이 성공하도록 돕는 것이 그들의 역할임을 깨닫고 이에 투자하기 시작했다. 고객 지원에서 고객 성공으로의 전환은 커뮤니티의 전략, 목표, 그리고 활용 사례 또한 확장시켰다.

리서치 회사 가트너Gartner®가 발행한 《B2B 고객 커뮤니티 플랫폼 시장 가이드Market Guide for B2B Customer Community Platforms》(Maria Marino, Michael Maziarka, Chad Storlie, October 6, 2022)에서는 "기존 커뮤니티가 단순한 지원 포럼의 기능을 넘어서 고객의 온보딩, 제품에 대한 활발한 활용, 자발적인 추천 활동, 그리고 장기적인 고객 확장까지 다양한 목적을 수행하는 방향으로 진화하고 있다"고 언급했다. 이 보고서의 주요 인사이트 중 하나는 다음과 같다.

"과거에는 온라인 고객 커뮤니티가 고객 서비스 부서에서 출발했지만 이제는 고객 여정 전반에서 다양한 활용 사례를 지원하며, 고객뿐만 아니라 잠재 고객과의 디지털 상호작용을 확장하는 데 기여하고 있다."

가트너는 고객 커뮤니티 활용 사례의 진화에 있어 '커뮤니티 에브리웨어Community Everywhere'라는 개념을 소개하며 "플랫폼은 이제 단일 진입점을 통해 경험을 제공하는 허브 모델에서 벗어나 여러 진입점을 통해 커뮤니티 상호작용을 촉진하고 있다"고 설명한다.

"벤더들은 커뮤니티 경험을 단순히 커뮤니티 '사이트'에 로그인하는 것에 그치지 않고 고객 여정 전체에 자연스럽게 통합하려고 한다. '커뮤니티 에브리웨어'란 웹사이트, 소셜 미디어, 이벤트, 고객 지원 챗봇, 메시징 채널 등 다양한 디지털 채널과 제품 내에서 커뮤니티와 상호작용할 수 있는 역량을 의미한다. 이 개념은 고객이 해당 채널을 떠나지 않고도 커뮤니티와 실시간 양방향으로 소통할 수 있는 경험을 제공하며, 단순히 커뮤니티 콘텐츠를 채널에 링크하거나 푸시하는 것 이상을 의미한다."

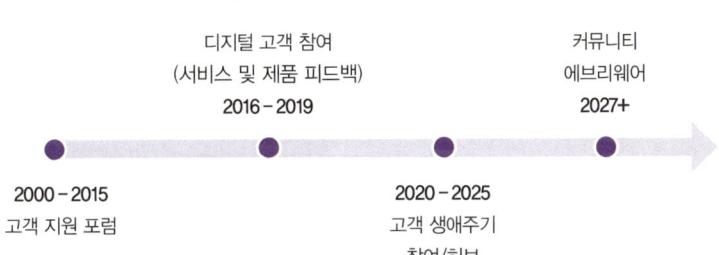

시장 분석: 고객 커뮤니티 활용 사례 진화

출처: Gartner 756621 _ C

커뮤니티는 고객과의 모든 상호작용을 촉진하는 비즈니스의 핵심적인 요소이다. 고객이 어디에 있든, 그리고 언제든 관계를 맺을 수 있도록 돕는다. 이는 비즈니스 전략에서 매우 중요한 부분으로, 고객의 참여 없이는 비즈니스 자체가 성립할 수 없기 때문이다.

이것을 고객 관계 관리CRM와 비교할 수 있는데, 고객 관계 관리는 기업이 고객 및 잠재 고객과의 상호작용을 관리하기 위해 사용하는 전략이다. 보통 CRM 시스템을 통해 연락처 및 영업 관리를 한다. 전 세계

90% 이상의 기업이 CRM 시스템을 사용하고 있으며, 이는 내부 비즈니스 운영을 지원하는 검증된 전략과 기술이다. 반면, 커뮤니티는 비즈니스의 외부 측면, 즉 고객과의 상호작용을 지원하는 전략과 기술이다. 이는 조직과 고객을 연결하는 중요한 역할을 하며, 비즈니스를 강화하고 지원하는 참여와 콘텐츠의 기반이 된다.

커뮤니티는 기존의 프로세스와 KPI핵심 성과 지표를 지원해야 하며, 독립적인 목표를 가진 별개의 존재로 여겨져서는 안 된다. 결국, 커뮤니티는 브랜드를 구축하는 중요한 요소이며, 고객과의 연결을 통해 그 중심에 위치한다.

커뮤니티를 바라보는 또 다른 중요한 관점은 확장성이다. 앞서 언급했듯, 온라인 커뮤니티에 올라오는 질문의 수는 고객 지원 요청 전체에 비해 아주 적다. 그러나 이것은 문제가 되지 않는다. 커뮤니티의 효과는 직접적인 기여도로만 평가할 수 없기 때문이다. 중요한 것은 이러한 플랫폼이 만들어내는 간접적인 영향이다. 하나의 질문에 대한 답변이 중요한 것이 아니라, 그 답변을 커뮤니티에서 확인한 200명이 중요하다. 시간이 지나면서 쌓이는 콘텐츠와 그 콘텐츠를 통해 형성되는 관계가 핵심인 것이다. 마치 복리 효과와 같이, 더 많은 콘텐츠가 쌓일수록 더 많은 신뢰를 얻고, 결국 지속 가능한 경쟁력을 만든다.

커뮤니티 구축 전문가이자 현재 캘린들리Calendly 커뮤니티를 이끌고 있는 질리언 베이틀릭Jillian Bejtlich은 이렇게 말한다.

"우리 커뮤니티에서 답변이 달린 모든 게시물은 평균적으로 234회의 후속 조회수follow up views를 기록합니다. 이 수치가 곧 234명이 동일한 질문을 했다는 의미는 아니지만, 이들 중 일부는 고객 지원 티켓을 제출하지 않았다는 것을 뜻해요. 만약 이 중 20%나 30%만 그렇다고 해도, 꽤 의미 있는 수치죠."

이는 커뮤니티에 올라온 질문뿐만 아니라, 커뮤니티 내에서 이루어지는 모든 유형의 상호작용에도 해당되는 이야기다. 해시코프HashiCorp의 커뮤니티 개발 디렉터인 멜리사 거니 그린Melissa Gurney Greene은 다음과 같이 말했다.

"해시코프 사용자 그룹HUG 프로그램은 53개 국가에서 36,500명 이상의 사용자가 활동하고 있으며, 145개의 챕터로 구성되어 있습니다. 해시토크HashiTalk를 주최하는 커뮤니티 발표자가 한 명 있다면, 그에 이어서 50명에서 100명 정도의 커뮤니티 구성원이 참여하고 있다는 것이죠."

만약 커뮤니티를 단순히 커뮤니티 스피커 발표자 수로만 평가한다면, 그 커뮤니티가 달성한 간접적인 효과를 간과하게 된다. 예를 들어 슬랙Slack에서의 참여도 마찬가지다. 이는 고객과의 상호작용이 없는 100명의 사용자에 대한 것이 아니라, 향후 6개월 동안 커뮤니티 게시글을 읽는 10,000명의 사람들에 관한 것이다.

사실, 최고의 커뮤니티는 고객 기반보다 더 빠르게 성장한다. 즉 고객 수가 연간 2배로 증가하는 경우, 활성화된 커뮤니티의 성장률도 최소한 같은 속도로, 혹은 그 이상으로 빠르게 성장해야 한다는 뜻이다.

때로는 확장 가능하지 않은 활동이 중요한 역할을 하기도 한다. 예를 들어, 모든 고객으로부터 리뷰를 받지 않아도, G2와 같은 동료 간 리뷰 사이트에서 가장 충성도 높은 커뮤니티 구성원들로부터 필요한 리뷰를 받을 수 있다. 또는, 커뮤니티 내 파워유저들이 내부 지원 인력을 줄이는 데는 도움이 되지 않을 수 있지만, 고객지원팀이 제공하지 못한 독특한 해결책을 제공하여 다른 수십 명의 고객에게도 유용한 도움을 줄 수 있다. 또 마지막으로, 어느 대기업 고객이 기업 행사에 참석하고 커뮤니티의 일원이 되고 싶다는 이유로 서비스를 리뉴얼하기로 결정했다면, 그것은 바로 그들이 기업과의 소속감을 느꼈기 때문일 것이다.

기술적인 관점에서도 커뮤니티를 다르게 접근해야 한다. CRM 시스템과 게인사이트와 같은 고객 성공 관리 시스템은 커뮤니티 기술과 원활하게 통합되어 고객 경험을 개선해야 한다. 이미 CRM에 등록된 고객은 자동으로 커뮤니티의 일원이 된다(잠재 고객도 마찬가지이다). 별도로 등록할 필요 없이, 고객은 이미 고객으로 가입했거나 전자책을 다운로드하거나 이벤트에 참석하면서 잠재 고객으로 등록된 상태이다.

기존 방식	새로운 방식
독립적인 프로그램	전사적인 프로그램
고객 지원 중심	고객 성공 중심
지원 KPI/콜 디플렉션	순수익 유지율(NRR)
전술적 접근	비즈니스 전략
독립적인 커뮤니티 사이트 운영	고객 여정에 통합
사후 대응적인 방식	선제적이고 개인화된 접근
회원 수 같은 KPI에 집중	비즈니스 결과에 집중
직접적인 기여에 집중	커뮤니티 확장에 집중
느슨하게 통합됨	CRM 및 CS 플랫폼과 통합
분산된 콘텐츠 경험	중앙 집중화된 콘텐츠
거래 중심의 참여	소속감 형성
주로 콘텐츠 중심	사람 중심의 접근

계정 정보, 고객 여정, 고객 건강customer health 데이터를 바탕으로 개인화된 커뮤니티 경험을 제공해야 한다. 또한 임원 대시보드는 각 개인에 대한 360도 뷰와 집계된 비즈니스 성과를 명확하게 보여줄 수 있어야 한다.

커뮤니티에 대한 새로운 방식의 접근법은 기업의 모든 부서에 혜택을 준다. 이를 어떻게 실현할 수 있는지 다음 챕터에서 자세히 살펴보자.

Chapter

4

모든 팀의 무기가 되는 커뮤니티
고객지원, 고객성공, 마케팅, 제품개발 각 부서는 커뮤니티로부터 무엇을 얻을 수 있는가?

앞서 언급했듯이, 커뮤니티를 고객 지원 조직에서 활용하는 사례는 이미 잘 확립되어 있다. 이는 초기 기업 커뮤니티 시대를 이끈 주요 동력이기도 했다. 오늘날 선도적인 고객 성공 커뮤니티에서도 고객 지원은 여전히 커뮤니티의 핵심적인 가치 요소 중 하나로 자리 잡고 있다.

고객지원팀이 커뮤니티를 통해 얻는 이점

고객이 궁금한 점이 있을 때 선택할 수 있는 방법은 다양하다. 제품이나 서비스 관련 질문이라면 일대일 채널을 통해 고객지원팀에 문의할 수 있다. 특히 긴급한 질문이라면 이 방법이 가장 적합하다. 하지만 대부분의 질문은 그렇게 시급하지 않으며, 일대일 채널은 운영 시간, 대기 시간, 혹은 챗봇이나 자동응답IVR 메뉴 같은 불편함 때문에 번거롭게 느껴질 수 있다. 이 때문에 많은 고객이 먼저 온라인에서 답을 찾는 것을 선호한다. 리서치 기관인 포레스터Forrester는 이미 몇 년 전부터 셀프 서비스self-service 채널을 선호하는 경향이 일대일 지원보다 우위를 점하고 있음을 밝혀냈다.

'셀프 서비스' 경험은 일반적으로 제공되는 자료를 찾아보거나 구글을 통해 검색하는 것으로 시작한다. 사실, 후자의 방법이 많은 상황에서 고객이 가장 먼저 선택하는 방식이다. 하루에 85억 건에 달하는 검색이 이루어진다(Marmon, 2023)는 점을 고려하면, 구글은 우리의 본능적인 첫 번째 해결책으로 자리 잡았다. 그리고 경험상, 구글은 종종 셀프 서비스와 커뮤니티 기반의 콘텐츠를 가장 관련성 높은 결과로 제시한다. 한 고객은 이렇게 말했다.

"세일즈포스에 대해 궁금한 점이 있을 때, 저는 항상 구글에서 검색합니다. 세일즈포스 커뮤니티도 잘 알고 있지만, 결국 구글이 저를 그곳으로 안내해 주는 걸 알기 때문이죠."

커뮤니티가 강력한 콘텐츠 원천이 되는 주요 요인 중 하나는 질문이 공식 문서나 챗봇, FAQ에 있는 내용보다 더 구체적이라는 점이다. 시간이 지나면서 이러한 질문과 답변은 공식 자료가 다룰 수 있는 범위를 넘어서는 롱테일 콘텐츠long-tail content[17]로 확장된다. 이는 커뮤니티가 종종 특정적이고 세부적인 질문에 대한 답을 제공하는 유일한 장소이기 때문이다.

---

[17] 롱테일 콘텐츠(long-tail content): 검색 빈도는 낮지만 매우 구체적이고 다양한 주제를 다루는 콘텐츠를 말한다. 축적되면 전체적으로는 많은 트래픽을 유도할 수 있으며, 공식 문서에서 다루지 않는 실제 사례나 세부 질문에 대한 답변 등이 이에 해당한다.

추가적인 장점도 있다. 커뮤니티가 공개되어 있다면, 모든 콘텐츠는 구글과 같은 검색 엔진에 의해 지속적으로 크롤링되어 같은 질문을 가진 사람들에게 즉시 제공된다. 고객들은 산업 용어가 아닌 자신들이 사용하는 일상적인 언어로 질문을 올리기 때문에, 다른 고객들이 검색할 때 사용하는 단어와 더 일치하게 되어 콘텐츠의 검색 가능성이 높아진다.

커뮤니티 콘텐츠가 성장하면서 확장성이라는 강력한 요소가 작용하는 것이 분명하다. 뿐만 아니라 커뮤니티는 FAQ나 챗봇으로 해결할 수 없는 질문들도 자주 다룬다. 모든 고객의 문의가 표준 답변으로 해결될 수 있는 간단한 사용법 질문만은 아니기 때문이다.

고객들은 제품의 기능을 넘어서는 특정한 문제를 해결하고자 하는 경우도 있다. 커뮤니티는 공식 콘텐츠나 지원 담당자의 조언보다 더 유용하고 신뢰할 수 있는 답변을 다른 고객들로부터 제공받을 수 있는 장소가 된다. 또는 모범 사례를 찾고 있을 때, 커뮤니티는 동료들의 다양한 관점이 공유되고 논의될 수 있어 더 나은 선택지가 된다. 고객 지원 조직의 입장에서는, 이는 에이전트들이 처리할 수 있는 지원 요청에 집중할 수 있도록 시간과 자원을 절약해 준다.

소노스Sonos의 커뮤니티 프로그램 매니저인 디트 솔쇠 코르스고르드 Ditte Solsø Korsgård는 "우리 커뮤니티에서 접수되는 질문 중 50%만이 문제 해결과 관련이 있고, 나머지는 방법론과 조언을 구하는 질문입니다"라고 말한다. 이러한 점에서, 커뮤니티의 지원 확장력은 단순히 지원 요청을 분산시키는 문제를 넘어, 지원팀이 가장 잘 처리할 수 있는 질문에 집중할 수 있도록 해주는 중요한 요소가 된다.

마지막으로, 커뮤니티가 가진 동료 간peer-to-peer 지원의 막강한 영향력에 대해 언급하고 싶다. 1세대 기업 커뮤니티가 등장했던 이유가 지식이 풍부한 고객들이 서로 돕고, 비용 효율적인 지원을 제공하는 데 중점을 두었기 때문이다. 커뮤니티 내에서 가장 지식이 풍부한 회원들이 적극적으로 참여할 수 있도록 게임화 시스템이나 파워유저 프로그램 등 다양한 방식이 도입되었다. 대규모 커뮤니티에서도 그 역할을 맡은 회원은 많지 않았지만, 그들은 대부분의 질문에 성실히 답변하며 중요한 역할을 했다.

우리는 이제 이 사고방식을 넘어서면서도 여전히 동료 간 지원의 중요성을 높이 평가하지만, 이를 새로운 시각에서 바라보고 있다. 우리의 주요 커뮤니티 회원들은 종종 가장 소중한 고객이자 옹호자들이다. 우리는 그들과 지속적인 관계를 형성한다. 고객 지원 조직에 있어서 그 결과는 여전히 스스로 입증되고 있다.

언쿼크Unqork와 같은 기술 대기업과 함께 일을 하면서, 우리는 대다수의 질문에 대해 직원이 아닌 커뮤니티 회원들이 답변하는 모습을 자주 목격했다. 언쿼크의 커뮤니티 디렉터인 대니 팬크래츠Danny Pancratz는 "직원 수를 줄이는 것이 목표는 아니지만, 우리 고객지원팀은 인력을 늘리지 않고도 더 많은 고객을 도울 수 있습니다. 또한 커뮤니티가 많은 간단한 문의를 해결해 주기 때문에 우리 팀은 더 중요한 활동과 그들만 해결할 수 있는 지원 요청에 집중할 수 있게 되었어요"라고 말했다. 이것은 효율적인 비즈니스를 구축하고, 구독 기반 소프트웨어 서비스를 운영하는 데 드는 직접적인 비용인 COGSCost of Goods Sold, 매출원가를 통제하는 매우 효과적인 방법이다.

캘린들리Calendly의 커뮤니티 리더이자 자피어Zapier의 전 커뮤니티 디렉터였던 질리언 베이틀릭Jillian Bejtlich에 의하면, 워크플로우 자동화 회사인 자피어는 자사의 제품이 갖춘 기술적 가능성 덕분에 다양한 제품 활용 사례가 존재한다고 한다. 이 회사는 커뮤니티 내 모든 질문에 대해 18시간 이내에 85%의 답변률을 달성했다. 모든 질문에 대해 커뮤니티 회원들이 답변할 수 있는 것은 아니다. 답변되지 않은 질문은 내부 에어테이블Airtable 시스템으로 전송되어 알고리즘을 통해 우선 해결해야 할 질문으로 파악된다. 베이틀릭은 이렇게 설명한다.

"우리는 또한 거의 매일 분석을 통해 선제적이고 반응적인 콘텐츠를 어떻게 만들어야 할지 고민합니다. 우리의 목표는 트렌드가 나타나기 시작하는 시점을 확인하는 것입니다. 그것이 문제로 떠오르기 전이나, 더 나아가 사건으로 발전하기 전에 이를 먼저 감지하고, 반응하며, 강력한 검색 엔진 최적화SEO; Search Engine Optimization가 적용된 문서를 빠르게 배포해 고객들에게 적시에 적합한 지식을 제공하는 것이죠."

고객성공팀이 커뮤니티를 통해 얻는 이점

'고객 성공customer success'은 아직 비교적 새로운 분야이지만, 최근 고객 성공 조직 내에서 주도하는 커뮤니티 프로그램이 점점 늘어나고 있다. 초기 기업 커뮤니티는 주로 큰 B2C 기업에서의 대규모 반응적 문제 해결에 집중했다. 하지만 커뮤니티는 지식 공유 측면에서 훨씬 더 큰 잠재력을 가지고 있다. 여기에는 모범 사례, 사용 지침, 자문, 즉 제품이나 서비스에서 좋은 결과를 얻고 가치를 극대화하는 방법들, 그리고 무엇이 가능한지에 대한 영감이 포함된다. 이러한 점은 고객성공팀이 고객들과 매일 수행하는 업무와 밀접하게 연결되어 있으며, 커뮤니티는 이러한 지식 공유를 대규모로 가능하게 하는 독특한 장점이 있다.

고객성공팀이 커뮤니티 프로그램을 우선시하는 이유를 잘 보여주는 간단한 예는 아마 고객 성공 매니저CSM들이 가장 자주 받는 질문에서 찾을 수 있을 것이다. 바로 "저와 비슷한 상황에 있는 사람과 이야기하고 싶어요"라는 것이다. 고객 성공 매니저로서 고객들을 서로 소개하는 것은 물론 가능하다. 이는 훌륭한 방법이며, 두 고객이 나누는 지식 공유는 매우 귀중하다. 하지만 커뮤니티 프로그램에서는 사용자 그룹을 통해 또는 커뮤니티 내에서 자연스럽게 이루어지는 모범 사례에 대한 논의를 통해서 이를 커다란 규모로 실현할 수 있다.

최근 몇 년 동안 '디지털 고객 성공digital customer success'에 대한 관심이 커지고 있다. 비용을 관리하려는 지원 조직처럼, 고객 성공 조직도 지속 가능한 성장을 주요 목표로 설정하고 있다. 이를 달성하기 위해 고객을 하이터치high-touch와 로터치low-touch로 구분하는 경우가 많다. 많은 디지털 고객 성공 프로그램은 전담 고객 성공 매니저가 없는 로터치 고객들에게 커뮤니티를 주요 자원으로 제공한다. 이는 합리적인 접근법이지만, 커뮤니티를 오직 로터치 고객만을 위한 자원으로 한정짓는 것은 한계가 있다. 실제로 우리는 커뮤니티가 모든 고객 세그먼트에 강력한 자원임을 확인했다. 로터치 고객에게는 주로 커뮤니티 내 지원과 교육이 주요 자원이 될 수 있지만, 결국 모든 고객은 커뮤니티를 통해 다른 사람들과 연결되며 이점을 얻는다.

하이터치 고객들도 지속적인 교육, 옹호, 네트워킹을 원한다. 이들 고객이 커뮤니티에서 필요한 정보와 답을 찾을 수 있으면, 이들은 더 전략적이고 영향력 있는 대화에 집중할 수 있다. 예를 들어 임원 사업 검토EBR; Executive Business Review나 기타 미팅 시에 말이다. 이러한 이유로 고객성공운영팀CSOps; Customer Success Operations은 커뮤니티를 디지털 주도 프로그램을 실행하고 모든 세그먼트에서 셀프 서비스를 확장하는 방법으로 점점 더 많이 활용하고 있다.

모든 고객성공팀이 각 세그먼트에 대해 중요하게 생각하는 것은 고객의 참여 수준을 이해하는 것이다. '참여'라는 개념은 매우 넓은 의미를 가지며, 제품 사용률, 이메일 오픈율, EBR 참석 등 고객 유지 및 이탈 위험을 나타낼 수 있는 다양한 지표를 포함할 수 있다. 커뮤니티는 고객의 참여를 이해하고 이를 직접적으로 증진시킬 수 있는 또 다른 방법도 제공한다. 고객이 커뮤니티에 방문하고 질문을 하며 피드백을 공유하는 모습을 통해, 고객성공팀은 고객 계정의 건강 상태에 대한 깊은 통찰을 얻을 수 있다.

최근 많은 고객성공팀이 커뮤니티 참여 지표를 게인사이트와 같은 고객 성공 플랫폼의 건강 점수 카드에 반영하고 있다. 수백 개의 B2B 중심 기술기업과의 협업을 통해, 우리는 매달 10%에서 50%의 고객이 커뮤니티에 참여할 수 있음을 알게 되었으며, 이를 통해 고객성공팀은 중요한 통찰을 얻고, 간접적으로 순유지율 결과에 영향을 미칠 수 있다는 사실을 확인했다.

마케팅팀이 커뮤니티를 통해 얻는 이점

마케팅 조직이 고객지원팀이나 고객성공팀처럼 커뮤니티를 주도하는 경우는 상대적으로 적지만, 마케팅팀이 커뮤니티 프로그램에 참여하고 그로부터 얻을 수 있는 가치는 매우 크다.

　과거에는 구매가 주로 마케팅 캠페인, 세일즈 피치, 비즈니스 애플리케이션, 또는 제안요청RFP; Request for Proposal에 대한 응답을 기반으로 이루어졌다면, 이제는 진공청소기를 구매하든 대규모 SaaS 플랫폼을 구매하든 거의 대부분 친구, 동료, 기존 고객의 관점과 의견을 참고한다. 여러 연구 결과에 따르면, 고객은 추천받은 브랜드에서 구매할 확률이 90% 이상 높다고 한다. 바로 이 점에서 커뮤니티는 회사의 가장 충성도 높은 고객들로부터 영향력 있고 전문성 있는 의견과 추천을 이끌어낼 수 있는 강력한 원천이 된다. 커뮤니티는 기존의 고객 확보 비용을 크게 절감하면서도 새로운 고객을 유치할 수 있는 개방적이고 투명한 채널이다.

　입소문 마케팅은 모든 기업에 중요한 자산이자 명백한 가치가 있지만, 커뮤니티가 마케팅 라이프사이클 전반에 걸쳐 제공할 수 있는 가치는 그만큼 크다. 커뮤니티에서 생성된 모든 콘텐츠는 강력한 검색 엔진 최적화SEO 결과를 이끌어내며, 이를 통해 커뮤니티를 경유해 사이트로 유입되는 추가 트래픽이 발생한다. 이 트래픽의 일부는 자연스럽게 제품 페이지나 다른 사이트 내 페이지로 이어지게 된다. 커뮤니티 콘텐츠는 지속적인 콘텐츠 마케팅을 위한 끝없는 주제와 기회를 제공하는 원천이 된다.

　고객 여정의 고려 및 구매 단계에서 커뮤니티는 사용자 생성 추천과 리뷰를 통해 지속적으로 가치를 더한다. 이러한 콘텐츠는 커뮤니티 내에서 쉽게 찾아볼 수 있으며, 마케팅팀은 이러한 사용자 생성 인사이트를 다른 주요 접점에서도 활용할 수 있도록 한다.

실제로 고객 커뮤니티의 가장 강력한 효과 중 하나는 충성도 높은 지지자들과 깊은 관계를 형성할 수 있는 공간을 제공한다는 점이다. 이를 통해 사례연구나 웨비나와 같은 콘텐츠를 만들어 협업과 파트너십의 기회를 창출한다. 이는 마케팅팀에 큰 도움이 될 뿐만 아니라, 지지자들에게는 커리어를 발전시킬 기회를 제공하며, 그들이 업계 전문가로서 자리매김할 수 있는 새로운 방법이 된다. 이 모든 것이 진정한 윈-윈win-win의 상황이다.

요약하자면, 고객 커뮤니티는 대중의 지혜를 활용하여 진정성 있고 신뢰받는 고객 추천과 가치의 입증을 생성할 수 있는 유용한 기회를 제공한다. 지금껏 우리가 이야기한 것들은 판매 후 고객 여정 전체에도 적용될 수 있다. 이것이 바로 '커뮤니티 주도 성장'으로, 제품 사용자가 다른 잠재 고객을 위한 지지자이자 지원 네트워크 역할을 하는 방식이다. 이것은 이메일이나 유료 검색 캠페인과는 비교할 수 없을 정도로 가치가 있다. 기업들이 적극적인 커뮤니티 참여를 유도하고 수백만 명의 사람들이 자사 제품에 대해 이야기를 나누도록 할 수 있다면, 기업은 판매보다 제품 구축에 더욱 집중할 수 있게 된다.

쇼피파이Shopify는 이러한 참여와 폭넓은 생각의 리더십을 새로운 차원으로 끌어올렸다. 쇼피파이는 전자상거래 플랫폼의 '동사'가 되었고, '크리넥스Kleenex'처럼 전자상거래 산업을 대표하는 브랜드가 되었다. 쇼피파이는 기업가정신과 창업을 중심으로 성장하는 제품 커뮤니티를 만들었다. 이는 단순히 쇼피파이 자체를 넘어서 소규모 비즈니스와 기업가정신을 촉진하는 운동으로 확장되었다. 브랜드 슬로건을 통해 반항적이고 혁신적인 정신을 고취시키기도 했다. 그들은 지속적으로 발전하는 커뮤니티와 생태계를 구축했고 이는 그들의 고객 여정 전반에 걸쳐 중요한 역할을 하고 있다.

제품개발팀이 커뮤니티를 통해 얻는 이점

기술기업들이 고객의 피드백을 반영하지 않고 제품을 개발하던 시절은 이미 오래전에 끝났다. 오늘날의 구매 결정은 동료 추천과 사용자 생성 리뷰에 의해 큰 영향을 받는다. 동료 간 리뷰 플랫폼인 G2의 B2B SaaS 제품에 대한 리뷰가 그 예이다. 이것은 제품개발팀이 피드백 루프feedback loop[18]에 적극적으로 참여해야 한다는 것을 의미한다.

하지만 실제로 이것을 실행에 옮기는 것은 생각보다 어렵다. 많은 기술기업들이 여러 고객 데이터 출처에서 나온 정보가 분산되어 있어 피드백을 통합하기가 쉽지 않고, 이로 인해 제품개발팀에서 로드맵의 우선순위를 정하거나, 고객 입장에서 제품 사용의 장애 요소를 파악하는 데 어려움을 겪고 있다.

이러한 문제를 해결하기 위해 선도적인 기술기업들은 고객 커뮤니티의 잠재력을 활용해 제품 피드백을 아이디어 형태로 수집할 수 있는 중앙화된 공간을 만들기 시작했다. 개별 피드백을 일일이 모으는 대신, 공유된 아이디어에 대해 협력하고 투표할 수 있는 커뮤니티를 만들어 가장 중요한 기능을 효과적으로 정리하고 부각시키는 확장 가능하고 효율적인 방법을 제공한 것이다. 고객지원팀과 고객성공팀은 커뮤니티

---

18 피드백 루프(feedback loop): 고객으로부터 받은 피드백을 제품 개선에 반영하고, 이를 통해 더 나은 제품을 제공한 뒤 다시 고객의 반응을 수집하는 반복적인 과정. 이 루프를 통해 제품개발팀은 실제 사용자 경험에 기반한 인사이트를 얻고, 우선순위를 명확히 하며, 고객과의 신뢰를 구축할 수 있다.

를 피드백을 공유하는 중앙 허브로 적극적으로 홍보하여, 피드백이 분산되는 문제를 해결하고, 개별 피드백이 담긴 끝없는 이메일과 스프레드시트를 종결시켰다.

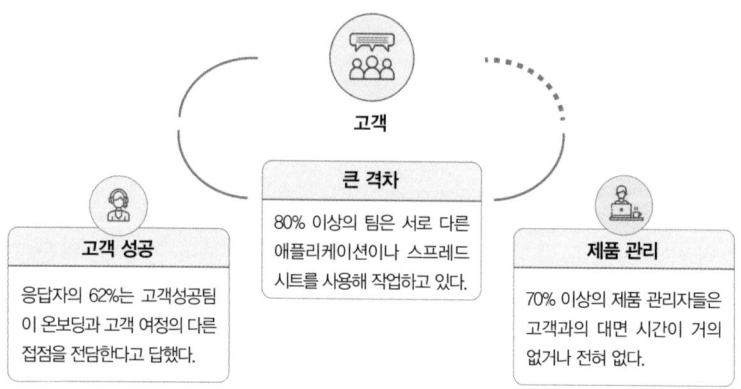

일대다 채널의 장점은 고객과 직접 소통하며 댓글이나 명확한 질문을 통해 효율적이고 확장 가능한 협업을 가능하게 한다는 점이다. 물론 커뮤니티 기반 피드백 프로그램이 효과적으로 작동하기 위해서는 제품개발팀의 협조가 필수적이고, 가장 성공적인 프로그램은 제품개발팀이 주도하고 제품 관리자들이 커뮤니티에 직접 참여할 때 실현된다. 이러한 방식은 피드백 루프를 그 어느 때보다 강력하게 완성시키며, 고객과 제품개발팀 간에 다른 어떤 채널로도 형성할 수 없는 직접적이고 신뢰를 기반한 관계를 형성할 수 있는 가능성을 열어준다.

고객 인텔리전스customer intelligence 전략가이자, 고객 건강에 대한 조기 경고 신호를 제공하는 플랫폼인 인볼브닷에이아이Involve.ai 이사회 자문

위원인 메리 포펜Mary Poppen은 제품개발팀이 커뮤니티를 통해 현재보다 더 큰 혜택을 누릴 수 있다고 믿는다.

"커뮤니티에서 고객의 목소리를 연결함으로써, 고객과 제품개발팀이 확장 가능한 방식으로 직접 소통할 수 있습니다. 고객은 다른 고객들이 무엇을 요청하고 있는지 투명하게 볼 수 있기 때문에, 다양한 기능 개선 사항이 제품 로드맵과 더욱 정합성을 갖게 됩니다. 고객, 특히 엔터프라이즈 고객들이 개별적인 요청을 하기보다는, 많은 고객에게 일관성 있는 로드맵을 제공하는 것이 중요합니다. 커뮤니티는 이러한 과정을 원활하게 만들어줍니다."

오픈스페이스OpenSpace는 건설 시장을 위한 소프트웨어를 제공하는 기업으로, 니키야 크리소스토모Nikiya Crisostomo가 커뮤니티 책임자로 이끄는 진정성 있는 커뮤니티를 구축했다. 이 커뮤니티는 오픈스페이스의 열정적인 팬들이자 지지자들이 중심이 되어 서로의 경력 성장에도 도움을 주고 있다. 제품 담당 이사인 제스 램Jess Lam은 내부 제품관리팀 전체를 커뮤니티에 적극적으로 참여시키고 있다.

"우리는 고객 중심 조직입니다. 우리 제품개발팀에게 그것은 곧 많은 고객들과 직접 대화한다는 의미입니다. 하지만 현실적으로 한 주에 할 수 있는 고객 통화에는 한계가 있습니다. 특히 우리 고객들은 시간이 가장 소중한 자원인 이들입니다. 우리가 정말로 대화하고 싶은 고객일수록, 전화를 요청하는 일은 그들에게 비용이 많이 드는 일이 될 수 있습니다. 그래서 고객들이 본인의 시간에 맞춰 다른 고객 및 우리와 소통할 수 있는 커뮤니티는 정말 큰 가치를 제공합니다.

그리고 지금은 한 단계 더 발전했습니다. 우리 제품 관리자들과 디자이너들은 고객에게 이메일을 보내기 전에 먼저 커뮤니티에 질문을 올려야 한다는 것을 알고 있습니다. 더 좋은 방법은, 커뮤니티에서 먼저 검색해 보는 것입니다. 본인이 관심 있는 주제에 대해 누군가 이미 언급했을 가능성이 크기 때문입니다. 그렇게 하면 즉시 당신과 대화하고 싶어 하는 다섯 명의 사람을 찾거나, 궁금한 질문에 대한 답을 찾을 수 있습니다. 우리에게 커뮤니티는 고객 중심적인 제품 개발 방식을 진화시키는 핵심 요소가 되었습니다."

제품개발팀은 고객의 피드백을 반영한 후, 그 과정에서 투명하고 개방적인 소통을 통해 피드백 루프를 완성해야 한다. 어떤 아이디어와 제안, 피드백이 로드맵에 반영될지, 그 이유를 명확하게 전달함으로써 신뢰를 쌓을 수 있다. 또한 제품 관련 소식이나 신규 기능에 관한 기사, 로드맵 업데이트 등을 꾸준히 공유함으로써 피드백 루프를 더욱 강화할 수 있다.

이 밖에도 제품개발팀이 얻는 이점들이 많다. 제품과 엔지니어링팀이 개발한 내용을 커뮤니티를 통해 대규모로 전달하면 제품 사용률이 높아진다. 또한 커뮤니티는 기업의 가장 충성도 높은 브랜드 옹호자뿐만 아니라 가장 활발하고 유용한 베타테스터들도 자연스럽게 발굴한다.

커뮤니티팀은 옹호자들을 베타테스트 프로그램에 참여시키는 것을 표준 절차로 삼고 있는데, 이것은 베타테스트 프로그램을 강화하고 옹호자들과의 관계를 더욱 굳건히 하며, 그들이 지식과 전문성을 쌓는 데 도움이 된다. 실질적인 효과로는, 새로운 제품이나 기능이 출시된 후에는 이미 커뮤니티 내에서 옹호자들이 다른 고객들에게 새로운 기능을 소개하고 활용 방법을 돕는 역할을 하게 된다는 점이다.

물론 고객 커뮤니티가 다른 피드백 채널을 완전히 대체하거나 리서치, 베타 프로그램, 사용자 경험 테스트의 필요성을 없애지는 못한다. 하지만 커뮤니티는 제품 개발 조직이 더욱 효율적이고 확장 가능하게 운영되도록 돕고, 제품 사용률과 고객 만족도를 높이는 데 있어 중요한 역할을 한다.

세일즈팀이 커뮤니티에서 얻을 수 있는 이점

솔직히 말하면 세일즈 조직이 주도적으로 커뮤니티 프로그램을 만들거나 운영하거나 리드한 사례는 거의 없다. 커뮤니티는 사람들이 배우고, 정보를 공유하며, 서로 진정성 있게 연결되는 공간이다. 커뮤니티에 가입하자마자 광고성 콘텐츠나 원치 않는 영업 메시지로 가득 차는 것은 그 누구에게도 반가운 일이 아닐 것이다. 하지만 그렇다고 해서 커뮤니티가 세일즈 조직에 아무런 가치를 제공하지 않는 것은 아니다.

오히려 커뮤니티는 충성도 높은 고객들의 추천과 업계 전문성을 통해 고객 유치에 기여할 수 있다. 하지만 커뮤니티를 단순한 리드 생성 채널로 보기보다는, 세일즈팀이 커뮤니티에서 얻은 인사이트를 리드 추적의 일부로 활용하는 접근이 더욱 효과적이다.

세일즈포스Salesforce와 같은 CRM 시스템에 커뮤니티를 연동하면, 세일즈팀은 커뮤니티 데이터를 활용해 잠재 고객을 더 정교하게 선별할 수 있다. 이를 통해 커뮤니티 활동과 실제 구매 또는 계약으로 이어지는 과정 사이의 상관관계를 추적할 수 있게 된다. 일부 기업들은 기존의 '세일즈 기반 리드SQL; Sales Qualified Lead' 외에도 '커뮤니티 기반 리드CQL; Community Qualified Lead', '고객 성공 기반 리드CSQL; Customer Success Qualified Lead' 개념을 도입하기 시작했다.

또한 크로스셀링이나 업셀링과 같은 고객 확장customer expansion에 있어서도 커뮤니티는 강력한 역할을 한다. 커뮤니티는 고객에게 신규 기능이나 활용도가 낮은 플랫폼 기능을 교육하는 채널로도 이용된다. 다른 고객들이 특정 제품 기능을 어떻게 활용하는지 보여주거나, 앱 내 커뮤니티 메시지를 통해 기능을 안내함으로써 영업 확장 기회를 창출하는 것이다.

즉 커뮤니티는 직접적으로 리드나 매출을 만들어내는 채널이라기보다는 진정성 있는 소통이 이뤄지는 공간이다. 그럼에도 불구하고 고객 유입과 그 이후의 영업 단계에 영향을 미치는 중요한 역할을 한다.

커뮤니케이션 플랫폼 제공업체인 트윌리오Twilio는 커뮤니티를 전체 시장 진입 전략의 핵심 요소로 삼은 대표적인 사례다. 개발자 생태계에서 활발하게 활동해 온 덕분에 시작부터 커뮤니티 주도 성장을 경험할 수 있었다. 많은 사람들이 개발자 대상 관계 구축 활동을 커뮤니티의 일부로 여기지만, 트윌리오는 이를 넘어 하나의 문화로 발전시켰다. 사람들이 트윌리오 티셔츠를 입고 다녔고, 이는 트윌리오가 적극적으로 홍보하지 않음에도 불구하고 브랜드와 상징이 되었다. 트윌리오가 제공하는 서비스에 대한 사랑과 관심이 커지면서 그들의 커뮤니티는 전혀 새로운 형태로 발전했다. 트윌리오는 커뮤니티 기반의 자발적 참여로 출발한, 전형적인 보텀업bottom-up 기업이다.

베세머 벤처 파트너스Bessemer Venture Partners의 파트너인 탈리아 골드버그Talia Goldberg는 이렇게 설명한다.

"트윌리오가 상장했을 당시만 해도 영업 담당자가 수십 명에 불과했어요. 그런데 지금은 수백 명에 달하죠. 그러니까 그들의 GTM_{Go-To-Market} 전략은 점점 진화해 온 거예요. 영업 인력을 확충하면서 성장도 폭발적으로 이뤄졌고요. 트윌리오의 기반과 토대는 본질적으로 자연스럽고 커뮤니티 주도의 움직임과 생태계 위에 세워졌다고 할 수 있어요. 이 정도 규모까지 이렇게 효과적이고 효율적으로 성장한 기업은 거의 없습니다. 트윌리오가 가능했던 이유는, 바로 그들이 구축한 커뮤니티 덕분이었어요."

결론

이 책의 파트 1에서는 커뮤니티의 역사와 발전, 그리고 선도적인 기술기업들이 커뮤니티를 어떻게 받아들이고 있는지를 폭넓게 살펴보았다. 앞으로의 내용에서는 조직 전반에 가치를 제공하는 세계적인 커뮤니티 프로그램을 구축하기 위한 모든 정보를 제공할 것이다.

파트 2에서는 커뮤니티 전략을 성공적으로 수립하기 위한 핵심 요소인 '성공적인 커뮤니티 구축을 위한 10가지 법칙'을 깊이 있게 설명하려 한다. 마지막으로 파트 3에서는 커뮤니티 프로그램을 성공적으로 운영하고 내부 장벽을 극복하는 실질적인 조언들을 전할 것이다.

PART 2

성공적인 커뮤니티 구축을 위한 10가지 법칙

고객이 모이고, 머무르고, 확산되는 구조 만들기

Chapter

5

법칙 1

지금 당장, 작게라도 시작하라
빠르게 실험하고 작게 시작해 크게 키우기

— 스콧 살킨[19], 하르시 반카[20], 케네스 레프스가드[21]

비즈니스를 운영하는 것은 어느 단계에서나 쉽지 않다. 첫 고객을 확보하고 서비스를 제공하기 위해 홈오피스에서 분투하는 스타트업부터, 글로벌 시장에서 성장하며 업계를 선도하려는 대기업까지, 각 단계마다 고유한 도전과 과제가 따른다.

하지만 창업 초기 몇 년간의 시행착오, 자금 조달, 확장의 어려움은

---

19 스콧 살킨(Scott Salkin): 게인사이트의 SVP이자 게인사이트 에센셜(Gainsight Essentials) 부문 총괄매니저로, 고객 주도 및 제품 주도 전략을 통해 지속 가능한 성장을 지원하는 플랫폼을 운영하고 있다.

20 하르시 반카(Harshi Banka): 게인사이트의 디지털 고객 성공 전략 수석이사로, AI와 커뮤니티 기반 전략을 통해 제품 채택과 고객 성공을 이끄는 전문가다. 와튼스쿨 출신으로 인포(Infor) 등 다양한 기업에서 전략 리더십을 발휘해 왔다.

21 케네스 레프스가드(Kenneth Refsgaard): 게인사이트의 커뮤니티 전략 및 프로그램 매니저로, 고객 커뮤니티를 통해 디지털 셀프 서비스와 고객 성공을 확장하는 데 중점을 두고 있다.

그 어떤 단계보다 치열하고 불확실성이 크다. 이때 커뮤니티는 기업이 지속적으로 성장하는 데 중요한 역할을 한다. 많은 초기 스타트업이 커뮤니티를 통해 일상의 문제를 해결하고 중요한 의사결정을 내리며 나아간다. 그러나 가장 성공적인 스타트업은 단순히 커뮤니티를 활용하는 것을 넘어, 사업 초기부터 커뮤니티를 기업의 핵심 DNA로 삼는다. 이를 위해 로컬 밋업을 개최하거나 미디엄Medium, 슬랙Slack과 같은 저비용 디지털 채널을 활용하는 것은 물론, 보다 탄탄하고 의미 있는 교류를 형성할 수 있는 도구와 리소스에 투자한다.

전 태블로Tableau 최고마케팅책임자CMO인 엘리사 핑크Elissa Fink는 초창기 태블로의 연 매출이 약 500만 달러 수준이었다고 회상한다. 그때 태블로는 대형 전통 BIBusiness Intelligence 플랫폼들과 경쟁해야 하는 상황이었다. 그녀는 당시 이렇게 생각했다고 한다.

"만약 우리가 활기찬 커뮤니티를 만들고, 사람들이 배우고 서로 나누고 싶어 한다면, 그들은 분명 우리 이야기를 하게 될 거야. 그들은 우리의 옹호자가 되어줄 것이고, 자연스럽게 우리 브랜드와 인지도를 확장시키겠지. 사람들에게 태블로의 장점, 자신이 얼마나 이 제품을 좋아하는지를 알리면서 그 영향력을 키워줄 거야. 어떤 제품을 구매하거나 필요성을 느끼는 상황에서, 실제로 그 제품을 직접 써본 사람만큼 신뢰할 수 있는 사람도 없잖아?"

그녀는 이어서 이렇게 말했다.

"우리가 첫 번째 고객 콘퍼런스를 기획하며 초기 커뮤니티 멤버들을 한 자리에 모으려고 했을 때, 조직 내부에서는 회의적인 시선이 있었습니다. '아직 시기상조다. 우리는 커뮤니티를 구축할 준비가 안 됐다'라는 의견도 있었죠. 하지만 콘퍼런스가 끝난 후, 모두 깨닫기 시작했어요. '이거 정말 되는 거구나. 이게 우리를 차별화하고, 돋보이게 만들며, 예산을 더 효율적으로 활용하는 길이구나.' 그리고 실제로 그렇게 됐습니다. 브랜드를 옹호하는 사람들을 만들어냈고, 그들이 우리의 메시지를 더 널리 퍼뜨려주었죠."

혼잡한 시장에 진입하거나 새로운 카테고리를 개척하려는 기업들, 혹은 고객 유지 효율성을 높이거나 제품-시장 적합성product-market fit을 개선하려는 기업들이 점점 더 커뮤니티를 적극적으로 활용하고 있다. 그리고 커뮤니티를 시작하는 일이 반드시 어렵거나 많은 비용이 드는 것은 아니다.

커뮤니티의 잠재력을 처음부터 활용하는 방법

지난 수십 년간의 기술 혁신 덕분에, 기업은 시장과 더 효과적이고 효율적으로, 더 자주 소통할 수 있는 다양한 도구와 채널을 갖게 되었다. 하지만 그렇다고 해서 사람들과 실제로 마주 보고 만나는 것, 그리고 그 만남을 통해 형성되는 인간적인 연결의 깊이를 과소평가해서는 안 된다.

앞서 말했듯, 커뮤니티에 대해 고민하기에 결코 이른 시점이란 없다. 우리는 많은 스타트업들이 첫 번째 코드를 작성하거나 실제 제품이나 서비스를 출시하기 전에 먼저 커뮤니티를 구축하는 모습을 봐왔다. 이들은 제품-시장 적합성을 놓칠 위험을 피하기 위해 초기 시간과 에너지를 시장을 파악하고 잠재 고객과 소통하는 데 투자했다. 아이디어와 피드백을 구하고, 고객의 문제와 고충을 이해하며, 개념과 프로토

타입을 공유하고, 전문성을 바탕으로 신뢰를 얻으며 관계를 다져간 것이다.

또한 자사 커뮤니티 내에서 활동하는 것에 그치지 않고 다른 커뮤니티에도 적극적으로 참여했다. 소셜 미디어나 블로그에 댓글을 달거나, 포럼에 참여해 질문에 답하고, 가상 및 대면 이벤트에 참석해 같은 관심사를 가진 사람들과 대화를 나누기도 했다. 커뮤니티의 매력이 바로 여기에 있다. 조금만 노력하면, 어디에서든 커뮤니티를 만들 수 있다.

가장 성공적인 기업들은 커뮤니티를 그들의 DNA로 삼고 있다. 이들은 고객과의 관계에 깊은 집중과 헌신을 보인다. 첫날부터 제품이나 서비스의 기능만을 고민하는 것이 아니라, 인간 연결의 힘을 어떻게 활용해 성장의 핵심 요소인 제품, 판매, 마케팅, 고객 성공을 이끌어낼 것인지에 대해서도 깊이 생각한다. 커뮤니티는 그들의 미션, 비전, 전략 계획에 자연스럽게 포함되며, 이는 전체 팀의 협업을 통해 이루어진다. 진정한 커뮤니티 중심의 사고방식은 지난 20년간의 고객 경험과 고객 성공 이니셔티브에서 자연스럽게 진화한 결과이다.

그렇다면, 커뮤니티 중심 접근법은 무엇을 의미하며, 어떻게 시작할 수 있을까? 몇 가지 가능성을 함께 살펴보자.

커뮤니티 구성원 이해하기

커뮤니티 구성원을 이해하는 것은 이 책에서 자주 언급될 중요한 부분으로, 커뮤니티 구축의 모든 단계에서 필수적인 요소이다. 커뮤니티를 개발해 나가면서 우리의 타깃이 누구인지, 그들의 목표와 문제점, 그리고 도전 과제가 무엇인지를 알아가는 것은 매우 중요하다.

그들은 기술적인 질문이 있는가? 네트워킹을 원하고 있는가? 영감을 주는 콘텐츠나 모범 사례를 찾고 있는가? 가치를 증명하는 데 어려움을 겪고 있는가? 그리고 가장 중요한 질문은, 그들이 목표를 달성할 수 있도록 어떻게 도와줄 수 있을까 하는 것이다.

세일즈포스Salesforce의 커뮤니티 선구자인 에리카 쿨Erica Kuhl은 이렇게 말한다.

"우리가 하는 모든 일의 이면에는 '사람'이 있다는 사실을 결코 잊어서는 안 돼요. 그리고 무엇보다 중요한 건, 어떤 것을 기대하기 전에 그들에게 무엇을 줄 수 있는지를 최대한 생각해야 한다는 거죠. 바로 이런 태도에서 커뮤니티 문화가 시작됩니다. 커뮤니티가 진짜로 필요로 하는 것을 먼저 주는 데 집중하면, 나중에 가치를 돌려받는 일도 자연스럽게 느껴질 거예요."

커뮤니티는 시간이 지남에 따라 고객과 그들의 요구 사항에 대한 중요한 통찰을 제공할 것이다. 초기 단계에서는 몇 명의 고객에게 직접 연락하여 이야기를 나누는 것이 좋은 방법이 될 수 있다. 초창기 구성원이 많지 않을 때는 직접 대화하는 것만큼 좋은 방법은 없다. 또한 고객지원팀이나 고객성공팀에서 나온 생생한 사례들도 유용하다. 게인사이트Gainsight는 이제 더 이상 작은 회사가 아니지만 지금도 모든 고위 리더들이 매주 수많은 고객과 직접 대화하고 있다. 고객의 마음과 생각을 이해하는 데 있어 이보다 더 좋은 방법은 없다.

첫 번째 열성팬 찾기

커뮤니티 구축의 초기 단계에서 가장 강력한 방법 중 하나는 당신이

하고 있는 일에 가장 열정적인 구성원을 찾아 그들과 교류를 시작하는 것이다. 이들은 당신이 만들어가는 커뮤니티의 기반이 되어줄 지지자들이며, 당신의 활동을 함께 키워나가고 확산시키는 데 큰 힘이 되어줄 것이다.

베세머 벤처 파트너스Bessemer Venture Partners의 탈리아 골드버그Talia Goldberg 대표는 다음과 같이 말한다.

"여러분이 하고 있는 일에 관심 있고 열정적인 소수의 사람들을 먼저 타깃으로 삼을 수 있다면 좋습니다. 이는 많은 자원을 들이지 않고도 시작할 수 있는 전략이죠. 이 사람들은 열성팬들이며, 자신들에게 말을 걸어주는 플랫폼과 생태계를 만나면 매우 열광합니다. 그렇게 시작하는 거예요. 그러면 그 사람들이 브랜드의 홍보대사이자 커뮤니티 리더로 성장하게 되죠. 이 방식은 대부분의 스타트업에 효과적입니다."

고객이 활동하는 기존 커뮤니티에 참여하기

당신의 고객들은 이미 하나 이상의 커뮤니티에 활발히 참여하고 있을 가능성이 크다. 그것이 슬랙Slack의 실무자 커뮤니티일 수도 있고 독립적인 포럼일 수도 있다. 혹은 링크드인LinkedIn과 같은 소셜 채널일 수도 있다. 커뮤니티를 구축하려 한다면, 고객이 이미 활동하고 있는 공간에서 직접 소통하는 작은 시도부터 시작하자. 업계에서 영향력 있는 전문가들을 찾아 그들이 활동하는 커뮤니티를 알아보자. 그리고 그들이 나누는 대화에 참여해 보자.

또한 이런 커뮤니티에서 자신의 관점을 공유하기 시작하면서, 팔로워들 사이에 커뮤니티 의식을 자연스럽게 형성할 수 있다. 게인사이트에서는 리더십 팀이 링크드인에 자주 자신의 생각을 공유하는데, 이는 회사의 가치와 아이디어를 세상과 나누고 많은 고객 및 업계 동료들과 연결되는 중요한 방법이 되었다.

물론 소셜 미디어 플랫폼처럼 '빌린 공간'에서 커뮤니티를 구축하는 데에는 한계가 있다. 그럼에도 불구하고 적은 노력으로 시작할 수 있는 훌륭한 출발점이다.

고객들을 하나로 모을 수 있는 소규모 활동부터 시작하기

커뮤니티를 형성하려면 간단한 소규모 활동부터 시작하는 것이 좋다. 게인사이트에 인수되기 전, 인사이디드inSided는 암스테르담에 위치한 작은 스타트업으로, 도시 한가운데에 생기 넘치는 멋진 사무실을 두고 있었다. 창립 초기에 인사이디드는 커뮤니티 플랫폼을 제공하는 회사였지만 자체 온라인 커뮤니티는 없었다. 그럼에도 불구하고 인사이디드 직원들과 고객들 사이에는 특별한 커뮤니티 정신이 형성되어 있었다.

인사이디드가 그 시절 잘 해낸 것은 소규모로 커뮤니티를 구축하는 일이었다. 예를 들어, 창립 임원들은 고객들과의 인간적인 관계를 쌓는 데 많은 시간을 투자했다. 고객들은 종종 사무실에 초대되어 회의, 사교 모임, 음료를 함께 나누는 시간을 가졌다. 인사이디드의 첫 번째 고객은 T-모바일T-Mobile이었는데 그들의 커뮤니티 파워유저들은 피자 파티에 참여하거나, 인사이디드와 T-모바일 팀과 함께 보트 여행을 즐기기도 했다. 당시 인사이디드 플랫폼의 기술은 오늘날의 수준에 비하면 미성숙했지만, 인사이디드 팀은 고객들과 함께 혁신적인 워크숍을 진행하면서 로드맵을 공유하고 새로운 아이디어를 함께 구상하며 즐거운 시간을 보냈다.

이러한 경험들은 고객들의 불만을 해소하고 기능적인 격차를 좁히는 데 도움이 되었으며, 무엇보다 신뢰와 유대감을 형성하는 데 중요한 역할을 했다. 그 당시 한 고객은 인사이디드의 문화와 커뮤니티가 그 회사를 경쟁사들보다 선택하게 만든 '결정적인 기능killer feature'이었다고 자주 이야기했다. 그 고객은 현재 인사이디드에서 일하고 있는데, 그 자체로 많은 것을 말해준다.

커뮤니티 구축을 위해 무엇을 하든 가장 중요한 것은 고객들이 서로 만나고 관계를 맺기 시작해야 한다는 점이다. 우리는 고객들이 서로 경험을 공유하고 배우는 것을 매우 즐긴다는 사실을 여러 차례 확인했다. 한번 서로 연결된 고객들은 종종 자발적으로 모임을 가지거나 시간이 지나면서 친구가 되기도 한다. 이런 경험은 고객들 사이에서 장기적인 충성도와 지지를 만들어내며, 그 효과는 전체 고객층으로 확산된다.

고객들이 서로 만날 수 있도록 돕는 또 다른 방법은 오피스 아워, 해피 아워, 점심시간에 진행되는 학습 세션 같은 것들이다. 시벤트Cvent의 최고마케팅책임자CMO 패트릭 스미스Patrick Smith는 팬데믹 동안 이런 세션을 시작했다.

"우리는 시벤트에서 제공하는 특별한 어젠다 없이 줌Zoom을 통해 커뮤니티와 만남을 가졌습니다. 발표도 없고, 그냥 사람들을 모아서 서로 이야기하고, 질문하고, 의견을 나누는 시간이었어요. 이런 모임을 자연스럽게 시작했는데, 80명에서 100명 정도가 참여했어요. 다들 같은 업계에 있는 사람들에게 의견을 묻고 싶어 했기 때문이죠. 놀라운 건, 정해진 주제 없이 사람들을 그냥 모이게 하는 것만으로도 여전히 큰 가치가 있다는 거예요. 가상으로 진행했지만 많은 사람들이 이야기하게 됐고, 때로는 치유적인 효과도 있었죠. 다른 사람들과 아이디어를 공유하는 것의 중요성을 다시 한번 실감했습니다."

초기 단계부터 조직 전체를 참여시키기

커뮤니티를 작고 간단한 방법으로 성장시키기 시작할 때, 조직 전반에서 사람들을 참여시키는 것이 매우 효과적이다. 이렇게 하면 다양한 사람들의 도움이 있어 진행이 더욱 원활해질 뿐만 아니라, 고객 중심의 사고방식과 커뮤니티 구축 마인드를 조직 내에 깊이 뿌리내릴 수 있다.

예를 들어, 당신의 사무실이나 또는 가상 모임에 고객들을 초대할 때, 고객이 예전에 지원 요청을 해서 연락한 적은 있지만 실제로는 만나본 적 없는 고객지원팀을 부를 수 있다. 제품개발팀도 참여해서 로드맵이나 피드백에서 자주 등장하는 주제들을 이야기할 수 있다. 이를 통해 자신들이 제품을 개발하는 대상인 고객을 더 잘 이해하게 되고, 제품 개발에 대한 직접적인 피드백을 받을 기회도 얻게 된다.

고객성공팀이 이런 활동을 주도할 가능성이 높지만, 만약 그렇지 않더라도 이 과정에 기꺼이 참여하려는 의지가 있을 것이다. 또한 창립 멤버들과 C레벨 임원들도 고객을 직접 만나 그들의 목소리에 귀 기울이고 존중하는 중요한 역할을 할 수 있다.

문화와 가치를 보여주는 경험 만들기

이 주제는 '법칙 10: 커뮤니티에 조직의 문화와 가치를 담아라'에서 깊이 다룰 것이다. 여기서는 커뮤니티를 시작하는 초기 단계가 여러분의 문화와 가치를 구성원들에게 전달하고 정의할 수 있는 중요한 기회임을 기억해 두자.

세일즈포스의 '트레일블레이저Trailblazer' 커뮤니티를 만든 에리카 쿨은 이렇게 말했다.

"커뮤니티는 정말 맨 처음부터 시작돼요. 그래서 커뮤니티를 처음 구축하는 사람이 그 커뮤니티의 미래에 가장 중요한 역할을 한다고 생각해요. 그들이 문화의 기초를 처음부터 형성하기 때문입니다."

그녀는 이어서 이렇게 덧붙였다.

"커뮤니티 구축 초기에는 비효율적일 수 있지만, 그 시기를 통해 확장성을 위한 기반을 마련할 수 있는 특별한 기회가 있어요. 초기에 하는 모든 일이 매우 특별하고, 그로 인해 커뮤니티의 문화와 개성이 형성됩니다."

따라서 여러분이 처음 시작하는 단계에서 진행하는 모든 대화, 모임, 그리고 링크드인에 남기는 메시지가 장기적으로 커뮤니티 문화의 기초를 다지고 있다는 점을 기억해야 한다.

커뮤니티 구축의 다음 단계로 나아갈 준비

이러한 초기 활동을 통해 고객에 대한 깊은 인사이트를 얻게 되고, 장기적인 지지와 충성도를 쌓아갈 수 있다. 이 과정에서는 아주 특별하고 멋진 순간들이 많이 있을 것이기 때문에 이를 충분히 즐기고 그 속에서 생겨나는 우정과 추억들을 마음껏 누려보자.

하지만 어느 순간, 커뮤니티를 더 확장 가능하고 지속 가능한 방식으로 구축해야 할 때가 온다는 사실을 알게 될 것이다. 그때가 바로 커뮤니티 구축의 다음 단계로 넘어가야 할 시점이다. 그렇다고 그동안의 유기적인 방식의 접근을 완전히 버려야 한다는 의미는 아니다. 여전히 때때로 소규모 활동이나 깊이 있는 대화를 계속할 수 있다. 그러나 비즈니스 가치를 규모 있게 실현하고자 한다면, 이제는 더 큰 그림을 생각해야 할 때이다.

정확히 어느 시점에 그런 변화를 겪게 될까? 이 시점은 회사마다 다를 수 있지만 수백여의 B2B SaaS 기업과 함께한 경험을 바탕으로 보면, 보통 50명에서 200명 정도의 고객을 확보했을 때 커뮤니티 구축의 다음 단계로 넘어갈 준비가 되었다고 볼 수 있다.

그때가 되면 지금까지 설명한 방식으로 모든 고객과의 개인적인 관계를 유지하고 소속감을 만들어주는 것은 더 이상 현실적으로 어려워진다. 바로 그 시점에 자신만의 커뮤니티를 구축하고, 자체 플랫폼에 투자할 준비를 해야 한다. 다음 챕터와 이후의 내용에서 그 방법에 대해 더 자세히 살펴보자.

Chapter
6

법칙 2
자체 플랫폼을 운영하라
빌린 공간이 아닌 내 플랫폼에서 고객과 소통하기

– 케네스 레프스가드, 나디아 니콜라이[22]

커뮤니티는 매우 다양한 형태로 존재할 수 있다. 소수의 사람들과 화상통화로 연결되는 방식부터 밋업을 주최하거나 다른 다양한 방법을 활용하는 것까지, 온라인에서 사람들과 연결되는 방식은 무궁무진하다.

초기 커뮤니티 구축은 대개 소규모 그룹을 대상으로 하거나 기존 커뮤니티에 참여하는 방식으로 진행된다. 이러한 접근은 커뮤니티 전략의 성숙도에 상관없이 언제나 유효한 출발점이 된다.

---

[22] 나디아 니콜라이(Nadia Nicolai): 게인사이트의 엔터프라이즈 고객 성공 매니저이자 커뮤니티 전략가로 활동하고 있다. 그녀는 고객 성공 및 커뮤니티 구축 분야에서 활발한 활동을 펼치고 있으며, 최근에는 파리에서 열린 '커스터머 석세스 스낵(Customer Success Snack)' 행사에서 발표자로 참여하기도 했다.

다만 이 단계에서의 활동은 대부분 '빌린 공간'[23]에서 이루어진다. 즉, 기업이 직접 소유하고 있지 않은 플랫폼이나 환경을 활용하는 것이다. 예를 들어, 링크드인LinkedIn과 같은 소셜 미디어 플랫폼이나 슬랙Slack, 디스코드Discord, 레딧Reddit과 같은 기존 커뮤니티에서 고객과 소통하는 활동이 여기에 해당된다.

그러나 시간이 지나면 결국 고객과의 소통을 위한 자체 공간을 구축하고 성장시킬 시점이 찾아온다. 이 공간은 오프라인 고객 행사처럼 물리적인 형태일 수도 있다. 예를 들어, 게인사이트Gainsight가 매년 주최하는 '펄스Pulse' 콘퍼런스가 그 대표적인 사례다(이는 법칙 7에서 더 자세히 다룰 예정이다).

이 책에서는 기업이 자체 소유한 온라인 공간에서 커뮤니티를 구축하고 확장하는 방법에 초점을 맞춘다. 이번 챕터에서는 '자체 공간owned environment'이 어떤 의미인지, 그리고 왜 이것이 비즈니스 커뮤니티를 구축하는 데 있어 가장 효과적인 장기 전략이라고 생각하는지 설명할 것이다. 그에 앞서, 기업들이 커뮤니티 프로그램을 시작할 때 흔히 고려하는 대표적인 옵션들을 먼저 살펴보자.

소셜 플랫폼에서의 커뮤니티 구축(예: 페이스북)

'빌린 공간'의 대표적인 예는 페이스북Facebook 같은 소셜 플랫폼이다. 특히 페이스북 그룹Facebook Groups은 커뮤니티를 무료로, 그리고 최소한

---

[23] 빌린 공간(borrowed ground): 기업이 직접 소유하지 않은 외부 플랫폼(예: 페이스북, 슬랙, 링크드인 등)을 활용해 커뮤니티를 운영하는 환경. 진입은 쉽지만, 통제와 확장에 한계가 있다.

의 노력으로 만들 수 있는 기능을 제공한다. 초기 투자 비용 없이 비교적 쉽게 시도해 볼 수 있다는 점에서 매우 매력적인 선택지다. 실제로 많은 우리의 고객사들이 커뮤니티 구축의 첫 단계를 이러한 방식으로 시작했다.

커뮤니티 구성원 입장에서도 진입장벽이 낮다. 이미 많은 사람들이 모바일 기기에 페이스북 앱을 설치해 두었고, 인터페이스는 익숙하며, 대부분이 계정을 가지고 있다. 또한 실시간 알림 기능은 참여를 유도하도록 설계되어 있다. 이 모든 요소들이 결합되어 유저들에게 부담 없는 긍정적인 경험을 제공하고 높은 참여율을 이끌어낼 수 있다. 매달 18억 명에 달하는 사람들이 1,000만 개가 넘는 페이스북 그룹 중 하나를 이용하고 있다는 사실은 우연이 아니다.

그렇다면 이런 방식으로 기업 커뮤니티 프로그램을 시작하는 것이 좋은 선택일까? 물론 초기에는 소규모 프로그램을 부담 없이 시작하고 실험해 볼 수 있는 방법이 될 수 있다. 서비스타이탄ServiceTitan의 최고마케팅책임자CMO인 크리스 페트로스Chris Petros는 이렇게 말한다.

"우리는 페이스북에 하나의 커뮤니티가 있습니다. 완전히 통제할 수는 없지만 어느 정도는 관리하고 있고, 그 외에는 자체 플랫폼을 사용하고 있습니다. 소유한 커뮤니티에서는 더 많은 기능과 제어가 가능해서 이제 사람들을 그쪽으로 유도하고 있습니다."

하지만 페이스북과 같은 소셜 플랫폼을 커뮤니티 공간으로 활용할지 결정하기 전에 반드시 고려해야 할 몇 가지 리스크와 우려 사항이 있다. 누군가가 말했듯, "당신이 돈을 지불하지 않는다면, 누군가는 당신으로 돈을 벌고 있는 것이다." 이는 페이스북을 포함한 대부분의 소셜 플랫폼에 정확히 들어맞는 말이다. 이들 플랫폼의 막대한 수익은 광고주로부터 나오며, 사용자와 그들의 데이터는 광고의 대상이자 상품이 된다. 따라서 우리는 커뮤니티 운영의 핵심이 되는 플랫폼을 선택할 때, 그 공간에서 고객이 아닌 '상품'으로 취급될 수 있다는 점을 신중히 고려해야 한다. 우리 자신과 커뮤니티 구성원 모두가 플랫폼의 '고객'이 아니라 '상품'이 될 가능성에 대해, 전략적 관점에서 냉정하게 따져볼 필요가 있다.

결국, 트위터나 페이스북과 같은 기업들은 자사의 광고 수익 극대화를 위해 자체적인 방향성을 따를 수밖에 없다. 이들은 막강한 영향력과 도달 범위를 확보한 만큼, 각종 논란에서 자유롭지 않다. 실제로 지난 10여 년간 미국 의회 청문회에 소환되거나, 사용자 개인정보 침해, 허위 정보 확산 문제 등 수많은 스캔들이 이어져 왔다. 문제는, 우리 회사가 아무리 높은 윤리 기준과 가치를 추구한다고 해도, 만약 페이스북 같은 무료 광고 기반 소셜 플랫폼 위에 고객 커뮤니티를 구축했다면, 해당 플랫폼과 얽힌 모든 논란에 자연스럽게 연루될 수밖에 없다는 점이다.

또한 소셜 미디어 플랫폼의 흥망성쇠는 매우 예측 불가능하다. 지역과 세대에 따라 선호도와 참여율이 급격히 달라지고, 한때 활발했던 플랫폼이 순식간에 사라지기도 한다. 특정 플랫폼에 커뮤니티 전략을 전적으로 의존한다는 것은, 장기적으로 프로그램 전체를 위험에 빠뜨릴 수 있는 '실질적인 리스크'를 감수하는 것과 마찬가지다.

페이스북 그룹은 사용자 경험 측면에서 긍정적인 요소들이 많지만 커뮤니티 운영자 입장에서 보면 커뮤니티 구성원들의 경험에 영향을 줄 수 있는 여지가 거의 없다. 사용자의 니즈에 맞게 커뮤니티 구조를 세밀하게 설계하거나 맞춤화하는 것이 사실상 불가능하다.

대표적인 사례는 콘텐츠 피드feed의 자동 구성 방식이다. 알고리즘에 따라 자동으로 콘텐츠가 정렬되기 때문에, 아무리 가치 있는 콘텐츠라도 금세 피드 아래로 밀려난다. 이로 인해 이 플랫폼은 '순간의 참여'에는 집중되지만, 실질적으로 유익한 콘텐츠의 수명은 매우 짧아진다는 치명적인 단점이 발생한다. 그 결과는 무엇일까? 똑같은 질문이 반복해서 올라오고, 유익한 콘텐츠는 끊임없이 사라지는 악순환이다. 커뮤니티 매니저 역시 콘텐츠를 관리하거나 모니터링할 수 있는 기능이 제한적이기 때문에, 중요한 대화나 논의가 이루어져도 이를 놓칠 가능성이 매우 높다.

페이스북과 같은 무료 소셜 플랫폼에서 커뮤니티를 운영한다는 것은, 본질적으로 '비즈니스에 최적화되지 않은 고정된 플랫폼' 위에서 일하는 것과 같다. 커뮤니티의 기능이나 역량을 우리 비즈니스의 요구에 맞게 커스터마이징할 수 있는 선택지는 거의 없다. 또한 플랫폼의 기능 개선이나 방향성에 대해 우리가 영향을 미칠 수 있는 향후 로드맵도 존재하지 않는다. 기능은 언제든 사전 예고 없이 변경될 수 있으며, 이는 커뮤니티 운영의 일관성과 안정성을 해치는 또 하나의 리스크로 작용한다.

페이스북 그룹과 같은 플랫폼에서 커뮤니티를 운영할 때 또 하나의 큰 문제는, 커뮤니티 내 콘텐츠와 데이터에 대한 접근 권한이 제한된다는 점이다. 일부 기본적인 지표는 제공되지만, 이는 어디까지나 제한적이며, 고도화된 커뮤니티 프로그램이 요구하는 참여 최적화나 비즈니스 가치 입증을 위한 인사이트 도출에는 턱없이 부족하다. 이로 인해 커뮤니티에서 생성되는 가치 있는 콘텐츠를 체계적으로 분석하고 선별하는 작업도 거의 불가능해진다. 데이터를 기반으로 전략을 세우고자 하는 커뮤니티 운영자에게 이 같은 구조는 명백한 한계로 작용한다.

마지막으로 고려해야 할 중요한 요소는, 페이스북 그룹은 결국 고객의 디지털 여정과 단절된 '고립된 공간siloed destination'이라는 점이다. 물론 일정 수준의 교차 링크나 홍보는 가능하지만, 이 커뮤니티는 본질적으로 기업의 다른 접점들과 분리되어 존재하게 된다.

즉, 커뮤니티 경험을 웹사이트, 제품 내 경험, 고객 지원 등 다른 접점들과 유기적으로 연결하고 통합하는 것이 사실상 불가능하다. 검색 엔진이 커뮤니티 콘텐츠를 크롤링하지 않기 때문에, 커뮤니티를 직접 찾는 사람 외에는 콘텐츠에 접근이 어렵다. 이는 유용한 정보가 외부로 확산되지 못하고 커뮤니티 내부에만 머물게 되는 구조적 한계를 의미한다.

이 주제에 대해 더 많은 이야기를 할 수 있겠지만, 위에서 다룬 내용만으로도 페이스북 그룹과 같은 플랫폼 위에 본격적인 커뮤니티 프로그램을 구축하는 것을 추천하지 않는 이유는 충분히 전달되었을 것이다.

유레일Eurail은 활발한 페이스북 그룹을 운영하고 있었음에도 불구하고, 해당 플랫폼에서 벗어나 독립된 커뮤니티 플랫폼으로 전환한 대표적인 사례다. 유레일의 커뮤니티 매니저인 난자 샬크위크Nanja Schalkwijk는 다음과 같이 말했다.

"페이스북은 주로 최신 정보를 중심으로 운영되기 때문에, 우리 커뮤니티는 보다 효율적이고 효과적인 방식으로 회원들이 서로 정보를 공유하고 인사이트를 나눌 수 있는 전용 브랜드 커뮤니티 플랫폼이 필요했습니다. 이 플랫폼을 통해 데이터 소유와 장기적인 커뮤니티 운영이 가능해졌으며, 커뮤니티 내외부 어디서든 필요한 정보를 쉽게 찾을 수 있게 되었습니다."

협업 플랫폼에서의 커뮤니티 구축(예: 슬랙)

슬랙은 기술기업에서 내부 협업을 위한 대표적인 플랫폼으로 자리 잡았으며, 수백만 명의 사람들이 매일 사용하는 익숙하고 신뢰받는 사용자 경험을 제공하고 있다. 최근 들어 많은 기업들이 슬랙(또는 디스코드)을 활용한 커뮤니티 구축에 대해 질문하고 있으며, 이를 자체 도메인 기반 커뮤니티와 결합한 하나의 생태계로 만들 수 있을지 고민하고 있다. 일부 기업은 슬랙을 커뮤니티 프로그램의 핵심으로 삼는 것도 고려하고 있다.

슬랙의 진정한 강점은 (거의) 실시간에 가까운 협업과 참여를 이끌어 낼 수 있다는 점이다. 슬랙은 짧은 질문을 하거나 현재 진행 중인 대화에 참여하기에 매우 적합한 공간이다. 슬랙 채널의 분류 방식은 일반적으로 함께 일하는 직원 그룹을 중심으로 형성되며, 이는 원격 근무나 전 세계에 흩어져 있는 팀 간 협업의 가능성을 혁신적으로 확장시키고 소속감을 높이는 데 큰 역할을 해왔다.

그렇다면 슬랙에서 커뮤니티를 개설하고 이를 커뮤니티 프로그램의 중심으로 삼는 것이 가능할까? 물론 가능하며, 실제로 이 방식으로 성공을 거둔 사례들도 존재한다. 커뮤니티 전문가들이 모이는 'CMX' 슬랙 커뮤니티는 다른 업계 전문가들과 연결할 수 있는 좋은 장소이다.

만약 커뮤니티의 주요 목표가 높은 활동 수준을 유지하고 소속감을 강화하는 것이라면, 슬랙은 매우 효과적인 선택이 될 수 있다.

하지만 고객을 위한 커뮤니티를 구축할 때는 몇 가지 중요한 고려 사항들이 있다. 슬랙의 가장 큰 단점 중 하나는 콘텐츠가 구조화되지 않는다는 점이다. 슬랙에서는 대화가 특정 주제를 중심으로 구성된 채널 내에서 이루어지지만, 하나의 채널 안에서도 대화가 끊임없이 이어지고 여러 주제가 뒤섞이는 경우가 많다. 매일 새로 올라오는 글을 모두 읽는다면 이러한 흐름을 따라갈 수 있겠지만, 이는 팀 내 협업 툴로 사용할 때의 이야기다. 고객 입장에서는 새로운 채널을 탐색하거나 특정 정보를 찾으려 할 때 혼란을 겪을 가능성이 높다. 페이스북 그룹과 마찬가지로 콘텐츠가 금세 묻혀버리기 때문에 유용한 정보가 널리 퍼지지 못하고, 커뮤니티 멤버들은 같은 질문을 반복해서 하게 된다.

슬랙 기반 커뮤니티도 페이스북 그룹과 마찬가지로, 사용자 경험을 맞춤화할 수 있는 옵션이 제한적이다. 채널 기능과 몇 가지 기본 제공 기능을 활용하면 어느 정도의 조직화는 가능하지만, 결국 슬랙의 기본 인터페이스를 그대로 사용해야 하며 최적화할 수 있는 범위에 제한이 있다. 예를 들어, 중요한 콘텐츠를 눈에 띄게 노출하거나 커뮤니티 경험을 다른 디지털 접점과 연동하는 기능은 제공하지 않는다.

또한 슬랙에서는 모든 콘텐츠가 폐쇄적인 공간에 갇히게 된다. 기술적인 통합 기능을 활용할 수는 있지만, 근본적인 한계는 해결되지 않는다. 바로 검색 엔진을 통해 커뮤니티의 콘텐츠를 검색할 수 없다는 점이다. 슬랙 커뮤니티에서는 장기적으로 가치 있는 콘텐츠를 축적하고 활용하는 것이 사실상 불가능하다. 결국, 페이스북 그룹과 마찬가지로 유용한 정보가 사라지고, 같은 질문과 주제가 반복해서 등장하는 상황이 이어질 수밖에 없다.

이처럼, 고객 커뮤니티를 슬랙에만 구축하는 것은 여러 가지 이유로 바람직하지 않다. 그러나 실시간에 가까운 높은 수준의 참여를 이끌어 낼 수 있다는 점에서 슬랙의 강점을 무시할 수는 없다. 따라서 슬랙 커뮤니티를 운영하더라도, 이는 전체 커뮤니티 전략 내에서 보완적인 역할을 하는 하나의 요소로 활용하는 것이 바람직하다. 또한 다양한 슬랙 통합 기능을 활용하면, 자피어Zapier와 같은 자동화 도구를 통해 주요 커뮤니티 콘텐츠를 슬랙 채널 내에서 손쉽게 공유할 수도 있다.

자체 플랫폼이 곧 경쟁력이다

앞서 살펴본 두 가지 커뮤니티 기술 옵션은 각각의 장점이 있지만, 커뮤니티 프로그램의 중심으로 삼기에는 여러 가지 한계가 있다. 이러한 소셜 미디어나 협업 도구 같은 '빌린 공간'과는 달리, '자체 플랫폼'이라는 개념이 있다. 자체 플랫폼이란 정확히 무엇을 의미할까?

자체 플랫폼을 갖춘다는 것은 직접 플랫폼을 개발하고 운영하는 것을 의미하지 않는다. 이론적으로는 가능하지만, 이를 감당할 역량을 가진 일부 기술기업을 제외하면 대부분의 기업은 커뮤니티 운영을 위해 자체 플랫폼을 구축하기보다 기업용 SaaS서비스형 소프트웨어 플랫폼을 선택한다.

이유는 간단하다. 직접 구축하고 유지·관리하는 데 드는 총비용이 SaaS 플랫폼을 활용하는 것보다 훨씬 더 클 뿐만 아니라 기능, 보안, 장기적인 안정성 측면에서도 전문 SaaS 플랫폼이 훨씬 뛰어난 경우가 많기 때문이다. 이는 대부분의 기업이 자체 CRM고객 관계 관리 시스템을 개발하지 않는 것과 같은 이유다.

현재 SaaS 시장에는 다양한 옵션이 존재한다. 그렇다면 우리가 말하는 '자체 플랫폼'이란 무엇을 의미하는지, 그리고 차세대 고객 커뮤니티 운영을 위해 반드시 갖춰야 할 핵심 기능에는 무엇이 있는지 자세히 살펴보자.

- **온라인 생태계와 완벽하게 연결된다:** B2B SaaS 기업들이 직면한 가장 큰 과제 중 하나는 고객 접점의 단절이다(이 문제에 대해서는 법칙 8에서 더욱 자세히 다룰 예정이다). 그렇기에 커뮤니티를 구축할 때 또 하나의 분리된 공간을 만들어서는 안 된다. 대신, 커뮤니티가 기존 온라인 경험과 자연스럽게 연결되도록 하는 것이 중요하다.

  실제로 이를 구현하는 방법은 여러 가지가 있다. 커뮤니티가 기업의 메인 웹사이트와 동일한 (서브) 도메인을 사용하도록 하고, 디자인과 사용자 경험을 일관되게 유지하며, 웹사이트 및 제품과 긴밀하게 통합하는 것이 대표적인 예다. 이렇게 하면 커뮤니티가 성장하면서 검색 엔진을 통해 유입된 트래픽이 제품 페이지나 마케팅 페이지 등 사이트 내 다른 영역으로도 자연스럽게 확산되는 효과를 얻을 수 있다.

- **사용자에 맞춰 개인화된 경험을 제공할 수 있다:** 모든 기업, 제품, 그리고 고객층은 각기 다르기 때문에 각자의 상황에 맞게 커뮤니티 경험을 맞춤화하고 개인화하는 것이 중요하다. 예를 들어, 고객 생애주기 단계에 따라 커뮤니티 페이지의 레이아웃을 최적화할 수 있다면 매우 유용하다. 최근 인기 있는 콘텐츠를 강조하거나, 방문자 또는 특정 회원 그룹에게 가장 적합한 콘텐츠를 자동으로 추천하는 기능이 있다면 커

뮤니티 참여율을 획기적으로 높일 수 있다.

실제로 자체 운영하는 플랫폼에서는 고객 건강 지표customer health score, 고객 여정 및 생애주기 단계, 그리고 고객 성공 및 CRM 시스템의 데이터를 활용해 커뮤니티 경험을 세밀하게 조정할 수 있는 무한한 가능성을 제공한다.

- **구조화된 콘텐츠로 쉽고 효과적인 검색이 가능하다**: 챕터 3에서 살펴봤듯이, 커뮤니티는 1990년대 게시판과 포럼에서 시작되어 다양한 소셜 및 참여 플랫폼과 함께 발전해 왔다. 자체 커뮤니티 플랫폼은 전통적인 포럼과 몇 가지 중요한 공통점을 가진다. 가장 대표적인 것이 바로 콘텐츠가 구조화되어 있으며 쉽게 검색할 수 있다는 점이다.

  슬랙과 같은 플랫폼은 대화가 끝없이 이어지는 형식이며, 페이스북 피드에서는 한번 지나가면 다시 보기 어려운 방식으로 콘텐츠가 사라진다. 반면, 자체 플랫폼에서는 콘텐츠가 '토픽'이나 '게시글' 형태로 생성된다. 명확한 제목과 개요가 포함된 첫 게시물이 있으며, 그 아래에서 회원들이 논의를 이어간다.

  이런 방식의 가장 큰 강점은 커뮤니티 회원들이 원하는 정보를 쉽게 검색하고 찾아볼 수 있다는 것이다. 유용한 콘텐츠가 지속적으로 발견되고 공유되며 콘텐츠의 수명 또한 길다. 또한 대부분의 자체 플랫폼 콘텐츠는 검색 엔진(혹은 AI!)이 크롤링할 수 있도록 설정되어 있기 때문에 커뮤니티 플랫폼이 강력한 콘텐츠 허브로 자리 잡고 장기적으로 풍부한 지식 저장소 역할을 하게 된다.

- **콘텐츠 유형이 풍부하고 몰입감을 준다**: 자체 커뮤니티 플랫폼의 가장 큰 장점 중 하나는, 다른 플랫폼에서 흔히 볼 수 있는 단순한 텍스트 기반 콘텐츠 유형을 넘어 훨씬 풍부하고 다양한 형태의 콘텐츠를 제공할

수 있다는 점이다. 예를 들어, 커뮤니티 멤버들이 투표할 수 있는 '아이디어' 섹션, 온라인/오프라인 참여를 유도하는 '이벤트', 브랜드가 만든 핵심 콘텐츠를 담은 '아티클', 신기능이나 릴리스를 소개하는 '제품 업데이트' 등 콘텐츠 형태가 정교하게 분화되고 목적에 맞게 구성될 수 있다.

이는 커뮤니티 경험을 구성원들의 니즈에 맞춰 세밀하게 조율할 수 있음을 의미하며, 슬랙과 같은 타 플랫폼에서는 제공하기 어려운 높은 수준의 유연성을 가능하게 한다.

- **모든 데이터와 콘텐츠에 접근할 수 있다:** 지금까지 살펴본 다른 옵션들과 달리, 자체 플랫폼에서는 모든 데이터와 콘텐츠에 무제한으로 접근할 수 있다.

커뮤니티 프로그램에 대한 심층 데이터와 인사이트를 얻을 수 있으면, 커뮤니티의 성과를 이해하고 최적화할 수 있을 뿐만 아니라, 비즈니스 가치를 측정할 수 있다(이는 법칙 9에서 자세히 다룰 것이다). 또한 데이터를 소유하고 있기 때문에 커뮤니티의 모든 콘텐츠를 최대한 활용할 수 있는 무한한 가능성을 가진다.

- **기술 스택과 통합할 수 있다:** 마지막으로, 자체 커뮤니티 플랫폼은 플랫폼을 기술 스택의 일환으로 원활하게 통합할 수 있는 수많은 옵션을 제공한다. 예를 들어, CRM(예: 세일즈포스), 고객 성공 플랫폼(예: 게인사이트), BI(예: 태블로)와 통합하여 고객과 그들의 커뮤니티 활동에 대한 정확한 360도 뷰를 얻을 수 있다. 또한 기술지원 요청 및 헬프데스크 시스템(예: 젠데스크)과의 매끄러운 연동을 통해 커뮤니티에서의 통합 검색federated search이나 지원요청 이관ticket escalation 기능을 구현할 수도 있다. 나아가 자피어와 같은 최신 로코드low-code 도구나 API

를 활용하면 맞춤형 연동도 쉽게 구축할 수 있다. 이를 통해 커뮤니티는 고객과 직원 모두에게 단절된 데이터 사일로data silo가 아닌, 하나의 원활한 경험으로 자리매김할 수 있다.

인볼브닷에이아이Involve.ai의 고객 인텔리전스 전략가이자 《굿바이 고객이탈, 헬로 성장!Goodbye, Churn. Hello, Growth!》의 저자인 메리 포펜Mary Poppen은 기업들이 겪는 커뮤니티 운영의 어려움을 누구보다 잘 이해하고 있다. 그녀는 이렇게 말한다.

"링크드인에서 커뮤니티를 운영할 수도 있고, 페이스북이나 인스타그램, 트위터 페이지를 통해서도 커뮤니티를 만들 수 있습니다. 이런 툴을 활용해도 커뮤니티를 구축할 수는 있지만, 결국 각각 따로 관리해야 하고 정보가 분산되기 마련이에요. 그렇다면 이런 채널들을 어떻게 하나로 통합할 수 있을까요? 굉장히 어려운 일입니다."

포펜은 이 문제의 해법으로 '자체 커뮤니티 플랫폼'을 제시한다.

"전략적 커뮤니티 운영을 위한 출발점은 바로 자체 플랫폼입니다. 전문 콘텐츠, 아이디어, 지식, 제품 정보 등이 유기적으로 흐르고 쌓이는 중앙 허브 역할을 하기 때문이죠. 예를 들어, 우리 고객 학습 플랫폼은 커뮤니티와 완전히 통합되어 있어 매우 매끄러운 고객 경험을 제공합니다. 모든 활동을 커뮤니티 플랫폼을 통해 간소화하고 추적할 수 있었죠. 그래서 저는 플랫폼이 전략적 커뮤니티 전략을 설계하고 실행하는 데 필수적이라고 생각합니다. '전략'이라는 단어를 남용하고 싶지는 않지만요. 플랫폼 없이는 운영이 매우 어렵고 정보도 단질되기 쉽습니다. 그만큼 고객 경험도 매끄럽지 못하게 되죠."

포펜의 경험은 명확한 메시지를 전달한다. 분산된 채널의 한계를 극복하고 일관된 고객 경험을 제공하려면, 중심축이 되는 커뮤니티 플랫폼이 반드시 필요하다는 것이다.

요약

지금까지 우리는 초기 커뮤니티 구축을 어떻게 작게 시작할 수 있는지, 다양한 방식으로 살펴보았다. 동시에, 장기적으로 고객을 위한 확장 가능하고 효과적인 커뮤니티 프로그램을 만들기 위해서는 온라인 커뮤니티 플랫폼의 도입이 필수적이라는 점도 강조했다.

기존의 대안들과 비교해 보면, 자체 플랫폼을 보유하는 것이 훨씬 더 많은 이점을 제공한다. 특히 엔터프라이즈급의 자체 커뮤니티 플랫폼을 선택할 경우, 기업은 고객 경험 전반을 온전히 통제하고 고객에게 최적화된 커뮤니티 경험을 설계하고 제공할 수 있다.

다음 챕터에서는 이러한 플랫폼 전략이 고객 여정과 어떻게 연결되는지를 구체적으로 살펴볼 것이다.

Chapter

7

법칙 3

커뮤니티를 고객 여정의 중심으로
고객을 대규모로 활성화하고 참여시키기

— 아론 해튼24, 하이코 크룸25

앞서 우리는 커뮤니티가 조직에 어떻게 기여할 수 있는지, 그리고 커뮤니티 활동은 가능한 한 초기에 시작해야 한다는 점을 살펴보았다. 또한 온라인 커뮤니티를 가장 효과적으로 운영하는 방법은 자체 플랫폼을 보유하는 것이라는 사실도 배웠다. 이러한 내용을 바탕으로, 커뮤니티가 고객 여정customer journey의 중심에 있어야 하는 이유를 설명하고자 한다.

---

24 아론 해튼(Aaron Hatton): 디지털 고객 성공 전략 분야에서 인정받는 전문가로, 현재 PV케이스(PVcase)에서 디지털 고객 성공 프로그램 매니저로 활동하고 있다. 2023년 북미 지역의 고객 성공 분야 영향력 있는 인물로 선정되었으며, 디지털 고객 성공 전략의 구현과 확장에 대한 깊은 통찰을 공유하고 있다.

25 하이코 크룸(Haiko Krumm): 게인사이트의 디지털 고객 성공 전략 부문에서 활동한 경험이 있는 전문가로, 커뮤니티 중심의 전략을 통해 조직의 협업과 지식 공유를 촉진하며, 고객 성공을 위한 디지털 전략을 실현하는 데 기여한 바 있다.

'고객 여정의 중심에 있다'는 것은, 고객이 필요로 하는 정확한 시점과 위치에 가치 있는 콘텐츠와 교류를 제공하는 것을 의미한다. 커뮤니티는 최종 사용자에게 필요한 모든 콘텐츠와 교류를 하나의 목적지에 집약한 전략적 플랫폼이다. 그러나 고객을 커뮤니티라는 별도의 목적지로 따로 유도하는 방식이 되어서는 안 된다. 오히려 커뮤니티에 집약된 콘텐츠는 기존 고객 여정 안에 신중하고 전략적으로 녹아들어야 하며, 이를 통해 고객 경험을 한층 더 향상시켜야 한다.

커뮤니티는 조직 내에서 고립된 섬처럼 존재하는 것이 아니라, 제품이나 서비스 전반에 걸쳐 여러 지점에 자연스럽게 통합되어야 한다. 특히 고객이 추가적인 안내나 지원을 필요로 하는 지점에 커뮤니티를 연결하는 것이 중요하다.

본격적으로 커뮤니티와 고객 여정에 대해 살펴보기 전에, 먼저 고객 여정이 무엇인지 간단히 짚고 넘어가자.

고객 생애주기와 고객 여정 이해하기

모든 고객은 기업과의 관계를 하나의 여정으로 경험한다. 지난 10년간 함께해 온 고객이든, 이제 막 서비스에 가입한 신규 고객이든, 이 여정은 고객과의 관계 단계에 따라 달라진다.

커뮤니티는 일회성 마케팅 캠페인이 아닌 장기 전략의 핵심 요소이기 때문에, 시간이 지나도 고객 여정 전반에 걸쳐 지속적으로 중요한 역할을 한다. 커뮤니티는 고객이 스스로 성장하고 성공할 수 있도록 지원할 뿐만 아니라, 열정적이고 적극적인 고객의 성장을 가속화하는 데에도 활용될 수 있다.

고객 여정이라는 개념은 다양한 정의와 형태로 존재한다. 이상적으로는 고객 여정이 프리세일즈pre-sales[26]부터 포스트세일즈post-sales[27]까지 전 과정을 아우르며, 고객에게 일관된 경험을 제공해야 한다.

고객 생애주기customer life cycle와 고객 여정customer journey은 종종 같은 의미로 혼동되지만, 두 개념 사이에는 중요한 차이가 있다. 고객 생애주기는 고객을 관리하는 전체 과정을 의미하며, 고객이 제품이나 서비스를 구매하기 전before, 구매 과정 중during, 구매 후after에 거치는 다양한 단계를 설명한다. 클라우디아 임호프Claudia Imhoff[28]와 동료들은 이를 다음과 같이 설명했다.

> 고객 생애주기는 고객이 제품 구매를 고려하고 실제로 구매하며 사용하는 과정에서 진행하는 단계들을 정의하고 전달하기 위해 만들어졌다. 또한 고객을 고객 생애주기 단계별로 이동시키기 위해 기업이 사용하는 관련 비즈니스 프로세스를 포함한다.

---

26 프리세일즈(pre-sales): 제품이나 서비스를 판매하기 전의 과정으로, 잠재 고객을 발굴하고, 고객의 요구 사항을 이해하며, 제품이나 서비스에 대한 정보를 제공하는 활동을 포함한다. 이 단계에서 고객은 제품의 가치를 평가하고, 구매 결정을 내리기 위한 정보와 지원을 받는다.

27 포스트세일즈(post-sales): 제품이나 서비스가 판매된 후, 고객에게 제공되는 후속 지원 및 관리 과정을 말한다. 고객이 제품을 잘 사용하고 만족할 수 있도록 돕고, 문제 해결, 피드백 수집, 제품 업그레이드 등을 제공하여 고객과의 장기적인 관계를 구축하는 것이 핵심이다.

28 클라우디아 임호프(Claudia Imhoff): 데이터 분석, 비즈니스 인텔리전스(BI), 데이터 웨어하우징 분야의 세계적인 전문가로, 고객 중심 기업 구축에 대한 통찰을 제시한 저자이자 컨설턴트이다. 그녀는 《고객 중심 기업 구축하기(Building the Customer-Centric Enterprise)》의 공동 저자로, 데이터 기반 의사결정과 고객 중심 전략의 중요성을 강조하며, 기업들이 데이터를 활용해 고객과의 관계를 심화하고 경쟁력을 높이는 방법을 소개한다.

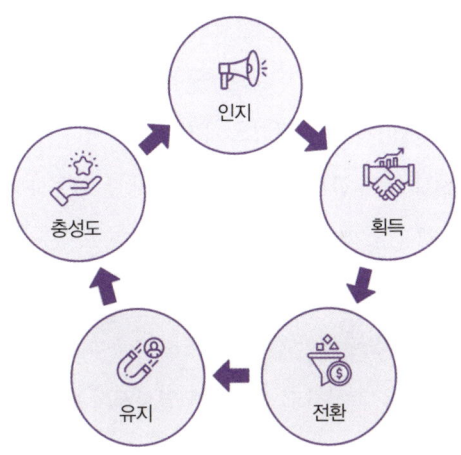

고객 생애주기는 각 단계에서의 결과를 측정함으로써 시간 경과에 따른 비즈니스 성과를 추적한다. 이는 기업 내부에서 외부로의 관점으로 진행되는 과정이다. 고객 생애주기는 원형이나 타임라인, 또는 퍼널, 보타이, 무한 루프 등 여러 방식으로 시각화할 수 있다. 이 책에서는 이를 단순하게 원 형태로 표현하겠다. 고객 생애주기는 보통 5단계에서 8단계로 정의되며, 각 단계는 고유한 명칭을 가진다. B2B 환경에서는 일반적으로 다섯 단계로 요약된다.

1. **인지**Awareness, Reach, Discovery: 고객(잠재 고객)이 해결하고자 하는 문제를 인식하는 고객 생애주기의 첫 번째 단계이다. 이 단계에서는 고객이 당신의 솔루션과 브랜드를 인지하도록 만드는 것이 중요하다.
2. **획득**Acquisition: 잠재 고객이 당신의 브랜드나 제품을 인식하게 되는 단계로, 그들과의 상호작용을 통해 리드로 전환하려는 과정이다. 브랜드나 제품을 인지한 잠재 고객을 실제 구매자로 만드는 것이 목표이다.

3. **전환**Conversion: 잠재 고객을 실제 구매자로 전환하는 단계로, 고객 생애주기에서 가장 중요한 단계 중 하나이다. 영업팀의 노력이 집중되는 가시적인 단계이며, 프리세일즈 과정의 핵심이다.
4. **유지**Retention: 초기 판매가 완료된 후 유지 단계가 시작된다. 이 시점에서 신규 고객은 고객성공팀으로 인계된다.
5. **충성도**Loyalty: 고객 생애주기의 마지막 단계로, 이상적으로는 모든 고객이 이 단계에 도달해야 한다. 고객은 제품에 만족할 뿐만 아니라, 자발적으로 제품을 추천하고 홍보하는 열성팬이 된다.

각 단계를 정의했으니, 이제 '유지' 단계에 대해 좀 더 자세히 살펴보자. 첫 번째 책 《고객 성공 전략: 혁신 기업의 이탈 방지와 반복 수익 성장 비결Customer Success: How Innovative Companies Are Reducing Churn and Growing Recurring Revenue》29에서 설명했듯이, 유지 단계는 SaaS서비스형 소프트웨어 기업에 매우 중요하다. 이 단계에서는 첫 세 단계(인지, 획득, 전환)에서 설정된 약속과 기대가 고객의 실제 경험과 가치로 전환되어야 한다.

고객 생애주기는 거래 경제에서 비롯된 개념으로, 프리세일즈 단계가 포스트세일즈 단계보다 많지만, SaaS와 같은 구독 경제에서는 포스트세일즈 단계가 더 길어야 지속 가능한 비즈니스를 만들 수 있다.

---

29 《고객 성공 전략: 혁신 기업의 이탈 방지와 반복 수익 성장 비결(Customer Success: How Innovative Companies Are Reducing Churn and Growing Recurring Revenue)》: 닉 메타(Nick Mehta), 댄 스타인먼(Dan Steinman), 링컨 머피(Lincoln Murphy)가 공저한 책으로, 고객 성공의 개념을 중심으로 반복 수익을 창출하고 고객 이탈을 줄이기 위한 전략을 다룬다.

따라서 유지 단계는 온보딩Onboarding, 사용Adoption, 육성Nurturing, 리뉴얼Renewal, 성장Growth이라는 하위 단계로 세분화된다. 이 하위 단계들은 커뮤니티가 고객 여정의 핵심이 되는 방식을 살펴보면서 더 깊이 다룰 예정이다.

원하는 고객 여정을 정의하는 여정 맵

고객 생애주기는 기업이 고객이 거치기를 원하는 단계를 '내부 관점inside-out'에서 설명한 개념이다. 반면, 고객 여정은 고객이 기업, 제품, 또는 서비스와 상호작용하며 거치는 단계와 경험을 '외부 관점outside-in'에서 바라본 것이다. 그만큼 고객 여정은 예측하기 어렵고, 단순히 정형화된 단계로 나눌 수 없다.

실제로 모든 고객의 여정은 각기 다르다. 하나의 웹사이트와 표준화된 이메일만으로 운영되는 온라인 기반 회사라 할지라도, 각 고객이 경험하는 여정은 제각각이다. 웹사이트를 방문하게 된 경로도 다르고, 배경 지식이나 기대치도 다르며, 위치나 시간, 처한 환경과 방해 요소들 역시 다르기 때문이다.

특히 B2B 환경에서는 '고객'이라는 개념조차 모호할 수 있다. 고객이란 기업 자체를 의미하는가? 아니면 그 기업에 속한 직원을 의미하는가? 이러한 질문에 대한 답을 찾는 것이 효과적인 고객 여정을 설계하는 첫걸음이다.

이러한 문제를 해결하기 위해 사용하는 방법이 바로 '여정 맵journey map'이다. 여정 맵은 고객이 경험하는 이상적인 경로를 시각적으로 표현한 것으로, '외부 관점'에서 본 고객 경험과 '내부 관점'에서 바라본 고객 생애주기를 연결하는 역할을 한다.

여정 맵은 1985년 칩 벨Chip Bell과 론 젬키Ron Zemke가 처음 고안한 방법이다. 당시 한 대형 통신회사는 평소보다 훨씬 많은 고객 불만 전화를 받고 있었고 그 원인과 해결책을 찾기 위해 최초의 여정 맵을 만들었다. 그때만 해도 모든 전화기가 테이블 위에 놓여 있거나 벽에 부착되어 있던 시절로, 게인사이트 PXGainsight PX나 데이터독Datadog과 같은 모니터링 도구가 없던 때였다.

대부분의 기업은 고객 세그먼트별로 서로 다른 여정 맵을 설계한다. 각 여정 맵에서는 특정 고객 생애주기 단계를 정의하고, 다양한 페르소나를 고려해야 한다. 예를 들어, 세라는 최고고객책임자CCO로서 의사결정자 역할을 하고, 폴은 관리자, 클레어는 핵심 사용자superuser, 카일은 최종 사용자end user로 설정될 수 있다.

여정 맵에서는 특히 중요한 핵심 이정표milestone와 결정적 순간moment of truth을 강조해야 한다. 이것은 고객이 중요한 결과에 대해 감정적으로 깊이 몰입하는 순간으로, 고객이 "아, 그래서 내가 이 제품에 투자했구나. 이 회사에 신뢰를 준 이유가 있었어"라고 느끼는 '아하 모먼트AHA moments'가 이에 해당한다.

여기서 중요한 점은 여정 맵은 절대 고정된 문서가 아니라는 점이다. 지속적으로 분석하고 개선해야 하며, 변화하는 고객 기대와 시장 환경에 맞춰 유연하게 조정해 나가야 한다.

고객 여정의 중심에 있는 커뮤니티

지금까지 고객 생애주기, 고객 여정, 그리고 여정 맵에 대해 살펴보

왔다. 이제 커뮤니티가 고객 여정에서 어떤 역할을 하는지 본격적으로 알아보자.

고객 여정의 여러 단계에서 커뮤니티는 고객 경험을 한층 더 향상시킬 뿐만 아니라, 조직 내부 팀의 직접적인 개입 없이도 지속적인 가치를 제공할 수 있다.

하지만 여기서 분명히 해둘 점이 있다. 커뮤니티가 있다고 해서 대형 계약을 성사시키거나, 모든 고객이 서비스를 지속적으로 이용하도록 보장하는 것은 아니다. 또한 고객 이탈을 완전히 막을 수도 없다. 그러나 커뮤니티를 효과적으로 운영한다면 고객 경험을 크게 향상시키고 고객이 제품의 가치를 더욱 잘 이해하며 활용할 수 있도록 도울 수 있다. 이를 통해 고객은 기업과의 관계에서 지속적인 가치를 느끼고, 더 오래 투자할 가능성이 높아진다. 무엇보다도 커뮤니티는 1:1 대응 없이도, 규모 확장이 가능한 방식으로 실현할 수 있다는 점에서 강력한 도구가 된다.

커뮤니티 개념 vs. 커뮤니티 콘텐츠 및 참여

본격적으로 살펴보기 전에, 고객 여정에 커뮤니티를 통합하는 방식에는 두 가지 접근법이 있다는 점을 이해해야 한다. 하나는 커뮤니티 자체를 알리는 것, 다른 하나는 커뮤니티 내 콘텐츠와 참여를 활용하는 것이다.

커뮤니티 개념을 알리는 것은 단순히 커뮤니티의 정의를 설명하는 것이 아니라, 회원 유치를 촉진하고 커뮤니티를 활성화하는 것을 의미한다. 이는 커뮤니티 성장과 고객의 소속감 형성에 장기적으로 도움이 될 수 있지만, 고객에게 즉각적인 가치를 제공하지는 못한다.

앞서 언급했듯이, 우리는 여정 맵을 통해 고객이 거쳐야 할 이상적인 경로를 설계한다. 예를 들어 '온보딩' 단계에서는 고객이 제품을 원활하게 설정하고 학습하는 것이 핵심 목표다. 이 과정에서 고객이 커뮤니티에 활발하게 참여하면 좋겠지만, 이 단계의 핵심적인 목적은 아니다. 즉, 커뮤니티를 고객 여정의 중심에 둔다고 해서 무조건 커뮤니티 가입을 유도해야 하는 것은 아니다.

예를 들어, 당신이 세일즈 리더이고, 새로운 CRM(고객 관계 관리) 도구를 구매했다고 가정해 보자. 환영 이메일에 "우리 커뮤니티에는 2,000명 이상의 회원이 있으며, 제품에 대한 유용한 정보를 찾을 수 있습니다. 지금 가입하세요!"라고 적혀 있다면, 이는 커뮤니티 개념을 홍보하는 접근법이다.

반면, "CRM 도구 설정 전에 고려해야 할 5가지 핵심 사항을 확인하세요" 또는 "다른 기업들은 주간 세일즈 미팅에서 대시보드를 어떻게 활용해 퍼널 전환율을 높였는지 읽어보세요"라는 내용이 포함되어 있다면, 이는 커뮤니티의 콘텐츠와 참여를 활용하는 접근법이다.

이처럼 커뮤니티 자체를 홍보하는 것보다, 고객이 실질적인 가치를 느낄 수 있는 콘텐츠와 경험을 제공하는 것이 더욱 효과적이다. 이 방식이 오히려 고객의 자연스러운 커뮤니티 참여를 유도하는 데 도움이 된다.

커뮤니티를 고객 여정의 중심에 두기 위해서는 항상 "고객에게 어떤 이익을 제공할 것인가?"라는 질문에서부터 출발해야 한다. 고객에게 어떤 가치를 제공할 것인가? 이 커뮤니티가 고객 경험에 어떻게 도움이 될 것인가? 고객 여정 전반에 걸쳐 어떤 영향을 미칠 것인가? 이러한 질문을 바탕으로 커뮤니티의 설계와 구조, 그리고 콘텐츠 기획 방향을 결정해야 한다. 커뮤니티 콘텐츠와 참여는 고객 여정의 각 단계에서 다르게 적용될 수 있다.

여기서 한 가지 분명히 해야 할 점은, 기존 조직의 고객 여정과 페르소나에 맞추어 커뮤니티 여정을 설정해야 한다는 것이다. 많은 커뮤니티팀들이 커뮤니티만을 위한 별도의 독자적인 페르소나를 정의하는 실수를 범하기도 한다. 하지만 커뮤니티는 조직 내에서 독립된 영역이 아닌, 고객 경험을 종합적으로 향상시키는 요소여야 한다. 마케팅팀 등 다른 부서에서 정의한 기존 페르소나와 연계하여 운영해야 하며, 커뮤니티가 다른 목적이나 사용자를 대상으로 독립적으로 운영되어서는 안 된다.

고객 여정의 단계: 온보딩부터 프리세일즈까지

고객 생애주기는 여러 방식으로 나눌 수 있다. 이 책에서는 이를 '인지, 획득, 전환, 유지, 충성도'의 다섯 단계로 나누고, 특히 유지 단계는 '온보딩, 사용, 육성, 리뉴얼, 성장'으로 세분화했다.

고객 커뮤니티는 초기에 기존 고객을 중심으로 진행되므로, 먼저 포스트세일즈 단계에 집중하고, 마지막에 커뮤니티가 프리세일즈 단계에 어떻게 기여할 수 있는지 설명할 것이다.

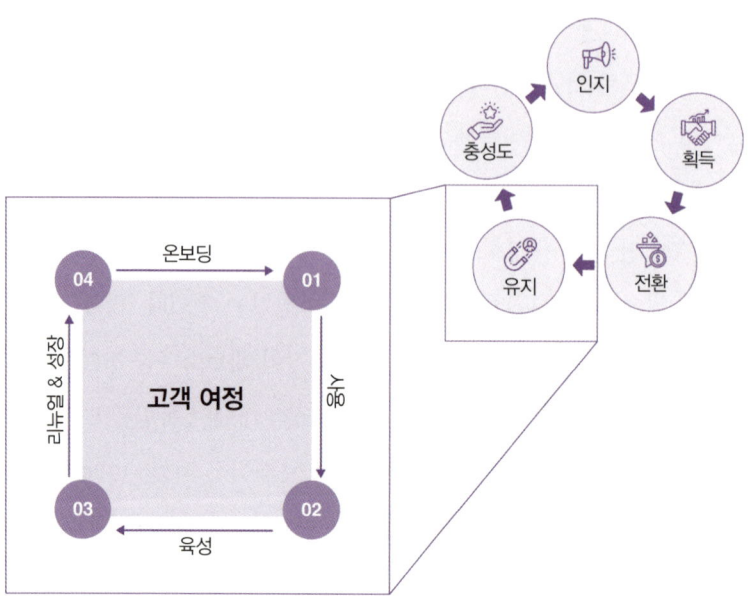

온보딩Onboarding

고객은 서명란에 서명하고 모든 계약이 완료되면 온보딩 단계에 들어간다. 고객 온보딩 단계는 전체 고객 여정 중에서 가장 중요한 포스트세일즈 단계로, 이후 관계의 방향성을 결정짓는 매우 중요한 시점이다.

이 시기에 고객의 조직 내에서는 제품을 사용해 보고자 하는 기대감과 에너지로 가득 차 있다. 동시에 아직 모르는 부분이 많고 온보딩 기간 동안 해야 할 일이 많기 때문에 불안감도 함께 존재한다. 이 단계에서 중요한 것은 고객에게 그들이 올바른 방향으로 나아가고 있다는 확신을 주고, 제품을 올바르게 설정할 수 있도록 도와주며, 필요한 정보를 학습할 수 있게 지원하는 것이다.

온보딩 단계에서 고객은 당신 회사의 제품을 자사의 업무 방식에 통합하려고 하며, 종종 다른 도구나 데이터 소스와의 기술적 통합도 필요할 수 있다. 고객이 이 과정을 시작할 때, 커뮤니티는 초기 설정 및 구성의 기술적인 부분을 완료하는 데 유용한 참조 자료로 활용될 수 있다. 커뮤니티에 작성된 가이드를 공유하면, 고객은 추가적인 질문이 있을 때 댓글 섹션을 통해 소통할 수 있다.

이렇게 형성된 학습 루프는 다른 고객들에게도 도움이 되며, 커뮤니티팀이 콘텐츠를 지속적으로 최적화하고 보완하는 데 기여한다. 예를 들어, 게인사이트Gainsight에서는 자피어Zapier 통합에 대한 콘텐츠를 커뮤니티에 게시한 적이 있다. 고객이 게인사이트 관리 환경 내에서 통합 작업을 진행할 때 이 콘텐츠를 쉽게 찾을 수 있었고, 그 결과 해당 콘텐츠는 거의 2,000회에 달하는 조회수를 기록했다. 고객들은 자피어를 통한 아사나Asana 연동법, API 키를 얻는 방법 등 여러 가지 질문을 남겼고, 이에 대한 답변을 받았다. 이후 이 콘텐츠는 추가 정보를 포함해 업데이트되었고, 향후 동일한 질문을 가진 다른 고객들에게도 유용한 자료가 되었다.

온보딩 단계에서 커뮤니티를 통한 논의가 가지는 힘은 매우 크다. 막 온보딩을 마친 고객들에게 커뮤니티에 가입하고 라운드테이블 토론에 참여하도록 유도하면, 공통적으로 겪는 어려움이나 과제를 자연스럽게 드러낼 수 있다. 기업은 고객 지원이 필요한 핵심 영역을 파악하고 자원을 어디에 집중할지 결정할 수 있다. 결국 모든 고객을 합치면 제품과 그 활용법에 대해 기업보다 더 많은 지식을 가지고 있을 가능성이 크다.

온보딩 단계에서 커뮤니티 콘텐츠를 제공하는 방법은 다양하다. 예를 들어, 초기 온보딩 이메일을 통해 환영 인사를 전하고 커뮤니티 리소스를 탐색해 보도록 유도할 수 있다. 또한 제품이나 서비스의 다양한 접점에서 커뮤니티 콘텐츠로 연결되는 체크리스트나 팝업을 통해 온보딩 팁을 제공하는 것도 좋은 방법이다.

이를 통해 커뮤니티가 단순한 참고 자료가 아니라 핵심 리소스임을 인식시키고, 고객이 필요한 정보를 적시에 얻을 수 있도록 돕는다. 그 결과, 고객은 굳이 담당자에게 연락하지 않고도 스스로 문제를 해결할 수 있게 된다.

사용 Adoption

온보딩 단계에서 넘어가 다음으로 중요한 단계는 '사용' 단계이다. 고객은 제품을 실제로 사용하기 시작하고, 이를 일상에 자연스럽게 통합하는 과정을 거친다. 이 시기에는 온보딩 단계만큼 집중적인 지원은 필요하지 않지만 고객이 계속해서 지원받고 있다는 느낌을 받을 수 있도록 도와야 한다.

이 단계에서는 커뮤니티를 하나의 개념으로서 홍보하는 것이 효과적일 수 있다. 커뮤니티에 참여함으로써 얻을 수 있는 혜택을 자연스럽게 알리고, 고객이 환영받고 있다는 느낌을 주는 것이 중요하다. 라운드테이블이나 네트워킹 밋업과 같은 이벤트에 참여하도록 독려하는 것도 커뮤니티에 적극적으로 참여할 수 있도록 첫걸음을 떼게 하는 좋은 방법이 될 수 있다.

이 단계에서는 고객이 어떤 기능을 사용해야 할지, 혹은 어떤 기능을 활용할 수 있는지 모르는 경우도 종종 발생한다. 방향성이 새롭게 바뀌었거나, 제품 또는 서비스의 도입 범위를 확장했을 수도 있다. 이런 경우에는 제품이나 서비스의 분석 도구를 통해 확보한 기존 데이터를 활용해 고객이 현재 어떤 깊이와 범위로 제품이나 서비스를 사용하고 있는지 파악할 수 있다. 이 데이터를 기반으로 고객에게 맞춤형 메시지를 제공하고, 관련 커뮤니티 콘텐츠나 이벤트로 자연스럽게 유도할 수 있다. 이러한 접근은 고객이 필요할 때 적절한 안내를 받을 수 있도록 돕는 동시에, 제품이나 서비스가 고객의 삶을 더욱 편리하게 만든다는 확신을 심어준다.

예를 들어, 고객이 아직 모바일 앱을 도입하지 않은 경우, 이메일을 통해 앱의 장점과 함께 커뮤니티에서의 토론, 사례연구, 사용법 가이드를 안내할 수 있다. 이렇게 하면 고객은 제품의 가치를 빠르게 인식하게 되고, ROI 투자 대비 수익를 높이는 데 도움이 된다.

때로 제품이나 서비스 내 설정이나 구성 옵션 중에서 흔히 간과되는 활용 사례가 있을 수 있다. 이 기능은 고객에게 큰 가치를 제공할 수 있지만, 고객성공팀 또는 고객지원팀이 고객에게 사용 방법을 안내해야만 비로소 활용되는 경우가 많다. 이럴 때는 앱 내 메시지in-app messaging나 이메일 알림을 이용해 고객에게 맞춤형 메시지를 제공할 수 있다. 커뮤니티 게시글이나 사례연구 링크를 함께 포함해 이 기능을 활용하는 방법과 그 이점을 설명하면 된다.

육성Nurturing

일정 시간이 지나면, 고객은 제품을 사용하면서 여러 가지 이정표를 달성하게 된다. 예를 들어 일정 수 이상의 문서를 생성했거나, 특정 기능이나 도구와 상호작용을 했거나, 여러 건의 거래를 완료한 경우가 이에 해당한다. 이 시점에 도달한 고객은 보통 '육성' 단계에 접어들었다고 볼 수 있다. 고객이 제품이나 서비스를 충분히 이해하고 숙련되어 있어 대부분의 활동이 자연스럽게 수행된다. 장기 고객 대부분이 이 단계에 속하며, 제품이나 서비스 사용이 일상화되었을 가능성이 높다.

하지만 '육성' 단계에 있는 고객들도 여전히 몇 가지 공통된 지점에서 도전 과제에 직면하는 경우가 있다.

1. 실무적인 문제를 해결해야 할 때
2. 기존 담당자가 퇴사하고 새로운 사용자, 관리자, 혹은 의사결정자가 인수인계받을 때
3. 제품이나 서비스에 변화가 생겼을 때
4. 고객의 니즈나 요구사항이 달라졌을 때

이러한 과제들은 커뮤니티의 힘을 효과적으로 활용하면 쉽게 해결할 수 있다.

첫 번째 과제부터 살펴보자. 금요일 오후에 고객과 생산적인 논의를 마쳤지만, 월요일 아침이 되면 대화 내용은 물론 제품이나 서비스에서 실행해야 할 구체적인 업무까지 잊어버리는 일이 흔히 발생한다. 이럴 때는 통화 이후 후속 이메일을 보내 고객 커뮤니티에 게시된 가이드나 튜토리얼 링크를 함께 공유하면 좋다. 이 방법은 고객에게 유용한 리소스를 전달할 수 있을 뿐 아니라, 커뮤니티 방문을 유도하고 대화를 지속

시키는 데에도 효과적이다. 고객은 해당 가이드나 튜토리얼에 질문을 남길 수 있고, 월요일 출근 전에 이미 비슷한 경험을 가진 다른 고객이 답변을 남겨줄 수도 있다.

특히 디지털 중심 전략digital-led strategies을 사용하는 고객의 경우, 커뮤니티는 개인화된 경험을 제공하면서도 확장 가능한 채널이 될 수 있다. 고객은 궁금한 점을 검색할 수 있으며, 커뮤니티가 효과적으로 통합되어 있다면 제품 내에서 직접 검색할 수도 있다. 그렇지 않더라도 고객 지원 페이지나 지식 베이스knowledge base를 통해 필요한 정보를 쉽게 찾을 수 있다. 통합검색federated search을 활용하면 고객이 여러 출처의 관련 콘텐츠를 한 번의 검색으로 모두 찾을 수 있도록 할 수 있다. 예를 들어, 노코드no-code 애플리케이션 플랫폼을 제공하는 언쿼크Unqork는 커뮤니티의 통합검색 기능을 그들의 '학습 관리 시스템LMS', '콘텐츠 관리 시스템CMS', 마켓플레이스와 연동했다. 고객이 어디에서 정보를 찾아야 할지 몰라 구글에서 검색하더라도, 결국 커뮤니티에서 답을 찾게 되는 경우가 많다.

실제로 전체 커뮤니티 트래픽의 30~70%가 구글을 통해 유입된다는 사실을 알고 있는가? 커뮤니티에서는 단순히 정보를 검색하는 것뿐만 아니라, 직접 질문을 하거나 기존 콘텐츠에 추가 질문을 남기면서 더욱 풍부한 정보 교류가 이루어질 수 있다.

비슷한 접근 방식은 고객사의 주요 담당자가 변경될 때도 효과적이다. 새로운 담당자와 첫 인사를 나눈 후, 그들을 기존 고객들과의 라운드테이블이나 커뮤니티 토론에 초대하면 자연스럽게 커뮤니티의 일원이 될 수 있도록 도울 수 있다. 이를 통해 새로운 담당자는 기존 고객들과 교류하며 제품이나 서비스를 활용하는 방법을 학습하고, 다른 조직들이 제품이나 서비스를 어떻게 활용하고 있는지 배울 수 있다. 이 방식은 규모와 관계없이 많은 조직에서 여러 차례 효과가 입증되었다. 제품을 새롭게 사용하는 신규 사용자에게도 앞서 설명한 '온보딩' 및 '사용' 단계의 과정을 적용할 수 있다. 고객사(회사)가 온보딩된 시점과 새로운 담당자(사용자)가 온보딩된 시점을 기반으로 맞춤형 경로를 설계하여, 필요한 리소스를 제공하고 라운드테이블 및 커뮤니티 토론으로 자연스럽게 연결할 수 있다.

커뮤니티는 단순히 고객의 변화에 대한 가이드를 제공하는 역할을 넘어서, 변화 자체가 주는 어려움을 극복하는 데도 중요한 역할을 한다. 인간은 본능적으로 변화를 어려워하며, 익숙한 방식에서 벗어나 새로운 방식을 받아들이는 과정에서 어려움을 겪곤 한다. 이러한 문제를 극복하기 위해 '변화 관리change management'를 다루는 수많은 책과 전문가들이 존재하며, 효과적인 적응 방법에 대한 연구도 활발히 이루어지고 있다. 그러나 이 책에서는 변화 관리 전반이 아닌, 커뮤니티가 이러한 변화에 어떻게 기여할 수 있는지에 초점을 맞추고자 한다.

제품이나 서비스의 일부가 업데이트되거나 변경될 때는, 사전에 관련 내용을 커뮤니티에 게시하는 것이 중요하다. 이는 '변화 관리' 과정을 선제적으로 이끌 수 있을 뿐만 아니라, 실제 변경이 이뤄진 후 고객이 참고할 수 있는 정보로도 활용된다. 예를 들어, 자주 사용되는 '새 프로젝트' 버튼의 위치가 기존 메뉴에서 다른 메뉴로 이동되었다고 가정해 보자. 이 경우, 변경된 메뉴가 표시될 때 "새 프로젝트를 생성하시겠습니까? 해당 기능은 이제 여기로 이동했습니다"라는 툴팁을 제공하고,

'이 변경 사항에 대해 더 알아보기' 링크를 함께 안내할 수 있다. 이를 통해 고객에게 단순히 변경 사항만 전달하는 것이 아니라, 변경 이유와 기대 효과를 설명하고, 나아가 커뮤니티에서 다른 고객 및 제품개발팀과 함께 논의할 기회를 제공할 수도 있다. 또한 정기적인 제품 업데이트 게시글을 통해 고객들이 변화에 대해 긍정적인 기대감을 갖고 새로운 기능을 시도해 보도록 유도할 수 있으며, 제품개발팀이 지속적으로 최적화를 위해 노력하고 있음을 체감하게 할 수 있다.

마지막으로, 가장 어려운 과제는 고객의 니즈나 요구사항이 변경되는 경우다. 일반적으로 이러한 변화는 정기 미팅이나 고객이 직접 연락해 별도 상담을 요청하는 과정에서 발견하게 된다. 하지만 이 시점에는 이미 상황이 불리할 수 있다. 고객이 제품이나 서비스가 더 이상 필요하지 않다고 느끼는 상황에서, 이를 어떻게든 새로운 방식으로 활용해 그들의 변화된 요구를 충족할 수 있도록 설득해야 하기 때문이다.

이런 상황에서 가장 효과적인 접근 방식은 '이야기'를 들려주는 것이다. 그러면 고객은 단순히 자신의 새로운 요구사항이 전달된 것만이 아니라, 비슷한 문제를 겪었던 다른 고객들의 경험을 바탕으로 해결책을 제시받는다고 느끼게 된다. 이를 잘 활용하는 방법으로, 기존 고객과의 협업을 통해 성공 사례를 바탕으로 사례연구case study를 제작하고 고객 커뮤니티에 공유할 수 있다. 이렇게 하면 다른 고객들도 대화에 참여할 수 있고, 비슷한 상황에 처한 고객에게 큰 도움이 될 수 있다. 비슷한 상황이 아니더라도 나중에 해당 고객에게 유용한 참고자료로 활용될 수 있다.

이러한 다양한 과제를 해결하는 과정에서, 고객들에게 사전에 필요한 정보를 제공하고 커뮤니티로의 유입을 유도할 수 있는 여러 가지 방법이 있다. 앞서 언급한 것처럼, 핵심은 '적시에 적절한 정보를 제공하는 것'이다. 예를 들어, 고객들이 특정 시점마다 자사 제품이나 서비스를 어떻게 활용해야 하는지에 대한 벤치마크 데이터를 자주 요청한다면, 이러한 정보를 미리 제공하는 것이다. 월, 분기, 반기, 연간 벤치마크 데이터를 커뮤니티에 게시하고 고객을 해당 콘텐츠로 유도함으로써 자연스럽게 대화를 시작할 수 있다.

이와 같은 방식을 잘 활용한 B2C 비즈니스의 좋은 예는 스포티파이 Spotify이다. 매년 연말에 스포티파이는 사용자가 가장 많이 들은 아티스트, 상위 곡, 음악 장르에 대한 통계와 함께 '올해의 리뷰Year in Review'를 제공한다. 이는 매우 훌륭한 마케팅 전략이기도 한데, 사용자들이 그 결과를 소셜 미디어에서 공유할 수 있도록 하기 때문이다. B2B에서 비슷한 경험을 제공하는 것은 그다지 흥미롭지 않거나, 고객들이 자신의 페이스북 계정에 공유할 만한 콘텐츠가 아닐 수 있지만, 당신의 고객 챔피언customer champion이 다음 이사회에서 당신의 제품이나 서비스의 가치를 입증하는 데 유용한 자료가 될 수는 있다.

자동화된 경험을 지속적으로 활용하는 측면에서, '육성' 단계 동안 고객 커뮤니티의 활용을 촉진할 수 있는 몇 가지 추가적인 방법을 고려할 수 있다. 한 가지 제안은 고객이 낸 아이디어가 다음 제품 릴리스에 포함되었을 경우, 비슷한 아이디어를 작성 또는 추천하거나 댓글을 남긴 고객들에게 알림을 보내는 것이다. 이것은 커뮤니티가 실제로 가치를 제공하고 있다는 것을 고객들에게 효과적으로 보여줄 수 있는 좋은 방법이 될 수 있다.

리뉴얼Renewal/성장Growth

고객 여정에서 마지막 단계로 '리뉴얼'과 '성장'이 있다. 이 단계는 때때로 다소 복잡하게 느껴질 수 있는데, 여러 변수 요소들이 있기 때문이다. 예를 들어, '성장' 단계에서 고객이 다시 '온보딩' 단계를 거쳐야 할 수 있다. 그런가 하면, '리뉴얼' 단계에서 고객이 더 이상 고객 여정에 참여하지 않게 될 수도 있다. 하지만 강력한 커뮤니티가 팀을 지원한다면, 이러한 마찰을 줄이고 고객 경험을 개선할 수 있다.

이와 관련해 좋은 예 중 하나가 '성장의 기회'를 제안할 때이다. 이는 중간 단계의 확장expansion이나 계약 만료 후 리뉴얼 과정의 일부가 될 수 있다. 고객과 이러한 논의를 진행할 때, 고객들은 종종 "이 제품/서비스/기능이 우리와 비슷한 다른 고객들에게 어떤 도움이 되었나요?"라고 묻는다. 이때 웹사이트에 게시된 사례연구뿐 아니라 고객 커뮤니티 링크도 제공할 수 있는데, 여기서 그들은 기존 고객들의 경험을 읽고 질문할 수 있다.

이와 같은 대화는 향후 로드맵에 포함될 기능 요청이나 고객 커뮤니티에서 인기 있는 요청에 대해서도 유용할 수 있다. 고객을 커뮤니티로 연결하면, 특정 기능에 대한 수요와 그 중요성을 보여줄 수 있으며, 제품개발팀이 고객 커뮤니티의 피드백을 적극적으로 반영하고 있다는 점도 알려줄 수 있다. 이것은 커뮤니티 사용을 촉진시키고, 고객과의 신뢰와 관계를 구축하는 데 도움이 되어, 고객들이 기능 요청이 필요할 때 안심하고 요청할 수 있다는 느낌을 준다. 고객이 요청한 기능이 실제로 제공되고, 제품 관리자가 그들의 피드백에 감사하는 모습을 보게 되면, 고객은 매우 만족하며 충성도 단계로 넘어갈 가능성이 높다.

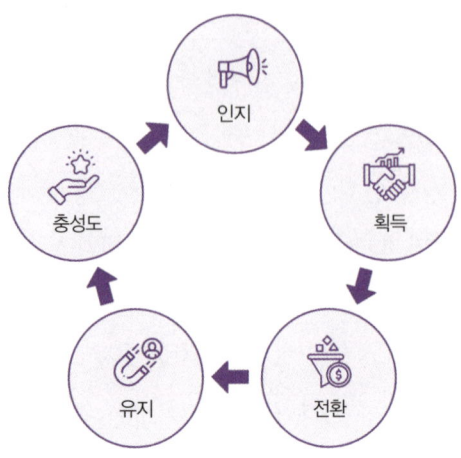

충성도 Loyalty

지금까지 '유지Retention'의 네 가지 하위 단계를 살펴보았다면, 이제 고객 생애주기의 다음 단계인 충성도 단계로 넘어가 보자. 충성도와 커뮤니티는 밀접하게 연결되어 있다. 왜냐하면 커뮤니티의 파워유저들이 바로 가장 충성도 높은 고객이기 때문이다.

결국, 제품이나 기업이 마음에 들지 않으면 커뮤니티에 많은 노력을 기울이지 않게 된다. 단기적으로는 그렇게 할 수도 있겠지만, 일반적으로 제품을 좋아하지 않는 고객(비판자)은 제품이나 서비스를 개선하려는 마음이 없다면 커뮤니티에서 적극적으로 참여하지 않는다.

'충성도' 단계부터 진짜 재미있는 일이 시작된다. 누구나 알고 있는 바와 같이, 순추천지수NPS; Net Promoter Score[30]의 질문이란 말하자면 이

---

[30] 순추천지수(NPS; Net Promoter Score): 고객이 특정 브랜드나 제품을 다른 사람에게 추천할 의향이 있는지를 0~10점 척도로 측정하는 지표로, 고객 충성도를 평가하는 데 널리 사용된다.

런 것이다. "이 회사나 제품을 친구나 동료에게 추천할 가능성이 얼마나 됩니까?" 이는 가능성을 보여주는 이론적인 질문이지, 실제 행동을 나타내는 질문은 아니다. 그런데 커뮤니티에서는 그 가능성이 실제 행동으로 나타난다.

파워유저들은 자주, 때로는 매일 제품과 기업을 홍보하고, 그들의 게시물은 그들의 참여도와 전문성을 보여준다. 대부분의 파워유저들은 전체 커뮤니티 콘텐츠의 20%까지도 게시할 정도로 활발하게 활동한다. 이는 긍정적인 커뮤니티 참여의 선순환을 만든다. 물론 그들이 가끔 비판적일 수도 있지만, 이를 잘 다루면 오히려 커뮤니티의 유대감이 강화된다. 친구와의 관계에서 갈등을 해결하고 더 돈독해지는 것과 비슷하다.

슈퍼유저를 유치하고 성장시키기 위해서 이들을 위한 전용 프로그램을 구축하는 경우가 많다. 예를 들어, 빔Veeam은 '빔 레전드Veeam Legends'라는 강력한 프로그램을 운영하고 있다. 이 프로그램을 만든 크세니아 즈베레바Ksenia Zvereva와 릭 바노버Rick Vanover는 커뮤니티에서 이렇게 설명한 바 있다.

> '빔 레전드'는 빔 사용자이자 데이터 보호 산업의 전문가들로, 기술과 혁신에 열정을 가지고 있으며 자신의 경력을 더 발전시키기를 원하고 그들의 경험을 커뮤니티와 공유하는 사람들입니다. 열정적인 빔 사용자로서 이들은 다양한 커뮤니티 프로젝트에 참여하고, 지역 빔 사용자 그룹을 이끌며, 빔 제품과 솔루션의 개발에 영향을 미칠 수 있습니다. 그들은 커뮤니티 내에서 실제로 영향력을 미치는 존

재들입니다! 그 외에도 '빔 레전드'는 항상 동료들을 돕고 다른 커뮤니티 회원들과 연결되는 데에도 열정을 가지고 있습니다.

'빔 레전드'가 되는 것은 초대를 통해서만 가능하다. 초대를 받기 위해서는 커뮤니티 내에서 가치 있는 참여를 보여야 하며, 이는 포인트와 배지로 보상받는다.

'빔 레전드'가 되면 비공개 그룹에 접근할 수 있고, 특별 베타 프로그램 참여, 제품개발팀과의 직접적인 소통, 그리고 다양한 굿즈를 받을 수 있다. 또한 주목할 만한 것은 빔 커뮤니티팀이 매주 제공하는 커뮤니티 요약 영상이다. 이 영상은 10분에서 30분 분량으로, 커뮤니티팀이 주요 이벤트와 콘텐츠를 하이라이트하고 기여자들에게 감사 인사를 전하는 업데이트 영상이다. (이 글을 작성한 시점을 기준으로) 빔은 이미 100개 이상의 커뮤니티 요약 영상을 게시했으며, 각 영상은 많은 조회수와 댓글을 기록하고 있다.

프리세일즈 Pre-Sales

커뮤니티를 구축하면서 포스트세일즈(후속 판매) 단계를 고려하는 것도 중요하지만, 커뮤니티가 프리세일즈(판매 전) 단계에 어떻게 영향을 미칠 수 있을지에 대해서도 생각해 볼 필요가 있다. 커뮤니티는 종종 프리세일즈 단계에서 판매 포인트 중 하나로만 여겨진다. 즉 시장진출팀 go-to-market team이 고객과 대화할 때 고객 경험 customer experience을 향상시키는 독특한 가치 제안 value proposition으로 홍보하는 요소로서 활용되는 것이다. 그러나 올바르게 쓰인다면 커뮤니티는 그 이상의 가치를 창출할 수 있다.

커뮤니티는 '인지Awareness'부터 '획득Acquisition', '전환Conversion'까지 모든 프리세일즈 사이클 전반에 걸쳐 기업과 고객(및 잠재 고객) 모두에게 가치를 제공한다. '인지'의 시작 과정은 쉽지 않을 수 있다. 많은 기존 고객들이 구글 검색, 링크, 그리고 링크드인과 같은 외부 미디어를 통해 커뮤니티 콘텐츠를 찾는다. 이러한 경로를 통해 브랜드와 솔루션이 '우리의 고객 커뮤니티가 인정한'이라는 승인과 함께 적절한 순간에 고객에게 도달하게 된다.

영업팀이 잠재 고객과 대화할 때 커뮤니티는 최근 기능 출시와 고객 사례연구를 보여주고, 기존 고객들이 서로 간의 대화나 활용 사례 공유, 기능 요청 등에 활발히 참여하고 있음을 증명하는 수단으로 소개되어야 한다.

프리세일즈 단계에서 활용할 수 있는 콘텐츠는 많이 있다. 이 콘텐츠들은 물론 고객 여정의 다른 단계에서도 큰 가치를 제공한다. 커뮤니티에서 고객 사례연구를 공유하는 것은 커뮤니티를 홍보하고 가시성을 높이며 방문자가 회원가입을 하도록 유도하는 좋은 방법이다. 또한 커뮤니티가 신뢰할 수 있는 정보의 출처가 되어, 고객과 잠재 고객 모두가 댓글을 통해 사례연구에 대해 논의하고 질문할 수 있도록 해준다.

또한 온보딩과 같이 이후 단계에서 주로 사용되는 '통합integration' 관련 안내서를 프리세일즈 단계에서 적극적으로 활용할 수 있다. 대부분의 잠재 고객은 통합 가능 여부와 기술 문서 제공에 대해 추가 정보를 요청하는 경우가 많다. 이를 통해 고객사의 기술팀이나 개발팀이 사전 검토를 진행하고, 정식으로 의사결정을 내리기 전에 요구사항에 부합하는지 확인할 수 있으며, 이후 우리 기술영업팀과의 미팅도 더욱 수월하게 이어질 수 있다.

물론, '기능 요청'도 빼놓을 수 없는 중요한 부분이다. 고객 피드백을 통해 기능이 아이디어 단계에서 작업 중 단계로, 그리고 완료 단계로 이동하면서 제품이 자연스럽게 발전하는 모습을 보여줄 수 있다. 만약 잠재 고객이 대화 중에 '기능 요청'을 한다면 이를 커뮤니티에 게시하도록 유도하여, 다른 기존 고객들의 지지를 얻어내는 출발점으로 삼을 수도 있다.

가치 있는 콘텐츠로 시작하기

고객 여정의 중심에 커뮤니티가 있다는 것은, 고객에게 적절한 시기와 장소에서 가치 있는 콘텐츠와 참여 기회를 제공하는 것을 의미한다. 우리는 왜 커뮤니티를 고객 여정에 통합해야 하는지 설명하고 이를 구현할 수 있는 몇 가지 아이디어도 공유했다. 다음의 표는 그 아이디어들을 요약한 것이다.

그렇다면 가치 있는 콘텐츠는 어떻게 만들어낼 수 있을까? 그 방법은 다음 챕터에서 자세히 살펴보자.

	온보딩 Onboarding	사용 Adoption	육성 Nurturing	리뉴얼 Renewal/ 성장 Growth	충성도 Loyalty	프리세일즈 Pre-Sales
목표	제품을 구현하고 고객을 교육하여 초기 가치 제공하기	고객의 일상적인 활동과 운영에 중요한 부분 되기	기존 업무 유지하기	고객을 유지하고 성장시키기	고객을 성공 사례를 공유하는 옹호자로 만들기	콘텐츠와 고객의 옹호 활동을 활용하여 신규 고객 전환하기
커뮤니티 통합	- 통합 관련 아티클 - 팁과 노하우를 담은 이메일 콘텐츠 - 신규 고객 사용자 그룹 및 교육	- 고객 라운드 테이블 - 고객 활용 사례 - 사용되지 않는 기능 및 특징 강조 - 제품 피드백	- 셀프 도움말 콘텐츠 - Q&A - 제품 업데이트 - 신규 사용자 교육 - 고객 사례 및 벤치마크	- 사례연구 - 로드맵 업데이트 - 고객 문제 해결 토론	- 파워유저 프로그램 - 로열티 프로그램 - 비공개 그룹 - 베타 프로그램	- 사례연구 - 참고자료 - 밋업 - 리뷰 - 잠재 고객과의 신뢰 및 지식 향상을 위한 콘텐츠

Chapter

8

법칙 4

배움과 영감을 주는 콘텐츠를 만들어라

신뢰를 쌓는 콘텐츠 전략

- 렘코 드 브리스31, 케네스 레프스가드

지난 챕터에서는 커뮤니티가 고객 여정 전반에 걸쳐 얼마나 중요한 역할을 할 수 있는지 살펴보았다. 이를 실현하기 위해 반드시 갖춰야 할 핵심 요소가 하나 있는데, 그것은 바로 콘텐츠다. 활발하고 적극적인 커뮤니티에서는 회원들이 질문하고, 소통하며, 서로의 지식을 공유하는 과정에서 자연스럽게 많은 사용자 생성 콘텐츠UGC; User-Generated Content가 만들어진다. 하지만 여기서 그치지 않고, 기업 역시 콘텐츠 제작에 적극적으로 참여함으로써 더욱 큰 기회를 창출할 수 있다.

---

31 렘코 드 브리스(Remco de Vries): B2B SaaS 및 고객 성공 분야에서 활동하는 마케팅 및 커뮤니티 전략 전문가로, 인사이디드에서 마케팅 부사장을 역임하며, 고객 커뮤니티 플랫폼의 전략적 성장을 이끌었다. 현재는 데이터스니퍼(DataSnipper)에서 글로벌 수요 창출 부사장으로 재직 중이며, AI 및 지능형 자동화 분야에서 활약하고 있다.

커뮤니티는 공통된 목표를 가진 사람들이 모여 형성되는 공간이다. 이들이 모일 수 있는 공간을 만들어주고 지원하면 커뮤니티 구성원들은 자연스럽게 관계를 맺고 활발하게 교류를 하게 된다. 여기서, 기업이 제공하는 콘텐츠는 이러한 과정을 더욱 효과적으로 이끌어줄 수 있나. 콘텐츠를 통해 구성원 간의 연결을 촉진하고 커뮤니티가 기업이 원하는 결과와 성과를 향해 나아가도록 방향을 제시할 수 있다.

따라서 커뮤니티 콘텐츠 전략은 커뮤니티가 중점적으로 다루고자 하는 주요 목적이나 활용 방식에 따라 결정된다. 만일 셀프 서비스를 강화하고 싶다면 이에 적합한 콘텐츠 접근 방식이 필요하며, 업계에서 전문성과 영향력을 구축하고자 한다면 또 다른 성격의 콘텐츠가 요구된다.

특히 커뮤니티의 초기 성장 단계에서 콘텐츠는 중요한 역할을 한다. 명확한 활용 사례를 제시하고 이를 효과적으로 전달함으로써, 커뮤니티에 새로 가입한 사람들이 즉시 참고하고 자연스럽게 논의를 시작할 수 있도록 해야 한다.

게인사이트Gainsight에서는 콘텐츠의 역할을 간단하게 플라이휠flywheel, 선순환 구조 모델로 설명하곤 한다. 콘텐츠는 처음에 커뮤니티로의 트래픽을 유도하는 역할을 한다. 이렇게 유입된 사용자들은 커뮤니티에서 활발히 활동하며 다양한 방식으로 참여하게 되고, 그 과정에서 새로운 콘텐츠가 생성된다. 이와 같은 순환이 반복되면서 커뮤니티는 지속적으로 성장하게 된다. 이 모델은 성공적인 커뮤니티가 어떻게 발전하는지를 직관적으로 보여주는 좋은 예시다.

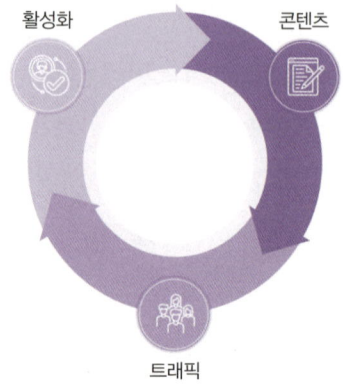

사실 이것은 매우 중요하고 광범위한 주제이다. 커뮤니티 콘텐츠가 무엇을 의미하는지, 그리고 그 안에 포함된 다양한 목적과 유형의 콘텐츠에 대해 좀 더 자세히 살펴보자.

커뮤니티 콘텐츠의 네 가지 핵심 요소

커뮤니티 콘텐츠 전략을 개발할 때는 콘텐츠가 달성해야 할 다양한 목표와 목적을 고려해야 한다. 이를 통해 각 콘텐츠가 어떤 가치를 제공하며, 비즈니스 목표와 어떻게 연결되는지를 명확히 하고 효과적인 전략을 수립할 수 있다. 다음은 커뮤니티 콘텐츠를 구성할 때 고려해야 할 네 가지 핵심 요소를 정리한 모델이다.

콘텐츠 핵심 요소	설명
도움 (Help)	셀프 서비스(self-service) 기능은 디지털 중심의 고객 성공 커뮤니티에서 핵심적인 역할을 한다. 따라서 고객 지원 중심의 콘텐츠는 많은 커뮤니티 콘텐츠 전략에서 중요한 축이 된다. '도움' 콘텐츠는 고객이 문제를 해결할 수 있도록 지원하는 데 초점을 맞춘다. 주요 콘텐츠 주제는 일반적으로 고객지원팀에서 제공하거나 자주 발생하는 질문을 기반으로 선정된다. 이러한 콘텐츠는 가장 흔하거나 간단한 질문에 대한 답변을 제공함으로써, 고객지원팀이 보다 부가가치가 높은 상호작용에 집중할 수 있도록 돕는다. **영향을 미치는 지표:** 셀프 서비스 증가, 고객 지원 요청 감소
교육 (Educate)	B2B SaaS의 성장과 함께 많은 커뮤니티가 고객성공팀을 지원하는 콘텐츠 제작에 집중하고 있다. 이는 고객이 제품을 효과적으로 활용할 수 있도록 돕는 교육 콘텐츠로, 주로 사용 방법 가이드, 사용 예, 모범 사례 등의 형태로 제공된다. 또한 제품 기능 업데이트나 특정 기능을 강조하는 콘텐츠를 통해 제품 활용도를 높이는 데에도 활용될 수 있다. '교육' 콘텐츠는 고객 성공을 확장 가능하게 만드는 디지털 고객 성공(현재 고객 성공 분야에서 가장 주목받는 개념 중 하나)의 핵심 요소이다. **영향을 미치는 지표:** 이탈률 감소, 제품 활용도 증가
참여 유도 (Engage)	커뮤니티의 유대감을 형성하려면 회원들의 적극적인 참여를 이끌어낼 수 있는 콘텐츠가 필요하다. 예를 들어, 커뮤니티에서 활발하게 논의된 주제를 정리해 공유하거나, 특정 회원을 조명하는 콘텐츠를 제작할 수 있다. 유머가 담긴 콘텐츠나 콘테스트, 퀴즈 등 재미있는 요소를 활용해 회원들의 관심을 끌 수도 있다. 이러한 콘텐츠는 회원 간의 대화를 촉진하고, 보다 깊이 있는 논의를 유도하며, 자연스럽게 네트워킹을 활성화하는 역할을 한다. **영향을 미치는 지표:** 월간 활성 고객 수 증가
영감 (Inspire)	영감을 주는 콘텐츠는 브랜드와 제품, 그리고 특정 분야에서 전문성과 영향력을 구축하는 데 중점을 둔다. 업계에서 신뢰받는 목소리로 자리 잡는 일은 고객들에게서 옹호를 이끌어내고, 비고객들까지도 자사의 커뮤니티에 관심을 가지게 만드는 중요한 요소가 된다. 예를 들어, 게인사이트가 어떻게 고객 성공 분야에서 이처럼 영향력 있고 존경받는 대표적인 리더로 자리 잡게 되었는지 생각해 보라. 궁극적으로 이것은 새로운 비즈니스를 창출하는 중요한 동력이 될 수 있다. **영향을 미치는 지표:** 고객 유지 및 성장

어디에 집중해야 할까

앞서 살펴본 것처럼 커뮤니티 콘텐츠에는 다양한 유형이 있으며, 모든 유형에 투자하는 것을 고려할 수도 있다. 하지만 집중하고 우선순위를 두고자 한다면, 교육적이고 영감을 주는 콘텐츠에 집중할 것을 추천한다. 그 이유는 간단하다. 커뮤니티 콘텐츠가 비즈니스 관점에서 효과적이려면, 그것이 관련성이 높고 가치 있어야 하기 때문이다. 대다수의 회원들은 배우기 위해 커뮤니티에 가입한다. 이런 이유로 교육적이고 영감을 주는 콘텐츠가 B2B SaaS 기업의 커뮤니티에서 핵심적인 역할을 한다.

마지막으로 참석한 비즈니스 웨비나를 떠올려보라. 아마도 그 주제가 당신의 업무와 밀접하게 연관되어 있고, 그 주제에 대해 유용한 배움을 얻을 수 있을 것이라 기대했기 때문에 참여했을 것이다. 우리의 일상은 바쁘고, 세상에는 소비해야 할 콘텐츠가 넘쳐난다. 그래서 자연스럽게 시간을 나누고, 관심을 가질 콘텐츠를 필터링한다. 따라서 커뮤니티 콘텐츠를 효과적으로 만들려면 정말 중요한 주제에 대해 유익한 교육을 제공해야 한다.

그렇다면 교육적이고 영감을 주는 콘텐츠란 어떤 것일까? 이 질문에 답하려면 사람들이 왜 당신의 커뮤니티에 가입하는지 그 이유를 깊이 살펴볼 필요가 있다. 대부분의 커뮤니티 회원은 대개 다음과 같은 이유로 커뮤니티에 가입한다.

- 기업, 브랜드, 제품 또는 서비스에 관심을 가지게 되어 더 많은 정보를 얻고자 한다.

- 제품이나 서비스를 구매하고서 이를 최적화하려고 질문하거나 모범 사례를 배우고자 한다.
- 비슷한 상황에 있는 동료들과 네트워킹을 원한다(가능하다면 같은 산업 내에서).
- 제품이나 서비스에 대해 전문가로서, 전문성을 더 키우고 업계에서 영향력 있는 리더로 자리매김하여 자신의 커리어를 성장시키고자 한다.

이러한 모든 경우에 교육적이고 영감을 주는 콘텐츠가 회원들의 요구를 충족시킬 것이다. 이러한 콘텐츠는 제품이나 서비스에 대한 교육을 제공하고 유용한 답변을 제시하며, 고객의 모범 사례를 강조하고, 또한 영감을 주는 전략적인 통찰을 제공하는 역할을 한다.

커뮤니티에서의 실제 활용 사례에 따라 콘텐츠 전략의 중심도 달라진다. 예를 들어, 제품 사용을 촉진하는 교육적 콘텐츠는 제품 사용법에 대한 실용적인 팁과 요령을 제공할 것이다. 같은 커뮤니티 내에서도 영감을 주는 콘텐츠는 옹호자들과 함께 만든 모범 사례 소개나 전략적 인사이트 등을 담을 수 있다. 또한 고객을 더 인간 중심적으로 지원하기 위해 특정 산업 내에서 개인들이 어떻게 커리어를 발전시켜 왔는지에 대한 감동적인 이야기를 제공할 수도 있다.

커뮤니티 콘텐츠 유형

커뮤니티 콘텐츠의 핵심 요소와 목적을 살펴봤으니, 이제 커뮤니티 구축 시 활용할 수 있는 다양한 콘텐츠 유형에 대해 좀 더 깊이 살펴보자.

대화

온라인 커뮤니티에서 대부분의 콘텐츠는 대화 형태로 이루어진다. 이는 일반적으로 사용자가 생성한 논의로, 초기 게시물과 그에 대한 여러 댓글로 구성된다.

질문과 답변

질문하는 기능은 많은 커뮤니티에서 핵심적인 역할을 한다. 이는 많은 디지털 고객 성공 전략에서 셀프 서비스 활용 사례를 지원하는 기초가 된다. 대부분의 플랫폼에서는 질문을 한 사용자가 여러 답변 중 하나를 '최고의 답변'으로 선택할 수 있어, 동일한 질문을 가진 다른 사용자들이 빠르게 해결책을 찾을 수 있도록 돕는다. 커뮤니티의 가장 독특하고 강력한 점은 답변의 대부분이 기업이 아닌 다른 사용자들로부터 나온다는 것이다. 이를 '동료 답변 비율'이라고 부르며, 많은 커뮤니티에서 중요한 운영 지표로 사용된다.

기사 및 블로그

많은 커뮤니티에는 유용하고 교육적이며 영감을 주는 내용을 공유하는 공식적인 장문의 글들이 포함되어 있다. 이러한 콘텐츠는 회사에서 작성하여 게시할 수도 있고, 고객과 함께 공동으로 제작할 수도 있다. 이 콘텐츠의 주된 목표는 방문자를 유도하고, 토론을 촉진하며, 인기 있는 주제에 대한 답변과 모범 사례를 제공하는 것이다. 또한 커뮤니티에는 이와 같은 콘텐츠를 위한 전통적인 지식 베이스 섹션도 포함될 수 있다.

강의 및 교육

B2B 소프트웨어에서는 온보딩을 촉진하고 제품 사용을 장려하기 위해 강의와 교육이 커뮤니티 경험에 점차 통합되고 있다. 이 콘텐츠들의 주요 차이점은 명확한 시작과 끝을 가진 구조화된 학습 경로를 제공한다는 것이다. 일부 강의는 참여한 사용자에게 인증서를 제공하기도 한다. 또한 고객 교육 기능이 커뮤니티 플랫폼과 통합되거나 연결되는 경우가 점점 더 많아지고 있다.

피드백 및 아이디어

고객이 커뮤니티에 참여하게 되면, 제품과 커뮤니티 자체에 대한 피드백을 자연스럽게 제공하게 된다. 모든 피드백을 열린 마음으로 환영하고, 나아가 커뮤니티 내에 전용 공간을 마련해 두는 것이 더욱 바람직하다. 이를 통해 피드백을 체계적으로 수집할 수 있을 뿐만 아니라, 고객에게 내가 그들의 의견을 경청하고 있다는 메시지를 전달할 수 있다.

커뮤니티 내에 고객이(심지어 비고객도!) 아이디어를 제시하고, 다른 고객들이 이를 투표하는 공간을 만들면 효과적이다. 이것은 제품 피드백을 수집하는 매우 효율적인 방법이며, 많은 제품팀들이 겪는 피드백 채널 분산 문제를 해결할 수 있다. 이를 적절한 교차 기능적 협업과 결합하여 고객이 기대하는 후속 조치와 투명성을 제공하는 것이 중요하다.

제품 업데이트

제품 사용을 촉진하기 위한 것으로, 커뮤니티 내에서 제품과 로드맵 업데이트 관련 섹션은 새로 출시되는 기능과 기타 로드맵 소식을 확인할 수 있는 중심지가 될 수 있다. 과거 온프레미스 소프트웨어on-premises software 시절에는 단순한 '릴리스 노트' 페이지에 불과했을지 모르지만, 오늘날에는 구독과 상호작용이 가능한 풍부하고 매력적인 공간으로 발전하고 있다. 커뮤니티가 제품에 대한 피드백을 받을 수 있는 구조라면, 피드백 루프feedback loop를 완결시키고 로드맵에 대한 정보를 고객에게 전달하는 것이 매우 중요하다.

이벤트 중심 콘텐츠

커뮤니티를 중심으로 하는 이벤트를 통해 콘텐츠를 생성하는 것도 가능하다. 대부분의 커뮤니티 참여는 시간에 구애받지 않고 이루어지지만, 이벤트를 활용하면 실시간 참여의 요소를 추가할 수 있다. 두 가지 일반적인 예시를 살펴보자.

- **무엇이든 물어보세요**AMA: Ask Me Anything: AMA 세션은 원래 레딧Reddit 커뮤니티에서 인기를 끌었던 포맷으로, 사용자들이 실시간으로 전문가에게 질문할 수 있는 형식이다. 이 포맷은 매우 유연하며, 전문가가 커뮤니티 관리자일 수도 있고, 제품개발팀의 일원이나 CEO일 수도 있다. 질문은 미리 받아 정리하여 세션을 구조화할 수 있다. 또한 세션에서 생성된 콘텐츠는 커뮤니티에 남아 장기적인 인기 콘텐츠로 자리 잡을 수 있다.
- **웨비나**Webinar**와 오피스 아워**Office Hour: 최근 몇 년간 고객성공팀과 커뮤니티 운영자들은 웨비나 호스팅에 더 많은 시간을 투자하고 있다.

웨비나는 커뮤니티에 동적, 실시간의 요소를 추가하는 훌륭한 방법이다. 웨비나에는 초대된 연사가 있을 수 있으며, 그 연사는 회사 직원일 수도 있지만, 고객이자 커뮤니티의 일원일 수도 있다.

커뮤니티 구성원들이 스스로 논의를 주도하도록 하는 것도 가능하다. 이것이 바로 '오피스 아워'라는 인기 있는 형식의 핵심 개념이다. 커뮤니티 회원들이 자유롭게 참여하여 자신이 궁금한 사항이나 논의하고 싶은 주제에 대해 질문하거나 토론할 수 있는 열린 라운드테이블이다.

소셜 콘텐츠

지금까지 자사 커뮤니티 플랫폼에서 생성되는 콘텐츠에 대해 다루었지만, 여기서는 링크드인LinkedIn과 같은 소셜 플랫폼에서 메시지를 확장하는 것의 중요성과 가치를 강조하고자 한다. 앞서 언급한 것처럼, 우리는 소셜 미디어 플랫폼에서 전체 커뮤니티 프로그램을 구축하는 것을 권장하지 않지만, 그럼에도 불구하고 이러한 플랫폼들이 전체 콘텐츠 전략에서 중요한 역할을 할 수 있다는 점은 분명하다.

소셜 플랫폼을 활용할 때 우리는 그 플랫폼이 가진 방대한 도달 범위의 이점을 누리게 된다. 예를 들어, 게인사이트의 CEO인 닉 메타Nick Mehta는 링크드인에 모범 사례와 전문적이고 영향력 있는 콘텐츠를 자주 게시하여 매우 높은 조회수와 활발한 참여를 이끌어낸다. 이처럼 더 넓은 커뮤니티에 접근함으로써 자사 커뮤니티 플랫폼으로 독자들을 유도할 수 있는 기회를 만들 수 있으며, 이를 통해 더 깊은 수준의 참여와 개인화된 경험이 가능한 중앙 허브로 연결할 수 있다.

앞선 챕터들에서 언급했듯, 커뮤니티 구축의 초기 단계에서 핵심이 되는 활동은 고객과의 대화와 소규모 온·오프라인 이벤트 개최다. 예를 들어, 닉 메타는 이제 게인사이트의 모든 고객과 직접 대화하거나 긴밀한 개인적 관계를 유지할 수는 없지만, 매주 여러 고객과의 대화를 지속하고 있다. 이러한 대화는 그가 링크드인에 게시할 콘텐츠의 방향을 정하는 데 큰 도움이 되며, 이처럼 고객과의 실제 대화를 바탕으로 한 콘텐츠는 자사 커뮤니티에서의 심층적인 참여와 인사이트와 결합되어 도달 범위를 극대화하는 데 기여한다.

이 같은 원칙은 고객 여정의 다른 접점에서도 적용될 수 있다. 예를 들어, 자사 커뮤니티 플랫폼 외에 운영되는 페이스북 그룹Facebook Groups이나 슬랙Slack 커뮤니티가 있을 수 있다. 자사 커뮤니티 플랫폼을 중심으로 회사 콘텐츠를 배치하고, 관련 주제를 다른 플랫폼에서 공유하여 메시지의 도달 범위를 확장하고, 궁극적으로 자사 플랫폼으로의 깊이 있는 참여를 유도하는 방식이다.

커뮤니티 콘텐츠 시작하기

타깃 고객을 세분화하라

커뮤니티를 위한 콘텐츠를 만들 때, 고객 세그먼트를 고려하는 것이 유용하다. 이렇게 하면 콘텐츠 전략이 더 관련성 있고, 다양한 회원들의 요구를 충족할 수 있게 된다. 다만 커뮤니티를 위해 페르소나 세트persona set[32]를 완전히 새로 만들기보다는, 이미 회사에서 사용하고 있

---

[32] 페르소나 세트(persona set): 특정 산업군이나 제품 사용자 유형에 따라 정의된 주요 고객 프로

는 페르소나를 활용하는 것이 더 효율적이다. 대부분의 B2B SaaS 회사는 매우 명확한 페르소나 세트를 가지고 있다. 커뮤니티 회원들도 회사에서 다루는 잠재 고객과 기존 고객들이기 때문에, 기존 페르소나를 활용하는 것이 여러 부서 간의 협업을 원활하게 만든다. 이미 페르소나가 존재한다면, 주로 특정 고객 역할(예: 제품 사용자)과 회사의 성숙도, ARR, 제품 활용 사례 또는 고객 생애주기 단계와 결합되어 정의된 것일 가능성이 높다.

만약 처음부터 시작한다면, 고객들의 인구통계나 관심사, 필요 사항에 대한 데이터를 활용해 세그먼트를 설정할 수 있다. 예를 들어, B2B SaaS 커뮤니티에서는 고객 회사 내에서 다양한 역할을 세그먼트로 나눌 수 있다. 즉 제품 관리자, 일상적으로 제품을 사용하는 사용자, 전략을 담당하는 임원 결정자 등이 될 수 있다. 게인사이트에서는 '고객 성공 책임자', '고객 성공 VP', '게인사이트 관리자' 등 주요 인물들의 페르소나를 정의하고, 각 페르소나에 맞춘 콘텐츠와 이벤트를 제공한다. 또한 세그먼트를 생애주기나 채택 성숙도에 따라 나누는 방법도 있다. 신규 고객 온보딩을 위한 콘텐츠와 더 높은 수준의 전문가 사용자를 위한 콘텐츠를 구분하는 것이다.

다만, 세분화는 너무 과도하게 하지 않도록 주의해야 한다. 작은 세그먼트를 많이 나누는 것이 더 개인화된 경험을 제공하는 데 도움이 될 것처럼 보이지만, 세그먼트가 지나치게 작아질수록 그 효과는 점점 감

필. 일반적으로 고객의 직무, 조직 규모, 제품 사용 목적 등을 기준으로 설정하며, 부서 간 일관된 고객 이해를 돕기 위해 활용된다.

소하는 경향이 있다. 작은 세그먼트 각각을 위한 콘텐츠를 제작하는 데 필요한 노력과 복잡성은 빠르게 감당하기 어려운 수준이 될 수 있다. 대신, 명확히 구분되고 서로 다른 유형의 콘텐츠가 실질적인 가치를 더할 수 있는 몇 가지 의미 있는 세그먼트에 집중하는 것이 좋다.

마지막으로, 어떤 세분화 전략도 완벽할 수는 없다는 점을 항상 염두에 두어야 한다. 세분화 전략이 효과적으로 작동하고 있는지, 그리고 콘텐츠가 구성원의 니즈와 관심사에 잘 부합하고 있는지 정기적으로 평가하고 조정하는 것이 중요하다.

누가 커뮤니티 콘텐츠를 만드는가?

커뮤니티 내에서 콘텐츠를 누가 만들지 결정하는 것은 커뮤니티와 조직의 특성에 따라 달라질 수 있다. 일반적으로 커뮤니티 매니저가 커뮤니티의 주요 활동을 주도하며, 콘텐츠와 관련된 업무도 맡는다. 그러나 조직 내 여러 부서가 콘텐츠 제작에 참여할 수도 있다.

법칙 6에서 자세히 설명하겠지만, 커뮤니티는 조직 내 실무 부서 간의 벽을 허물 수 있는 좋은 기회를 제공한다. 콘텐츠 제작은 마케팅, 제품개발, 고객성공 팀이 협력하는 대표적인 예로, 커뮤니티의 소유 부서가 어디든 관계없이 이러한 협업은 이루어진다.

고객성공팀은 모범 사례나 고객 사례 중심의 훌륭한 교육 콘텐츠를 제공하는 데 강점을 가진다. 제품개발팀은 기능과 로드맵 관련 콘텐츠 제작에 점점 더 적극적으로 참여하고 있다. 마케팅팀은 콘텐츠 제작 전문성(비주얼 자산 포함)과 콘텐츠 홍보 채널, 그리고 잠재고객prospect 및 확장expansion 중심 콘텐츠 제작 지원에 있어 중요한 역할을 할 수 있다.

적극적이고 개인화된 맞춤형 경험을 제공하라

초기 기업 커뮤니티에서는 고객이 검색하거나 우연히 콘텐츠를 발견했을 때 그것이 노출되도록 하는 '반응형' 콘텐츠 제작 방식이 일반적이었다. 그러나 오늘날 커뮤니티 공간에서는 '개인화personalization' 및 '관련성relevance' 중심으로 전환이 이루어지고 있다는 점이 주목할 만하다.

효과적인 콘텐츠 전략을 기반으로 명확한 목표와 세그먼트를 가지고 고품질 콘텐츠를 제작하면, 고객의 니즈와 매우 관련성 높고 고객에게 개인화된 콘텐츠를 이메일이나 인앱in-app, 소셜 등을 통해 홍보할 수 있다. 이때 고객 여정을 설계하는 것이 디지털 고객 성공의 핵심이다. 즉, 적절한 시기에 적절한 고객에게 적절한 콘텐츠를 제공하는 것이 목표다. 예를 들어, 온보딩 중인 고객을 대상으로 몇 주에 걸쳐 이메일 캠페인을 운영하고, 제품에 대해 더 많이 배우고 전체 기능을 활용해 최대 가치를 얻을 수 있도록 시기적절한 콘텐츠 링크를 제공하는 것이 좋은 사례가 될 수 있다.

자체 커뮤니티 플랫폼 역시 점점 더 고객의 멤버 프로필이나 CRM고객 관계 관리 프로필, 혹은 과거 브라우징 기록을 기반으로 관련성 높은 콘텐츠를 커뮤니티 내에서 노출할 수 있게 되고 있다. 커뮤니티 플랫폼을 선택하고 구축할 때 이러한 기능을 고려해야 한다.

콘텐츠를 단절된 형태로만 운영하는 것을 넘어, 어떻게 모든 콘텐츠가 개인화되고 관련성 높은 경험의 흐름 속에서 고객 여정을 풍부하게 만드는 데 기여하게 할 수 있을지 고민해 보기 바란다.

콘텐츠 계획 수립하기

콘텐츠 제작은 특히 여러 팀과 협업할 경우 복잡할 수 있다. 따라서 시작하는 데 도움이 되는 간단하고 합리적인 단계들을 소개한다.

1. **콘텐츠 주제 설정**: 첫 번째 단계는 목적과 목표가 명확한 콘텐츠 주제를 정의하는 것이다. 이를 통해 전체 콘텐츠 계획이 일관성 있게 목적 지향적으로 진행될 수 있다. 예를 들어, 교육과 영감을 제공하는, 특정 고객층의 제품 사용을 촉진하는 콘텐츠 주제를 설정할 수 있다. 또 다른 주제로는 전문가 사용자들을 위한 고급 모범 사례를 제공하는 것도 가능하다.
2. **계획 문서화**: 두 번째 단계는 콘텐츠 계획을 작성하는 것이다. 이는 전략적 문서 또는 한 페이지짜리 문서로, 콘텐츠 주제와 목표를 설명하고 콘텐츠 작성, 게시 및 홍보 일정을 포함해야 한다.
3. **핵심 프로세스 설정**: 혼자서 커뮤니티를 관리하는 경우에는 필요하지 않을 수 있지만, 많은 경우 콘텐츠 제작을 위한 공식적인 프로세스를 작성하는 것이 유익하다. 작성된 콘텐츠가 리뷰를 받아야 하는지, 협업이 가능한 플랫폼에서 작성이 이루어지는지, 승인 단계가 필요한지, 게시 담당자는 누구인지 등을 고려해야 한다. 이러한 프로세스를 문서화하면 부서 간 협업이 원활하게 진행된다.
4. **주요 역할 식별**: 콘텐츠 제작 팀에서 누가 역할을 맡을지 결정한다. 효과적인 콘텐츠 계획을 위해서는 글쓰기, 편집, 시각적 자산 제작, 그리고 여러 부서에서의 전문지식이 필요하다. 이 팀은 전체 콘텐츠 계획을 관리하며, 모든 과정은 커뮤니티 관리자의 책임하에 진행된다.
5. **성과 지표 설정**: 마지막으로 콘텐츠 제작 노력의 성과를 정기적으로

측정하고 분석하는 방법을 계획에 포함시킨다. 중요한 지표로는 도달 범위, 참여도, 그리고 필요에 따라 전환율 등이 있다. 이 데이터는 개선할 부분을 식별하고 예상치 못한 결과에 맞춰 조정하는 데 유용하다. 이렇게 데이터 기반으로 접근하면 효과적인 콘텐츠 유형에 더 많은 노력을 투자할 수 있다.

커뮤니티에 참여할 준비하기

이번 장에서는 커뮤니티 콘텐츠의 중요성과 어떤 유형의 콘텐츠를 제작할 수 있을지에 대해 살펴보았다. 또한 콘텐츠 계획을 준비하기 위한 필수 단계들에 대해서도 설명했다. 이것은 성공적인 커뮤니티를 위한 준비 작업으로, 회원들이 참여하도록 유도하고 활발히 활동하게 하며 정기적으로 돌아오게 만드는 데 중요한 역할을 한다.

콘텐츠 계획의 기초가 마련되었으니, 이제 커뮤니티 구성원들과 의미 있게 소통하고, 진정한 '옹호'를 구축하는 방법을 살펴볼 차례다.

Chapter

9

법칙 5

고객을 찐팬으로 만들어라
충성고객 중심으로 성장하는 구조 만들기

– 렘코 드 브리스, 케네스 레프스가드

구독 기반 소프트웨어의 확산으로 이제 구매자들은 서비스에 쉽게 가입하고 그 기능을 탐색할 수 있게 되었다. 또한 유사한 활용 사례를 다루는 다양한 구독 기반 솔루션들도 등장했다. 누구나 한 번쯤 수천 개의 마케팅 기술 도구와 서비스를 보여주는 인포그래픽을 본 적이 있을 것이다. 이들 도구와 서비스는 마케터들의 업무를 더 쉽게 만들어주기 위해 고안되었다. 물론 이들 중 일부는 중요한 혁신을 통해 업계를 재정의하는 기술 리더일 수도 있다. 하지만 대부분은 유사한 기능을 갖추고 있으며, 해결하고자 하는 문제도 비슷할 가능성이 크다. 그렇다면 수많은 도구들 속에서 어떻게 차별화를 할 수 있을까? 더 중요한 것은, 어떻게 경쟁 우위를 확보할 수 있을까?

고객들은 특정 문제를 해결하거나 새로운 기회를 추구하기 위해 제품을 찾는다. 따라서 고객이 기대하는 바대로 제품이 이를 해결할 수 있도록 하는 것이 중요하다. 그런데 고객은 구매 결정을 내리는 과정에서 무엇을 기준으로 판단할까?

'제품 주도 성장' 전략은 쉽게 접근할 수 있는 무료 체험판trial과 직관적인 기능을 결합하는 것이 강력하고 성공적인 성장 방법이 될 수 있음을 보여주었지만, 그것만으로는 충분하지 않은 경우도 있다. 무료 체험판을 통해 기술이 어떻게 작동하는지는 보여줄 수 있지만, 많은 SaaS 제품은 실제 결과를 얻기까지 일정 수준의 변화 관리change management와 투자가 필요하다. 좋은 예로 커뮤니티 플랫폼을 들 수 있다. 무료 체험판을 통해 플랫폼의 기능은 효과적으로 보여줄 수 있지만, 장기적으로 고객과의 활발한 참여가 가져오는 가치를 입증하기는 매우 어렵다.

그렇다면 대안은 무엇일까? B2B SaaS 업계의 잠재 고객들은 이미 그 솔루션을 도입하고 그로 인해 가치를 경험한 다른 사용자들의 이야기를 듣고 싶어 한다. 이들은 기존 고객들이 무엇을 배웠는지, 그리고 선택한 솔루션을 다른 사람들에게 추천하고 싶은지를 알고 싶어 한다. 브랜드가 제작한 콘텐츠나 영업팀의 피치보다 동료로부터의 추천이 훨씬 더 신뢰받는다는 여러 데이터는 이미 잘 알려져 있다. SaaS 업계에서 G2가 '신뢰할 수 있는 정보의 원천'으로 자리 잡은 것도 결코 우연이 아니다.

우리가 말하고자 하는 것이 바로 '옹호advocacy'이다. 이것은 입소문 추천의 강력한 힘을 의미한다. 훌륭한 제품과 브랜드가 있다면 사람들은 자발적으로 사용하고 싶어 하고 이에 대해 기꺼이 이야기하고 싶어 한다. 이를 바탕으로 자연스럽게 옹호자advocate를 만들어낼 수 있다. 나아가 고객과의 능숙한 소통을 통해 옹호의 깊이와 범위를 적극적으로 키우고 확장시킬 수도 있다. 그리고 커뮤니티 프로그램은 이를 실현하기 위한 최고의 장소 중 하나가 될 수 있다.

그렇다면 만족한 고객이 모두 옹호자가 될까? 안타깝게도, 그 질문에 대한 답은 "아니오"이다. 단순히 제품에 만족하거나 가치를 얻은 것만으로는 충분하지 않다. 옹호자가 되기 위해서는 다른 사람들과 적극적으로 경험을 공유하려는 행동이 필요하다. 이는 우리가 촉진하고 육성할 수 있는 중요한 퍼즐 조각이다. 하지만 그전에, 무엇이 옹호를 이끄는지를 이해해야 한다.

옹호자는 무엇을 지지하는가?

옹호자는 크게 세 가지 주요 유형으로 구분된다. 기업과 그 기업의 제품을 옹호할 수 있고, 기꺼이 옹호할 의향이 있는 사람들의 행동 동기에 따라 다음과 같이 나뉜다.

- **브랜드 옹호자**Brand Advocates: 어떤 브랜드는 제품 자체를 넘어서는 팬층과 신비감을 구축한 경우가 있다. 예를 들어, 애플Apple의 제품이 항상 기술적으로 가장 앞서거나, 기능이 가장 많거나, 가성비가 가장 뛰어난 것은 아니지만, 많은 애플 고객들은 회사와 브랜드에 대한 깊고 오랜 신뢰로 인해 충성심을 유지한다.

  때로는 실제 고객이 아닌 사람들 사이에서도 진정한 브랜드 옹호가 나타나기도 한다. 예를 들어, 할리데이비슨Harley-Davidson 오토바이나 고급 스포츠카 브랜드를 소유하거나 경험해 본 적이 없어도, 그 제품에 대한 애정과 찬사를 표현하는 경우를 종종 볼 수 있다. 브랜드 옹호자는 자신이 사랑하는 기업을 특정 이미지, 감정, 또는 자신이 연관되고 싶어 하는 라이프스타일과 연결해서 생각하는 경향이 있다.

- **제품 옹호자**Product Advocates: 제품 옹호자는 제품 자체를 진심으로 좋아하며, 브랜드에 대한 애정도 함께 가지고 있다. 제품 옹호자는 보통 경험이 풍부한 고객으로, 제품에 대해 다른 사람들과 이야기하고 자신의 전문지식을 나누는 것을 즐긴다. 제품에 대한 관심과 애정이 크기 때문에, 피드백을 제공하거나 제품을 개선·확장할 수 있는 아이디어를 제안하는 데 기꺼이 시간을 투자하기도 한다. 예를 들어, 유튜브와 같은 플랫폼에는 자신이 좋아하는 제품이나 서비스에 대해 심층적인 가이드와 팁을 제공하는 사용자들이 많다.

- **셀프 옹호자**Self-Advocates: 처음에는 다소 어색하게 느껴질 수 있지만, 특히 B2B SaaS 분야에서는 제품 사용 경험이 개인의 커리어 성장과 밀접하게 연결되어 있는 경우가 많다. 이로 인해 자신의 퍼스널 브랜드를 구축하고 커리어를 발전시키기 위해 옹호 활동을 하는 고객들을 자주 볼 수 있다. 이러한 유형의 옹호는 특정 브랜드나 제품에만 국한되지 않을 수 있지만, 이들과의 관계를 육성하는 데는 큰 기회가 존재한다. 그들의 퍼스널 브랜드에 대한 열정은 커뮤니티의 콘텐츠나 이벤트를 공동 제작하는 데 도움을 주며, 이는 매우 강력한 윈윈win-win 협력으로 이어질 수 있다.

실제로, 일부 옹호자들은 위에서 언급한 유형 중 하나 이상에 속하거나, 세 가지 모두에 해당할 수도 있다. 그러나 일반적으로 이들 중 하나가 그들의 옹호 활동의 주요 동기가 된다. 이것은 커뮤니티 플랫폼에서 쉽게 확인할 수 있다. 예를 들어, 브랜드에 대한 불공정한 비판을 방어하기 위해 대화에 즉시 참여하는 고객(브랜드 옹호자), 다른 고객들이 한 질문에 대해 자주 답변하는 심도 있는 전문지식을 가진 사용자(제품 옹호자), 그리고 독창적이고 전문성 있는 콘텐츠와 성공 사례를 공유하는 고객(셀프 옹호자)을 찾아볼 수 있다.

이 활동들은 매우 가치가 있으며, 품질 높은 제품이나 서비스를 제공하는 모든 회사에서 어떤 형태로든 일어날 가능성이 있다. 더 나아가 옹호 활동을 적극적으로 육성하면, 이들이 하는 활동의 영향력과 가치를 증대시킬 수 있는 기회를 얻을 수 있다.

옹호 활동 육성하기

커뮤니티 프로그램의 일환으로 여러 가지 옹호 활동을 적극적으로 장려하고 육성할 수 있다. 그중에서도 가장 중요한 네 가지 활동을 살펴보자.

- **사용자 간**peer-to-peer **지원:** 초기 기업 커뮤니티에서 옹호란 일반적으로 한 가지 의미를 가졌다. 바로 커뮤니티에서 활동하는 전문가들이 자발적으로 자신의 시간을 내어 질문에 답하는 것이었다. 이들은 대개 깊은 전문지식과 제품 경험을 가진 제품 옹호자들이다. 그들은 강한 열정과 비판적인 시각을 가지고 있어, 때때로 다른 고객을 돕는 동시에 기업에 대한 부정적인 의견을 표현하기도 한다. 이런 상황이 발생하면, 그들의 불만이 제품에 대한 깊은 애정과 기업의 발전 방향에 대한 관심에서 비롯된 것임을 인식하는 것이 중요하다.

제품 옹호자들은 자신의 전문지식에 대한 인정을 통해 만족감을 얻는 경향이 있으며, 그래서 이 유형의 활동을 육성하는 전통적인 접근법은 게임화 메커니즘과 커뮤니티 내에서의 높은 지위를 부여하는 방식이었다. 이러한 검증된 접근법은 오늘날에도 여전히 매우 효과적이다.

- **제품 피드백 및 혁신:** 또 다른 영역은 제품 옹호자들이 자주 참여하는 혁신적인 제품 피드백과 아이디어 제공이다. 제품 옹호자들은 그들 스스로의 동기와 관심 때문에 별도의 요청이 없어도 다양한 채널을 통해 피드백을 공유한다. 물론 고객 지원 티켓support ticket이나 고객 성공 매니저CSM를 통해 피드백을 전달할 수도 있지만, 커뮤니티 플랫폼은 이러한 활동을 보다 확장 가능한 방식으로 촉진하고 참여할 수 있는 많은 방법을 제공한다.

    커뮤니티 내에서 아이디어 공유와 투표 기능을 열어두면, 제품 옹호자들이 피드백의 대부분을 생성하는 모습을 쉽게 발견할 수 있다. 이러한 옹호자들은 베타테스트 프로그램이나 혁신 중심의 소규모 이벤트에 대한 초대에도 적극적으로 참여한다. 이런 참여를 지속적으로 유지함으로써 그들은 다른 고객들이 제공하는 피드백을 관리하고 통합하는 데에도 도움을 줄 가능성이 크다. 종종 제품 옹호자들이 베타테스트나 다른 혁신 프로그램에 초대받은 후, 새로운 출시 사항에 대해 더 긍정적인 태도를 보이고, 공개적으로 옹호하며, 새로운 제품 기능이 출시될 때 동료들에게 가이드를 제공하기도 한다.

- **웨비나와 라이브 이벤트:** 일부 고객은 자신의 커리어와 퍼스널 브랜드를 개발하려는 욕구를 가지고 있다. 만약 그들이 제품이나 브랜드를 어느 정도 옹호한다면, 그들을 웨비나나 라이브 이벤트에 초대하여 공개적으로 발표할 수 있는 기회를 제공함으로써 더욱 깊이 있는

참여를 유도할 수 있다. 이는 많은 B2B SaaS 기업들이 채택하는 방식으로, '동료의 콘텐츠가 브랜드 콘텐츠보다 더 신뢰할 수 있다'는 원칙의 핵심을 잘 반영한다. 고객들의 이야기를 웨비나나 라이브 이벤트를 통해 발표함으로써, 제품의 가치를 잠재 고객에게 전달하거나 기존 고객의 활용도를 높이기 위한 성공 사례를 공유하는 등 다양한 용도와 목표를 달성할 수 있다.

이 유형의 참여가 지니는 강력한 점은 옹호자들에게 실질적인 가치를 제공한다는 것이다. 그들은 자신의 지식과 발표 능력을 공개적으로 보여주며, 이는 새로운 경력 기회로 이어질 수 있다. 물론, 기업은 신뢰할 수 있고 매력적인 콘텐츠를 생성하는 혜택을 보게 되니, 말 그대로 진정한 윈-윈이다.

- **레퍼런스, 사례연구 및 추천:** 거의 모든 SaaS 제품의 판매 과정에서는 고객의 레퍼런스와 사례연구를 꾸준히 요청받게 된다. 잠재 고객들은 자신에게 직접 판매하려는 사람이 아닌 다른 사람의 의견을 듣고, 결정을 내리기 전에 진실을 알고 싶어 한다. 커뮤니티는 잠재 고객이 이러한 정보를 수집하는 데 매우 유용한 공간이 될 수 있다.

  또한 커뮤니티를 활용하여 기존 고객 중에서 레퍼런스가 가능하고, 콘텐츠를 함께 공동 제작할 의향이 있는 고객들을 찾아낼 수 있다. 이때 중요한 점은 브랜드 옹호자들이 제품에 대한 지식과 전문성을 갖춘 경우도 많다는 것이다. 옹호자들은 자신만의 네트워크를 보유하고 있으며, 별다른 요청 없이도 지인들에게 제품을 긍정적으로 추천하거나 직접 홍보할 가능성이 높다. 그들을 사례연구나 이벤트에 참여시키면, 그들의 의견이 직접적으로 주목받는 계기가 되면서 이러한 효과는 더욱 증폭된다.

옹호 전략과 프로그램 개발하기

우리는 이미 옹호자가 누구인지, 그들이 무엇에 동기부여를 받는지, 그리고 그들이 참여할 가능성이 높은 활동에 대해 많은 중요한 주제를 다루었다. 다음으로 고려해야 할 것은 그들의 활동을 어떻게 육성하고 그 영향력을 극대화할 것인가이다. 이를 위해 구조화된 전략과 프로그램을 설계하고 실행하는 것이 좋다.

가장 먼저 고려해야 할 점은 옹호자를 어떻게 체계적으로 식별할 것인가이다. 이미 링크드인LinkedIn과 같은 소셜 미디어 플랫폼에서 게시물에 활발히 반응한 이들이나, 고객으로서 관계를 맺으며 자연스럽게 알게 된 이들로 여러 명의 옹호자를 알고 있을 수도 있다. 옹호자는 다양한 형태로 나타나며, 이러한 예시는 그중 일부에 불과하다. 옹호 프로그램의 핵심은 앞으로 등장할 가능성이 있는 잠재적인 옹호자를 능동적으로 식별하는 것이며, 이때 커뮤니티 플랫폼이 중요한 역할을 하게 된다.

엔터프라이즈 커뮤니티 플랫폼의 큰 장점 중 하나는, 내장된 게임화gamification 시스템이 참여를 지속적으로 유도하고 동기를 부여하도록 정교하게 설계되어 있다는 점이다. 이러한 시스템은 보상과 인정, 그리고 옹호 행동을 보이기 시작한 고객에 대한 데이터와 인사이트를 제공한다. 예를 들어, 랭킹 구조에서 점차 상위 단계로 올라가거나, 포인트 리더보드에서 1위를 차지하는 등의 방식이 이에 해당한다. 이러한 시스템을 모니터링하면 고객 참여를 유도하고 옹호자로 육성할 수 있는 초기 신호를 포착할 수 있다.

게임화 요소를 넘어, 커뮤니티 데이터를 모니터링하는 것도 고객이 옹호자로 성장하는 경로를 파악하는 데 도움이 된다. 그런 점에서 우리는 커뮤니티 참여를 하나의 퍼널funnel 형태로 생각할 것을 추천한다. 언쿼크Unqork의 커뮤니티 디렉터인 대니 팬크래츠Danny Pancratz는 가장 뛰어난 '참여 퍼널engagement funnel' 사례 중 하나를 설계했다. 이 퍼널은 단순 방문 고객에서 시작해, 이벤트 발표나 추천사를 통해 브랜드를 공식적으로 옹호하는 단계까지의 과정을 보여준다. 퍼널의 각 단계는 정량화가 가능하며, 실질적인 데이터를 기반으로 구성된다.

참여 퍼널　　　　　인지 → 도입 → 활성 → 옹호

전체 방문자 (회원 + 비회원)	**커뮤니티 방문:** 로그인 여부와 관계없이 접속한 사용자, 알려진 사용자 또는 미확인 사용자 포함
회원 방문자 (+신규 가입자)	**커뮤니티 재방문:** 사용자 식별 가능 이전에 로그인한 기록을 기반으로 추적 가능
활성 사용자	**1회 이상 활성 방문** 포럼 등의 전체 기능에 접근하기 위해 로그인
재방문 사용자	**3일 이상 서로 다른 날에 활동** 지속적인 참여 의지를 보여줌
기여 사용자	**활동에 기여함** 게시글 작성, 댓글, 추천(좋아요) 등의 참여 활동
전문가(SMEs)	**3개월 이상 활발하게 활동** 20개 이상의 답변 채택
연사 및 추천사 기여자	**회사를 대표해 옹호 활동 수행** 이벤트 연사, 추천 블로그 기고 등

잠재적인 옹호자를 식별할 수 있는 시스템을 마련한 후, 이들과 효과적으로 소통할 수 있는 체계적인 프로그램을 설계하는 것이 중요하다.

이러한 프로그램의 핵심은 바로 '인정recognition'이다. 초기 기업 커뮤니티에서는 슈퍼유저 프로그램을 구축할 때, 비공개 공간과 'VIP', '챔피언', '록스타'와 같은 공개 직함을 부여하는 방식이 사용되었다. 비공개 공간은 옹호자들과 보다 깊이 있게 교류하는 데 활용되며, 이들은 향후 제품 관련 소식을 미리 접하거나 커뮤니티 운영팀과 직접 소통할 수 있는 기회를 제공받는다. 이러한 프로그램에 참여하는 구성원들은 종종 생일 카드나 크리스마스 카드를 받거나 회사 행사와 오프라인 모임에 초청되는 등 특별한 대우를 받기도 한다.

이와 같은 프로그램은 사용자 간 지원 활동을 극대화하는 데 중점을 두어 온 경우가 많으며, 그 점에서 매우 효과적이다. 특히 전사적으로 이 프로그램의 중요성이 인식될 때 그 효과는 더욱 커진다.

에리카 쿨Erica Kuhl은 세일즈포스Salesforce의 '트레일블레이저Trailblazer' 커뮤니티 초창기 시절에 있었던 참고할 만한 사례를 공유해 주었다. 그녀는 다음과 같이 말했다.

"우리가 첫 번째 파워유저 프로그램을 시작했을 때였어요. 어느 날 회사의 CEO를 우연히 마주쳤는데, 그분이 '드림포스Dreamforce 행사 외에 그 MVP들을 어떻게 관리하고 있냐'고 묻더라고요. 저는 '드림포스 외에는 따로 모이지 않는다'고 대답했죠. 그런데 제 책상으로 돌아가 보니 CEO가 자신의 법인카드를 보내온 거예요. 그래서 우리는 MVP 전원을 샌프란시스코로 초청해 첫 번째 MVP 서밋을 열었어요. CEO는 모든 임원들을 그 행사에 참여시켜 향후 로드맵을 발표하도록 했고, 모든 MVP들은 비밀 유지 계약NDA; Non-Disclosure Agreement을 체결하고 피드백을 주었어요."

그 결과, 세일즈포스의 MVP 프로그램은 오늘날까지도 활발히 운영되고 있다.

커뮤니티 공간이 발전하면서 B2B SaaS 커뮤니티에서 고객들이 브랜드와 제품에 대해 더욱 깊은 연관성을 갖게 되는 변화가 일어나고 있다. 이는 브랜드와 제품이 자신들의 경력 개발과 밀접하게 연결되어 있기 때문이다. 세일즈포스의 '트레일블레이저' 커뮤니티는 이러한 현상의 대표적인 예라 할 수 있다. 또 다른 좋은 예는, 앞서 소개한 대니 팬크래츠의 '참여 퍼널'에서도 볼 수 있듯이, 언쿼크 커뮤니티의 핵심에 있는 'SME_{Subject Matter Expert}' 프로그램이다. 이 프로그램은 커뮤니티 구성원이 지속적인 참여를 통해 다른 회원의 질문에 답변하며 기여함으로써 SME가 될 수 있도록 설계된 공식 프로그램이다.

B2B SaaS 커뮤니티에서는 SME나 MVP가 되는 일이 단순한 커뮤니티 내 역할을 넘어 실질적이고 의미 있는 경력 자산으로 작용할 수 있다. 팬크래츠는 새로운 SME가 생길 때마다 이를 링크드인에 공개적으로 축하하며, 참여자들 역시 프로그램 소속 사실을 이력서나 입사지원서에 기재하곤 한다. 실제로 그는 언쿼크의 SME 프로그램을 통해 커뮤니티 회원들이 승진하거나 새로운 일자리를 얻는 데 도움을 받은 사례도 다수 보유하고 있다. 참고로 덧붙이자면, 팬크래츠 본인은 게인사이트 커뮤니티에서 가장 활발하게 활동하는 기여자 중 한 명이며, 우리가 '옹호자'로 간주하는 인물이다. 그는 고객으로서 긴밀한 파트너십을 유지할 뿐만 아니라, 연례 '펄스_{Pulse}' 콘퍼런스의 연사로도 초청되었으며, '게임체인저_{Gamechangers}' 어워드를 수상하기도 했다. 이것이 바로 옹호 활동의 대표적인 예라 할 수 있다.

옹호 활동의 영향력과 가치

우리는 앞서 고객이 커뮤니티에 얼마나 깊이 참여하는지를 측정하는, 강력한 데이터 기반의 방법인 '참여 퍼널'에 대해 살펴보았다. 그러나 이 모델만으로는 옹호 활동이 실제로 미치는 영향력을 파악하기 어렵다. 옹호 활동의 가치와 효과를 평가하는 가장 좋은 방법은 육성하는 옹호 활동의 유형에 따라 달라진다.

- **사용자 간 지원:** 제품 옹호자들이 주도하는 이 활동은 지원 요청 발생률을 낮추고, 셀프 서비스 콘텐츠의 도달 범위를 극대화함으로써, 지원 운영의 효율성과 확장성을 높이는 데 기여한다. 이 방향으로 프로그램이 가치를 창출하고 있음을 나타내는 좋은 지표는 커뮤니티 내에서 옹호 프로그램 구성원들이 작성한 답변 비율이다. 일부 커뮤니티에서는 이 비율이 80% 이상에 달하는 사례도 있다.
- **제품 피드백 및 혁신:** 옹호자들이 제공하는 제품 피드백 관련 활동은 제품 혁신 속도를 가속화하는 데 큰 역할을 한다. 제품개발팀은 피드백이 분산되지 않고 체계적으로 수집되기 때문에, 피드백을 취합하고 분석하는 데 드는 리소스를 줄이며 효율성을 극대화할 수 있다. 무엇보다도 이 활동은 제품 활용률을 높이는 데에도 중요한 역할을 한다.
- **레퍼런스, 사례연구 및 추천:** 브랜드 옹호자들이 주도하는 이러한 유형의 활동은 마케팅 및 영업팀의 노력에 시너지를 더해준다. 이는 고객 추천 수나 성공 사례 제작 건수의 증가로 나타나며, 마케팅 및 영업 활동의 성과 향상과 확장성 제고로도 이어진다.
- **이벤트 및 웨비나:** 대부분의 이벤트와 웨비나는 잠재 고객을 대상으로 진행되기 때문에 영업 파이프라인에 직접적인 영향을 미칠 수 있

다. 하지만 이러한 활동은 셀프 서비스 콘텐츠의 확산을 극대화하고, 제품 활용률 향상에도 크게 기여할 수 있다.

위에서 살펴본 내용은 옹호 활동을 체계적으로 육성하기 시작하면 기대할 수 있는 가치와 영향력의 몇 가지 예시일 뿐이다. 뒤에서 다룰 법칙 9에서 커뮤니티 프로그램의 비즈니스 가치에 대해 더욱 깊이 구체적으로 살펴볼 것이다.

플랫폼, 콘텐츠, 옹호 활동: 그다음 단계는?

지금까지 우리는 효과적인 커뮤니티 프로그램을 구축하는 데 필요한 핵심 요소들을 살펴보았다. 이제, 이 모든 중요한 요소를 실제로 누가 주도하고 운영하는지에 대한 더 깊은 질문을 탐구할 차례다. 커뮤니티 프로그램은 특정 개인이나 팀이 단독으로 운영하는 것일까? 다음 장에서 그 해답을 찾아보자.

Chapter
10

법칙 6

고객은 모두의 책임이다
조직 전체를 아우르는 커뮤니티 전략

– 세스 와일리33

커뮤니티는 독특한 이니셔티브이다. 한 소규모 팀이 운영을 맡고 있지만, 실질적으로는 회사 전체가 함께 책임지는 개념이기 때문이다. 고객, 잠재 고객, 파트너의 모든 이해관계를 완벽하게 대변할 수 있는 단일 팀을 구성하는 것은 사실상 불가능하다. 그렇다면 커뮤니티팀은 어떻게 많은 부서들과 효과적으로 협력할 수 있을까? 또한 커뮤니티팀이 가장 큰 영향력을 발휘하기 위해서는 어느 부서에 소속되어야 할까?

---

33 세스 와일리(Seth Wylie): 고객 성공 및 커뮤니티 전략 분야에서 활동하는 전문가로, 다양한 기업에서 고객 경험을 향상시키기 위한 프로그램을 설계하고 실행해 왔다. 그는 특히 B2B SaaS 환경에서 고객 커뮤니티의 구축과 운영에 대한 깊은 이해를 바탕으로, 고객 참여를 촉진하고 브랜드 충성도를 높이는 전략을 개발하는 데 주력하고 있다.

커뮤니티는 리더로부터, 분명한 목적을 가지고 시작되어야 한다

게인사이트Gainsight는 2013년 첫 번째 '펄스Pulse' 콘퍼런스를 개최하면서 회사 전체가 커뮤니티에 헌신하는 한 사례가 되었다. 매년, CEO인 닉 메타Nick Mehta는 기조연설 무대에서 그때의 소규모 모임을 회상하며 '펄스'가 어떻게 성장했는지를 이야기한다. 그는 고객 성공customer success 커뮤니티에 대한 깊은 자부심과 열정을 드러내며, 진심 어린 애정을 쏟는다. 이를 증명하듯, 그의 일정에는 수많은 고객 미팅, 네트워킹 및 커리어 코칭, 커뮤니티 행사 등이 빼곡히 자리 잡고 있다. 닉의 이러한 헌신은 결국 오프라인 '펄스' 경험과 게인사이트의 가상 커뮤니티 플랫폼을 유기적으로 통합하는 결과로 이어지기도 했다.

2015년, 데이터 분석 자동화 기업 알터릭스Alteryx의 전 CEO이자 현 회장인 딘 스토커Dean Stoecker는 이렇게 말한 바 있다.

"고객들이 서로 자유롭게 소통하고 정보를 공유할 수 있는 환경을 제공하지 않는다면, 아무도 우리 제품을 제대로 배울 수 없을 겁니다. 고객들은 기술지원팀에 전화를 걸어 질문하고 싶어 하지 않아요. 그들은 자신과 같은 분야의 전문가들, 어쩌면 같은 지역, 또는 같은 산업군에서 동일한 활용 사례를 경험하고 있는 사람들과 이야기하고 싶어 합니다."

(Magwaza, 2022)

한편, 알터릭스의 최고고객책임자CCO인 매슈 스토블Matthew Stauble은 이사회가 매 회의마다 커뮤니티 관련 업데이트를 요청하는 것을 통해 회사의 전사적 지지를 체감한다고 말한다. 그는 다른 경영진들과의 대화나 일상 업무 속에서도 커뮤니티에 대한 높은 관심과 참여를 느낀다. "제가 만나는 모든 고객과의 대화에서 커뮤니티 이야기가 빠지지 않습니다"라고 그는 말한다. 알터릭스 커뮤니티에는 다양한 혁신적인 활용 사례와 실용적인 조언이 가득하지만, 특히 '알터릭스 공인 전문가(ACEs; Alteryx Certified Experts)'들은 한층 더 특별한 가치를 지닌다. 이들은 '제품에 대한 열정과 그 제품이 사람들의 삶을 어떻게 변화시키는지'에 대해 깊은 애정을 가지고 있다.

수많은 부서의 경영진들이 커뮤니티에 대해 어떻게 열정을 가지게 되었는지 물었을 때, 스토블은 이렇게 답했다.

"우리 제품이 세상에 미치는 놀라운 영향력을 직접 보기 때문입니다."

어떤 고객은 알터릭스의 분석 자동화를 통해 암 치료약을 정확히 투여하여 실제로 생명을 구했다. 또 다른 고객은 시장 변동을 예측해 엄청난 금액을 절감했다. 스토블은 이를 통해 '복잡한 데이터 분석의 부담을 덜어주면 진정한 통찰력이 드러나고 이는 삶을 바꾸는 힘을 갖게 된다'는 점을 고객과 경영진 모두가 직접 경험하고 있다고 강조한다.

당신의 커뮤니티는 경영진이 추구하는 목적을 함께 나누는 사람들로 이루어져 있다. 자신이 의미 있고 가치 있는 일을 하고 있다는 믿음은, 다양한 배경을 가진 커뮤니티 구성원들을 하나로 묶어줄 뿐만 아니라 조직 내 모든 팀의 직원들까지도 연결하는 힘이 된다.

아직 커뮤니티를 적극적으로 지지하는 경영진이 없다면, 가장 먼저 해야 할 일은 커뮤니티의 존재 이유와 가치를 그들에게 전달하는 것이다. 비즈니스가 세상에 미치는 영향에 대해 진심으로 관심을 가진 경영진에게, 그 영향 속에서 함께하는 사람들의 이야기를 들려주어야 한다.

매년 게인사이트의 연례행사인 '펄스'에서는 처음 참석한 사람들뿐만 아니라 여러 번 참석한 이들에게 같은 피드백을 듣는다. 그들은 놀라움을 감추지 못하며 이렇게 말한다.

"저 혼자가 아니었군요."

커뮤니티의 가치는 모든 방향으로 흐른다

직원들도 고객이나 잠재 고객처럼 커뮤니티 참여를 피할 자유가 있다. 커뮤니티가 개인적으로 의미 있고 유익하다고 느껴지지 않는다면, 언제나 다른 우선순위—심지어 이메일 확인 같은 일조차—커뮤니티 참여보다 앞서게 된다.

하지만 다행히도 직원들 역시 고객이나 잠재 고객과 마찬가지로 커뮤니티에서 매력적인 혜택을 얻을 수 있다. 다만, 그 혜택이 나타나는 방식은 다를 수 있다. 커뮤니티는 직원들과 커뮤니티 구성원들이 지속적으로 의미 있는 상호작용을 주고받을 수 있는 통로가 되어준다. 이러한 상호작용은 서로에게 보람을 주며, 끊임없이 순환하는 긍정적인 흐름을 만들어낸다.

직원 참여를 이끄는 첫 번째 '루프$_{loop}$'는 가치 있는 정보, 전문지식, 그리고 실질적인 역량 강화로 구성된다. 직원들은 커뮤니티에서 자신이 가진 전문지식과 코칭, 그리고 경청의 자세로 고객과 잠재 고객을 돕는다. 반대로 고객들은 실제 활용 사례를 공유하고, 피드백을 제공하며, 사례연구나 추천인 역할을 통해 이에 보답한다. 직원과 고객 모두 서로에게 지식과 영감을 나누는 네트워킹 기회를 만들어가는 것이다. 이러한 '가치 루프$_{value\ loop}$'는 각자의 업무, 책임, 목표, 그리고 외적 동기를 달성하는 데 실질적인 도움을 주며, 모두에게 혜택을 가져다준다. 이 루프만으로도 사람들이 커뮤니티에 머물게 하는 원동력이 될 수 있다.

두 번째 커뮤니티의 긍정적인 피드백 루프는 열정, 인정, 그리고 소속감을 통해 이루어진다. 직원들은 커뮤니티 구성원들이 자신이 방금 해결한 복잡한 설정configuration 문제, 새롭게 떠오른 아이디어, 혹은 이 커뮤니티에 있는 사람들만이 공감하고 함께 축하해 줄 수 있는 일들을 마음껏 표현할 수 있는 공간을 만든다. 뿐만 아니라, 직원들은 구성원들의 성취를 축하하고 보상하며, 웨비나나 사례연구 등 다양한 방법을 통해 그들의 목소리를 더 멀리 퍼뜨려준다. 이와 동시에 커뮤니티 구성원들에게 이 거대한 기업 안에서도 누군가는 그들을 알고, 그들이 하는 일에 관심을 가지며, 그 기여를 진심으로 소중하게 여긴다는 것을 보여준다.

한편, 고객들도 직원들에게 아낌없는 인정과 확신을 제공한다. 직원들은 매일 고객의 문제를 해결하고, 고객을 위한 도구를 개발하며, 서로 만족할 수 있는 계약 조건을 협상하는 등 다양한 일을 해낸다. 그런데 그 고객들이 놀라운 성과를 이루고, 그 성과가 자신의 업무, 심지어 알터릭스 사례처럼 생명을 구하는 데까지 이어졌다고 보여줄 때, 그 모든 노력이 단순한 급여 이상의 가치를 지니게 된다. 이러한 '인정 루프validation loop'는 자신의 일이 실제 사람들에게 의미 있다는 것을 느끼게 해주며, 강력하고 본능적인 추진력을 만들어낸다. 이 루프는 특정 부서나 역할, 직급을 초월해 커뮤니티 안에 있는 누구든 모두가 회사와 경영진이 추구하는 목적에 자연스럽게 연결되고, 그 목적에 대한 공감과 지지를 공유하게 한다.

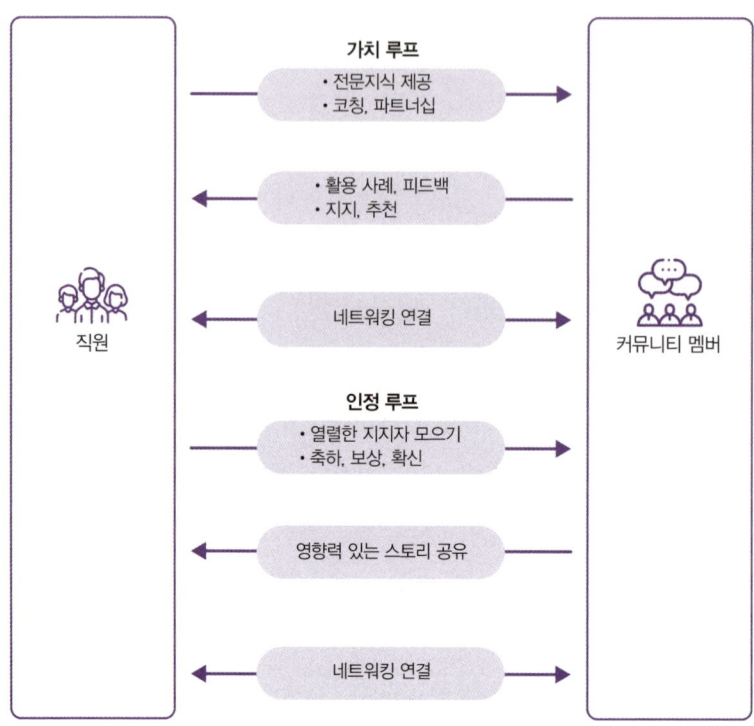

직원들을 가치 루프에 참여시키기

게인사이트가 '펄스' 콘퍼런스를 개최할 때, 직원들의 일과는 말 그대로 숨 가쁘게 돌아간다. 고객들과의 해피 아워, 점심 라운드테이블, 주요 고객 및 잠재 고객들과 함께하는 VIP 미팅, 세션 사이의 네트워킹 등 다양한 활동이 이어진다. 오프라인 참석자들은 온라인 커뮤니티를 포함한 '펄스'의 가상 공간에서도 활발히 교류한다. 이런 현장 분위기 속에서 "차라리 이메일이나 처리할까?"라는 말은 누구의 입에서도 나오지 않는다. 오프라인 이벤트에서는 '인정 루프'가 모든 사람을 몰입하게 만든다. 하지만 커뮤니티가 일상적인 업무 속 치열한 우선순위 경쟁에서 살아남으려면, 각 부서가 커뮤니티와 자신의 비즈니스 목표 사이의 명확한 연결고리를 인식해야 한다. 챕터 4에서 살펴봤듯이 고객성공팀, 고객지원팀, 마케팅팀, 제품팀 등 모든 부서는 커뮤니티로부터 실질적인 혜택을 얻을 수 있다.

조직의 지지를 얻기 위해서는 가치 루프를 각 조직 계층에 맞게 조정해야 한다. C레벨 경영진에게는 재무적인 결과로 이어지는 후행 지표에 초점을 맞춰 보고해야 한다. 예를 들어, 커뮤니티가 '고객 성공'에 중점을 두고 있다면, 커뮤니티에 활발히 참여하는 고객군과 그렇지 않은 고객군 간의 순수익 유지율NRR 비교 데이터가 필요할 것이다. 부사장VP이나 이사director 급에서는, 본인이 영향력을 행사할 수 있다고 느끼는 선행 지표와 이를 구성하는 활동들에 더 관심을 가진다. 예를 들어 순추천지수NPS나 '활동 중인 커뮤니티 멤버 수' 같은 수치들이 이에 해당한다. 실무 담당자들은 커뮤니티가 자신의 업무에 직접적으로 어떤 영향을 주는지를 알고 싶어 한다. 예를 들어, 고객 성공 매니저CSM에게는 담당 고객 중 커뮤니티에 가장 활발히 참여하고 있는 고객과 그렇지 않은 고객에 대한 보고서를 제공할 수 있다.

커뮤니티가 자신의 목표에 어떤 영향을 미쳐야 하는지에 대해 명확히 이해하게 되면, 직원들은 보다 전략적으로 커뮤니티에 참여할 수 있게 된다. 또한 커뮤니티 활동 중 자신에게 도움이 되는 부분을 더 분명히 식별할 수 있으며, 자신이 어떤 영향을 주고 있는지를 인식하게 된다. 나아가, 회사가 투자해 만든 커뮤니티를 자신이 어떻게 잘 활용하고 있는지를 경영진에게 설명할 수 있는 기반도 마련된다.

직원들을 인정 루프에 참여시키기

협업 소프트웨어 회사인 미로Miro의 커뮤니티팀은 커뮤니티 중심 문화가 이루어진 이상적인 유토피아에서 살아가는 것처럼 보인다. 미로의 커뮤니티 성공 책임자 시라 갤러 리엠Shira Galler Re'em은 "모두가 우리 제품의 최종 사용자와 커뮤니티를 생각합니다. 그들은 우리를 위해 옹호하고, 우리를 대신해 이야기하고, 우리를 지지하는 사람들이죠. 그들이 얼마나 중요한 존재인지, 그리고 얼마나 진정성 있는 일인지 알기에, 모두가 일을 할 때 그 점을 항상 염두에 두고 있어요"라고 말한다.

미로의 커뮤니티 여정은 2020년으로 거슬러 올라간다. 현재 커뮤니티 운영 및 전략 매니저이자 당시 고객지원팀에 있던 마리나 페르미노바Marina Perminova는 직원 수가 고작 100명 정도였던 시절, 고객의 이야기가 CEO를 포함한 전 직원에게 자연스럽게 전달되는 모습을 보았다.

"커뮤니티가 왜 필요한지, 커뮤니티팀을 왜 만들어야 하는지를 굳이 증명할 필요가 없었어요. 경영진에서 먼저 그 대화를 시작했거든요."

이처럼 커뮤니티를 적극적으로 육성해야 한다는 절실함은 바로 '인정 루프'의 결과로 나타난다. 고객 지원 요청 한 건이나 NPS순추천지수 설문 응답 하나만으로도 고객들이 미로를 어떻게 자신의 업무와 커리어에 중요한 도구로 여기고 있는지, 그리고 그것이 그들에게 어떤 의미를 갖는지를 실감할 수 있다.

시라 갤러 리엠은 이렇게 말한다.

"CEO가 직접 나설 때는 항상 진심이 담겨 있었어요. 고객이 들려준 이야기 하나하나에 대해 CEO가 개인적인 관심을 갖고 있다는 게 느껴졌죠."

이런 감동적인 순간은 굿즈를 포장해 보내는 작은 행동으로 이어지기도 하고, 무엇보다도 그것을 '기꺼이 하고 싶어지는 마음'으로 연결된다.

요즘 미로의 리더들은 소셜 미디어에서 성공 사례를 눈여겨보고, 전사 미팅에 커뮤니티 회원을 초대 연사로 자주 초청한다. ROI투자 대비 수익가 아니라, 사람에게 어떤 영향을 미쳤는지를 보여주는 이야기로 직원들에게 꾸준히 자극을 주면 커뮤니티에 대한 공감과 파트너십을 자연스럽게 이끌어낼 수 있다. 이러한 순간들이 쌓이면, 점점 더 많은 구성원들이 자발적으로 커뮤니티에 참여하고, 심지어는 그 안에서 소속감까지 느끼게 될 것이다.

작게 시작하되, 열정적인 신념을 가진 이들과 함께하라

공Gong의 커뮤니티 총괄 니샤 박시Nisha Baxi는 조직에 합류한 후 90일 만에 커뮤니티를 성공적으로 론칭했다. 그 과정에서 그녀는 일종의 '로드쇼'를 진행하며 모든 부서장과 임원진을 일일이 만나러 다녔다. 대부분의 대화는 '교육'에 가까웠다. 커뮤니티란 무엇인지, 각 부서에 어떤 영향을 미치는지, 그리고 그 부서가 어떤 방식으로 기여할 수 있는지를 설명하는 자리였다.

그리고 박시는 한 걸음 더 나아갔다.

"저는 모두를 훈련시켰어요. '이런 일이 가능해요. 저와 함께 한번 해보시겠어요? 일주일만 같이 실험해 봐요. 한 달만 시도해 보죠. 어떤 결과가 나오는지 봅시다.' 왜냐하면 아무도 모르니까요. 커뮤니티 전문가인 우리는 압니다. 그래서 제가 먼저 보여드리고, 교육을 해드리면, 시간이 지나면서 다른 분들이 아이디어를 내기 시작해요."

박시는 처음 몇 가지 아이디어를 직접 제시했다. 그녀가 다른 팀에게 바랐던 것은 단 하나, 오직 '관심'뿐이었다.

박시는 초기 단계에서 팀을 돌며 잠재적인 지지자들을 찾아 나섰다. 그들은 질문이나 코멘트, 혹은 진심 어린 눈빛만으로도 스스로를 드러낸다. 그녀는 이들에게 빠르게 성과를 낼 수 있는 아이디어를 제안하며 접근했다. 처음 시도하는 작고 간단한 프로젝트는 초기 열정을 잘 활용할 수 있는 기회가 되며, 동시에 이들이 그 작은 성과를 만들어내기 위해 필요한 최소한의 노력을 기울일 준비가 되어 있는지도 확인할 수 있다.

예를 들어, 박시는 공의 고객지원팀에서 기회를 발견했다. 당시 고객지원팀은 기능 요청을 수집하는 업무에 과중한 부담을 겪고 있었고, 박시는 이 문제를 해결하기 위해 직접 발 벗고 나섰다. 그녀는 고객이 지원 요청을 제출할 수 있는 구글폼Google Form을 만들었고, 이 양식을 지원 워크플로우 안에 어떻게 포함시킬지 물은 뒤, 그에 맞는 안내문구까지 작성했다. 고객지원팀은 전반적인 가이드를 제공했고, 내부 팀원들을 대상으로 교육을 진행했다. 추후 이 구글폼은 온라인 커뮤니티 내 아이디어 제안 카테고리로 대체되었고, 현재 공의 고객 기능 요청은 곧바로 제품개발팀의 백로그로 연동되어 우선순위에 따라 처리되고 있다.

박시는 이렇게 설명한다.

"내부의 참여를 이끌어낼 수 있었던 건, 가능성에 대해 단지 말로 설명하는 데 그치지 않고, 그 가능성을 직접 보여줬기 때문이에요. 그게 정말 영향력이 있을 거라고 진심으로 믿는다는 걸 전달한 것이죠."

제품총괄책임자CPO이자 공동 창립자의 반응은 이랬다.

"정말 말도 안 돼요. 이런 건 본 적이 없어요. 정말 대단하네요."

그는 이후 백로그 연동을 적극 지지했고, 지금도 직접 피드백 요청을 확인하고 있다. 박시는 이와 같은 방식으로 회사 내 다양한 팀과의 협업을 확대해 나가고 있다.

모멘텀을 가속화하라

몇 가지 빠른 성공 사례와 초기 지지자들을 확보했다면, 다음 과제는 이를 기반으로 더 많은 활동을 이끌어내는 것이다. 만약 팀의 커뮤니티에 대한 헌신이 최신 프로젝트만큼만 크다면, 다른 우선순위와 새로운 아이디어들과 계속해서 경쟁하게 될 수밖에 없다. 혹은 강력한 지지자 한 명에 의존하고 있다면, 그 사람이 조직을 떠나는 순간 다시 처음부터 시작해야 할 수도 있다. 이러한 리스크를 극복하려면, 다른 팀들의 목표에 맞추는 것이 중요하다. 니샤 박시의 말처럼, "물 흐르는 대로 따라가라."

캘린들리Calendly의 커뮤니티 리더이자 자피어Zapier의 전 커뮤니티 디렉터였던 질리언 베이틀릭Jillian Bejtlich은 그녀가 합류했을 당시, 커뮤니티가 고립되어 회사와 연결되지 않았다고 설명한다. 이제 그녀는 커뮤니티팀이 각 부서의 목표를 명확히 이해하도록 만드는 데 힘을 쏟고 있다. 그래야 커뮤니티팀이 어떤 지점에서 실질적인 기여를 할 수 있는지 파악할 수 있기 때문이다. 보통의 이해관계자들은 커뮤니티가 어떻게 운영되는지 잘 모르고, 커뮤니티를 어떻게 활용할 수 있을지도 떠올리지 못한다. 이러한 상상력과 전문성을 제공하는 것이 바로 커뮤니티팀의 책임이다.

베이틀릭은 단호하게 말한다.

"우리는 결코 주인공이 아닙니다. 우리는 변화를 이끄는 촉진자입니다We are enablers."

비즈니스 관점에서 기회를 발견하도록 돕기 위해, 베이틀릭은 팀원들이 다른 부서와 연결되는 브릿지 역할을 하도록 구성한다. 어떤 팀원은 제품 업데이트 게시물을 담당하며, 이를 통해 제품개발팀과의 관계를 형성할 수 있는 발판을 마련한다. 또 다른 팀원은 커뮤니티 운영을 맡는데, 이는 고객지원팀과의 협업 관계를 키우기에 가장 적합한 자리다. 이처럼 조직 내 다양한 부서들과의 연결고리를 팀원들에게 분산함으로써, 모든 대화가 자신을 통해서만 이뤄지는 게 아니라, 조직 전반에서 비즈니스 목표에 대한 대화가 '지속적으로' 일어난다고 베이틀릭은 말한다.

비즈니스 목표를 지원할 수 있는 기회를 발견했다면, 그다음 단계는 그 니즈에 알맞은 커뮤니티 주도 프로그램을 설계하는 것이다. '퀵 윈quick wins'을 원할 경우, 가장 효과적인 해법은 이미 검증된 간단한 커뮤니티 참여 기법들이다. 반대로, 부서에서 크고 복잡한 목표를 설명할 때에는 그에 맞춘 맞춤형 커뮤니티 프로그램이 필요하다. 이러한 솔루션 설계 과정은 대화와 컨설팅 중심으로 이루어져야 한다. 커뮤니티팀은 먼저 주도적으로 제안을 제공하며 논의를 시작하지만, 동시에 경청하고, 창의적인 아이디어를 도출해야 한다.

베이틀릭의 팀은 마케팅팀과 협력하여 새로운 메시지를 기반으로 대화를 유도하는 프로젝트를 진행했다. 마케팅팀은 커뮤니티 내에서 발생한 대화의 질과 이를 통한 검색 유입 트래픽을 직접 확인했고, 이후 먼저 커뮤니티팀에 적극적으로 다가와 추가 캠페인 협업을 제안했다. 이처럼 협업 프로젝트를 통해 신뢰를 구축하는 능력은 커뮤니티 운영에 있어 매우 중요하다.

또한 조직 내 여러 부서의 구성원들은 커뮤니티 내부에서 본인들이 깊이 관심 가질 만한 일들이 일어나고 있는 것을 잘 모른다. 커뮤니티팀이 타 부서의 목표와 우선순위를 명확히 이해하게 되면, 커뮤니티에 대한 깊은 인사이트를 바탕으로 공유할 가치가 있는 지식들을 식별할 수 있게 된다.

- 가장 실무적인 수준에서는, 커뮤니티팀이 중요한 정보를 신속하게 공유해야 한다. 예를 들어, 제품개발팀은 출시한 지 얼마 안 된 기능이 모바일 환경에서 매우 느리게 작동한다는 피드백을 즉시 알아야 하고, 고객성공팀은 대형 고객이 어떤 문제로 어려움을 겪고 있다는 사실을 파악할 수 있어야 한다.
- 커뮤니티팀은 또한 활용 가치가 높은 사례들을 찾아야 한다. 예를 들어, 마케팅팀은 조회수가 높은 게시글을 케이스 스터디로 활용하거나, 해당 작성자를 웨비나 연사로 초청하고 싶어 할 수 있다. 서비스팀은 해당 콘텐츠에서 소개된 창의적이고 간단한 활용 사례를 온보딩 자료로 활용할 수 있을지도 모른다.
- 거의 모든 부서가 커뮤니티 내에서 나타나는 주제나 트렌드에 관심을 가질 수 있다. 예를 들어, 특정 기능에 대한 활동이 점진적으로 증가하

고 있거나, 핵심 타깃 고객의 가입 수가 증가하고 있다든지, 단종 예정인 기능에 대한 불만이나 아쉬움의 목소리가 늘어나고 있다면, 이는 매우 유의미한 인사이트가 될 수 있다.

커뮤니티팀은 커뮤니티에서 끊임없이 발생하는 변화와 활동을 필터링하고 분석하여 부서 간 협업과 지지를 이끌어내는 데 핵심적인 역할을 한다. 이를 위해 커뮤니티 분석 도구를 적절히 설정해 필요한 정보를 더 쉽게 추출하거나, 실시간 리포트를 제공할 수도 있다. 이렇게 하면 이해관계자들은 커뮤니티가 단순히 활용 가능한 리소스에 그치지 않고, 예상치 못한 통찰과 인사이트를 제공해 주는 귀중한 자산이라고 느끼게 될 것이다.

이러한 과정을 통해 그들은 커뮤니티가 리스크를 동반한 예측 불가능한 공간이 아니라, 중요한 이슈가 생기면 반드시 관련 부서에 전달되는 신뢰할 수 있는 시스템으로 인식하게 된다.

지속적인 협업과 부서 간 지지를 강화하려면, 이를 뒷받침할 수 있는 지표$_{metrics}$를 함께 제시해야 한다. 예를 들어 "기능 X에 대한 활동이 늘고 있습니다"라는 말보다는, "해당 기능 관련 게시글이 35% 증가했습니다"라는 수치 기반 표현이 훨씬 더 설득력 있다. 이해관계자들은 자신들이 중요하게 여기는 '가치 루프' 지표, 그리고 관련 프로그램 내 활동의 양과 질에 대해 알고 싶어 한다. 특히 리더십 팀은 커뮤니티가 건강하게 성장하고 있는지를 확인하길 원한다. 이러한 정량적인 지표들은 조직 내 모든 부서와 모든 직급이 커뮤니티에서 벌어지는 활동을 보고, 해석하고, 신뢰하게 만드는 핵심 도구가 된다.

부서 간 협업을 현실화하기 위한 베이틀릭의 마지막 전략은 매 분기 자피어의 리더들과 편한 만남의 자리를 가진 것이다. 이러한 과정을 통해 관계를 쌓고, 각 부서의 목표와 주요 이니셔티브를 파악하며, 커뮤니티팀이 어떤 방식으로 도움을 줄 수 있을지 함께 아이디어를 나눌 수 있다. 이 자리에서 커뮤니티팀의 기여 방식을 제안하기도 하고, 때로는 즉석에서 협업 아이디어가 오가기도 한다.

그녀는 또한 커뮤니티에서 벌어지는 소식들을 공유한다. 플랫폼이나 프로그램 관련 최신 업데이트는 물론, 활동 트렌드나 주요 지표 등 리더들이 관심 가질 만한 인사이트를 전달한다. 이런 대화를 통해 일부 부서에서는 그녀를 정기 리더십 미팅에 초대하기도 했고, 덕분에 커뮤니티는 회사의 중요한 논의 테이블에 항상 자리를 잡을 수 있게 되었다.

베이틀릭의 팀이 전술적 차원에서 부서 간 협업의 다리를 놓고 있다면, 그녀는 관리자급, 그리고 C레벨까지 그 관계를 확장하고 보완한다.

"임원들은 워낙 바쁘지만, 저는 꾸준히 접점을 만들고 있어요. 이제 그분들은 우리 팀의 존재를 잘 알고 있고, 커뮤니티의 열렬한 지지자가 되었습니다."

커뮤니티 관리 역량

모든 부서를 커뮤니티의 가치 및 인정 루프에 성공적으로 참여시켰다고 가정해 보자. 지지자들도 확보했고, 빠른 성과도 이끌어냈으며, 매 분기마다 커뮤니티가 각 부서의 비즈니스 목표 달성을 위한 계획에 통합되고 있다. 모든 게 완벽하게 돌아가는 것처럼 보인다!

하지만 여전히 한 가지가 빠져 있다. 바로 이 모든 일을 실행할 팀이다! 이제는 활기찬 커뮤니티를 구축하고, 그 커뮤니티를 각 부서의 비즈니스 목표에 정렬시키기 위해 어떤 역량과 조직 구조가 필요한지를 하나씩 살펴보자.

프로그램 리더십

다른 팀의 목표를 지원하는 프로그램을 실행하려면, 커뮤니티팀은 부서 간 협업 관계를 구축하고 영향력을 발휘하여 이끄는 역량이 필요하다. 또한 구체적인 프로그램 아이디어를 제안할 수 있을 만큼 커뮤니티 운영에 대한 충분한 이해도 갖추고 있어야 한다. 창의력과 실험정신은 각 상황에 맞는 맞춤형 프로그램을 설계하는 데 도움이 되며, 프로그램의 성과를 측정하고 이를 효과적으로 전달하는 능력도 필수적이다.

커뮤니티 리더십

아무리 창의적인 프로그램이라도 활기찬 커뮤니티가 없다면 아무 소용이 없다. 따라서 커뮤니티팀은 전체 커뮤니티를 지속적으로 성장시키고 돌보는 역할도 수행해야 한다. 예를 들어, 신규 회원 온보딩 경험을 설계하고, 그 온보딩 경험이 가장 중요한 우선순위라는 사실도 인식할 필요가 있다.

이를 위해서는 활발한 커뮤니티가 어떻게 작동하는지, 커뮤니티 운영 성과는 어떻게 측정하는지, 이를 개선하기 위한 전략적 프로그램을 어떻게 기획하고 운영해야 하는지에 대한 깊은 이해가 필요하다.

터멀링

누군가가 이렇게 말할 때가 있다.

"와, 그거 정말 흥미롭네요. 지난달에 딱 그 주제로 일했던 분이 계신데, 한번 이야기해 보는 게 어때요?"

이 말을 들으면, 감사함과 발견의 즐거움, 그리고 어떤 가능성에 대한 기대감이 뒤섞인 특별한 감정이 든다. 이런 행동을 하는 사람을 '터멀링tummeling'을 한다고 표현한다.

커뮤니티 프로그램을 운영할 때, 터멀러의 역할을 하는 사람은 항상 적절한 사람을 멘션(@)하거나, 흥미로운 정보나 질문을 게시하고, 커뮤니티를 활기차게 만드는 활동을 한다. 예를 들면, "그 주제로 포스팅 한 번 해보세요! 사람들 반응이 좋을 거예요", "요즘 이 주제에 대한 질문이 많아요. 웨비나 한번 열어볼까요", "최근 게시글을 살펴보고, 해당 기능에 대해 잘 아는 사람을 찾아볼게요"라는 식이다. 이들은 자연스럽고 진심 어린 방식으로 대화를 촉진하며, 결코 인위적이거나 광고처럼 느껴지지 않도록 한다.

터멀링은 또한 '조정moderation'의 역할도 포함한다. 커뮤니티 가이드라인을 위반하거나 생산적이지 않은 활동이 있을 때, 이를 자연스럽게 효과적으로 개입해 조율하는 능력이 필요하다.

커뮤니티 운영

커뮤니티팀이 커뮤니티 또는 내부 팀들과의 소통 방식을 구상할 때, 그 아이디어를 실현할 수 있는 도구를 직접 만들어내야 한다. 이를 위해 커뮤니티 운영 담당자는 소프트웨어, 데이터, 성과 지표, 커뮤니티팀과 타 부서의 업무 흐름, 내부 문서 체계, 그리고 커뮤니티 운영에 대한 모범 사례에 대해 잘 알고 있어야 한다.

팀은 한 명일 수도, 여러 명일 수도 있다

공의 니샤 박시는 전형적인 '첫 번째 커뮤니티 담당자'이다. 그녀는 프로그램 리더십, 커뮤니티 리더십, 터멀링, 커뮤니티 운영 전반에 걸친 다양한 역량을 두루 갖추고 있다. 큰 그림을 그리는 전략적 사고는 물론, 내부 이해관계자와 커뮤니티 회원 그리고 잠재적인 회원들과의 일대일 소통 등 세부적인 실무까지도 직접 도맡아 처리했다.

첫 커뮤니티 담당자에게 어떤 역량을 중점적으로 요구할지는 기업이 선택할 수 있다. 예를 들어, 사이버 보안 기업의 고객은 커뮤니티 활동에 신중하거나 경계심이 강한 경우가 많기 때문에 터멀링 능력이 뛰어난 인재가 필요할 수 있다. 반면 커뮤니티의 목적이 제품 품질 향상이라면, 커뮤니티팀을 제품 부서에 배치하고, 타 부서와 협업하는 프로그램 리더십 역량에 대한 기준은 다소 낮출 수 있다.

두 번째 커뮤니티 담당자, 혹은 그 이후에 채용될 여러 명의 구성원들은 터멀링에 집중하는 커뮤니티 매니저일 가능성이 높다. 이들은 전체 프로그램을 아우르는 제너럴리스트이거나, 또는 운영/조정, 콘텐츠 제작, 게이미피케이션, 파워유저/옹호자 관리, 혹은 커뮤니티의 다른 특정 분야에 특화된 전문가일 수도 있다. 어떤 역할이 필요한지는 첫 번째 담당자의 업무를 통해 자연스럽게 드러날 것이다.

커뮤니티 운영 담당을 너무 늦게 채용하는 경우도 흔하다. 팀원들이 실무에 치여 정작 리포트 작성이나 플랫폼 업그레이드 같은 기본적인 일에 손을 못 대기 시작하면, 커뮤니티 운영 전문가가 필요하다는 신호다. 이 역할은 팀을 비효율적인 프로세스와 도구로부터 해방시키고, 팀 전체의 생산성과 효율성을 끌어올린다. 커뮤니티 플랫폼 관리와 리포트 작성처럼 기본적인 업무 외에도, 비효율적인 지점을 찾아내고 개선하는 역할을 맡게 된다.

이들은 소프트웨어나 데이터에 대한 전문성은 물론, 뛰어난 시스템 사고, 컨설팅 기반 문제 해결 역량, 프로세스 설계 능력, 그리고 팀원들의 역량을 끌어올리는 지원 능력까지 갖추고 있어야 한다. 또한 커뮤니티 활동의 '영향력'을 수치화해 보여줌으로써 커뮤니티 예산 확보에도 기여할 수 있다.

커뮤니티팀의 역할은 커뮤니티의 성장 단계에 따라 함께 성장한다. 커뮤니티의 성숙도에 따라 어떻게 커뮤니티를 잘 육성할 수 있을지에 대한 구체적인 가이드가 필요한 경우, 리처드 밀링턴Richard Millington의 《잘되는 커뮤니티Buzzing Communities》(2012)를 참고할 수 있다.

그렇다면, 커뮤니티의 주인은 누구인가?

이제 현실을 직시해야 할 때다. 커뮤니티에 대한 참여와 열정은 회사 전체에 분산될 수 있지만, 커뮤니티팀은 결국 어딘가에 소속되어야 한다. 이 질문에 대한 정답은 하나가 아니다. 커뮤니티 전략을 수립하고, 그 영향을 측정하며, 핵심 이해관계자들과 관계를 구축하는 데 가장 적합한 부서가 커뮤니티팀의 소속 부서가 되어야 한다.

C레벨에 소속된 독립적인 커뮤니티 조직

일부 회사들은 최고 커뮤니티 책임자CCO; Chief Community Officer라는 혁신적인 직책을 신설했고, 또 다른 회사들은 CEO에게 직접 보고하되 보다 직급이 낮은 커뮤니티 리더를 두고 있다. 이들은 커뮤니티의 무게중심이 제품개발, 마케팅, 고객성공, 또는 고객지원 부서 중 어느 한 쪽으로 치우치는 것을 원하지 않는다. 물론 새로운 커뮤니티가 모든 것을 한 번에 이루어낼 수는 없지만, 독립적인 부서로 있는 것은 비즈니스가 가장 필요한 곳에 커뮤니티의 영향을 재조정하고 궁극적으로 모든 분야에서 강점을 구축할 수 있는 전략을 세울 수 있는 가장 좋은 위치에 있는 것이다. 이러한 구조가 효과를 발휘하려면 CEO의 적극적인 지지가 필수적이다. 특정 부서가 단독으로 이익을 받는 구조가 아닌 만큼 자연스럽게 동기부여가 약해질 수 있기 때문이다.

제품개발팀에 소속된 커뮤니티

이 경우에는 커뮤니티를 통해 "이거 버그인가요?"부터 "XYZ 작업을 해야 하는데 도저히 안 됩니다" 같은 실질적인 피드백은 물론, 상상에 가까운 아이디어까지 다양한 피드백이 수집될 것이다. 특히 제품 변경에 대한 고객 반응은 즉각적으로 나타난다. 고객은 자신의 요구가 제품 로드맵에 영향을 미친다고 느끼게 되고, 제품 관리자들은 이를 반영해 고객의 니즈에 더 잘 부합하는 개선 사항을 우선순위에 두고 설계하게 된다.

스타트업 초기 단계에서는 커뮤니티를 제품개발팀에서 운영하는 것이 합리적으로 보일 수 있다. 그러나 우리의 경험상, 대부분의 커뮤니티는 제품에 국한되지 않고 더 넓은 목표를 가지고 운영된다. 따라서 제품개발팀이 커뮤니티에 적극적으로 참여하더라도 커뮤니티 자체는 보통 다른 부서가 소유하게 된다.

마케팅팀에 소속된 커뮤니티

우리의 경험에 따르면, 약 4분의 1 정도의 기업에서는 커뮤니티가 마케팅 부서에 소속된다. 이 경우 커뮤니티 운영의 핵심 가치는 '영감inspiration'이며, 매일 그 가치를 실현하는 것이 과제가 된다. 타깃 시장이 직면한 주요 비즈니스 과제를 중심으로, 전문적인 수준의 콘텐츠를 꾸준히 제작해야 한다.

이때 커뮤니티에서는 제품의 실제 사용 방법보다는 다양한 활용 사례를 중심으로 폭넓은 논의가 이뤄진다. 이는 커뮤니티 매니저들이 제품 구현 전문가는 아니더라도, 비고객층까지 대화를 이끌어낼 수 있는 이들이기 때문이다. 하지만 제품 기능에 대해 깊이 있는 논의를 진행하기는 어렵거나, 오히려 사용자들에게 소외감을 줄 수도 있다. 대신 시장에서의 신뢰도를 높이고, 옹호자와 고객 사례를 풍부하게 확보할 수 있다. 또한 커뮤니티가 리드를 생성하고 육성하는 동시에, 영업 사이클을 원활하게 만드는 윤활유 역할도 하게 된다.

고객팀에 소속된 커뮤니티

우리가 살펴본 커뮤니티의 약 4분의 3은 고객팀에 속해 있다.

커뮤니티가 고객성공팀에 속해 있을 경우, 커뮤니티의 주요 관심사는 고객들이 제품을 어떻게 활용하고 있으며, 또 어떻게 활용해야 하는

가에 집중된다. 여기에는 특정 기능에 대한 질문("이 기능을 처음으로 어떻게 사용해 보셨나요?"), 활용 사례("이 제품을 사용해 비즈니스 목표 달성에 어떤 도움을 받고 계신가요?"), 제품과 직접 관련 없는 성공 경험 공유("요즘 어떤 분야에 집중하고 있나요?", "우리 회사가 채용 중인데 적합한 분 아시나요?"), 그리고 커리어 관련 조언("추천할 만한 온라인 강의가 있나요?")까지 포함될 수 있다. 이러한 커뮤니티 운영은 고객 성공 매니저CSM들의 업무 부담을 덜어주고, 고객이 기존에 받지 못했던 영감과 신뢰도 높은 조언을 제공하기도 한다.

또는 커뮤니티가 고객지원팀에 속해 있다면, 커뮤니티의 논의는 주로 제품 관련 실무 질문에 대한 대응 중심으로 이루어진다. 여기에는 기능 설명, 문제 해결, 특정 목표 달성을 위한 제품 사용법 제안이 포함된다. 이러한 운영 방식은 고객지원팀의 업무 부담을 줄여줄 뿐만 아니라, 고객들이 지원 요청을 할 정도는 아니었지만 궁금했던 질문에 대해서도 답변을 받을 수 있게 한다. 여러 운영 방식 중에서도 이 경우는 '영감' 요소가 가장 적게 포함되는 편이다.

다시 말하자면, 커뮤니티의 책임은 여러 팀에 걸쳐 분산되며, 그 중심에는 커뮤니티 전담 기능이 존재한다. 이것이 바로 에리카 쿨Erica Kuhl이 세일즈포스Salesforce에서 경험한 방식이다.

"지금은 세일즈포스의 여러 조직 안에 커뮤니티 담당자가 존재합니다. 그들은 제게 보고하지 않고 각자의 부서에 보고하지만, 저의 KPI핵심 성과 지표는 그들의 KPI와 모두 일치합니다. 그들의 성공과 거버넌스는 중앙 조직인 저를 통해 관리되지만, 각 부서는 커뮤니티를 통해 실질적인 가치를 얻는 것이죠. 이제는 '커뮤니티가 내 일이 맞나?'라는 질문

자체가 사라졌어요. 그것은 명백히 그들의 일이고, 더 이상 논란의 여지가 없어요."

마지막으로 참고할 만한 조언은 베세머 벤처 파트너스Bessemer Venture Partners의 파트너인 탈리아 골드버그Talia Goldberg가 전한 내용이다.

"만약 커뮤니티의 주요 대상이 고객이라면, 커뮤니티는 고객팀에 속해야 합니다. 그것이 고객성공, 고객지원 부서이든, 혹은 CROChief Revenue Officer 산하의 넓은 조직이든, 일반적으로 커뮤니티는 그곳에 위치하는 것이 바람직합니다. 반면, 커뮤니티가 매우 광범위하고 고객 기반을 훨씬 넘어서는 규모라면, 독립 부서로 운영하거나 마케팅팀에 소속시키는 것이 더 적합합니다."

누가 커뮤니티에 열정을 가지는가?

커뮤니티 운영은 비즈니스에 있어 새로운 방식이다. 때로는 낯설고, 실험적이며, 모호하게 느껴질 수 있다. 이때 커뮤니티가 만들어낼 수 있는 영향력에 대해 가장 기대감을 보이는 리더가 누구인가? 그 믿음이 새로운 일을 시도할 때 자연스럽게 따르는 불확실성을 이겨내게 할 것이다. 특히 커뮤니티의 영향력은 시간이 지나야 서서히 가시화되기 때문에 더욱 그렇다.

이런 리더는 전사 회의의 자료에서 커뮤니티 관련 슬라이드를 빼놓지 않는다. 커뮤니티팀에 도움이 될 만한 기회를 발견하면 이를 알려주라고 제안하며, 수많은 사소한 결정들 속에서도 커뮤니티를 우선시하는 경향을 보인다. 이러한 작은 선택들이 모여 결국에는 실제 큰 영향력을 만들어내게 된다.

마지막으로, 커뮤니티팀이 잠재력을 확실한 성과로 바꾸기 위해서는 시간과 창의성이 필요하다. 그런데 만약 커뮤니티팀이 "우리 경영진이 과연 커뮤니티의 가능성을 믿는가?"라는 의구심을 느낀다면, 이 두 가지를 확보하기가 어려워진다. 당신의 커뮤니티를 진정으로 돕고자 한다면, 해당 부서의 리더십이 커뮤니티의 가능성을 믿고 지지하도록 만들라.

회사 전체와 커뮤니티를 연결하라

커뮤니티가 특정 팀에 소속되어 있다고 해도, 전사적인 협력과 정렬된 전략이 반드시 필요하다. 시벤트Cvent의 최고마케팅책임자CMO 패트릭 스미스Patrick Smith는 이렇게 말한다.

"제가 가장 강조했던 것 중 하나는, 커뮤니티가 단지 마케팅 부서만의 일이 되어서는 안 된다는 점입니다. 제품개발팀과 고객성공팀을 포함해 다른 부서에서도 커뮤니티에 기여하고 적극적으로 관리하겠다는 약속과 SLAService Level Agreement; 서비스 수준 계약를 받아야 했습니다. 비록 커뮤니티를 마케팅 부서가 주도하더라도 그 영향력은 훨씬 더 넓은 범위에 걸쳐 있기 때문입니다."

새로운 커뮤니티는 자칫하면 조직 내에서 고립된 존재로 전락할 위험이 있다. 동료들의 관심과 참여를 애타게 기다리면서, 고객과 잠재고객의 희미한 열정만 바라보게 될 수 있다. 이런 상황을 피하려면, 커뮤니티를 외부 회원들에게만 도움이 되는 공간이 아니라, 직원들에게도 동기부여와 가치를 제공하는 중앙 허브로 만들어야 한다.

그렇기에 커뮤니티의 소유권은 회사 전체에 있다. 커뮤니티 공간의 운영 책임은 커뮤니티팀이 맡지만, 이들은 소속 부서에 상관없이 조직 간 협업, 연결, 리더십 역량을 갖춘 인재들로 구성해야 한다. 이 과정을 잘 이끌어 가면, 조직 전반의 리더들이 커뮤니티의 혜택에 만족하고, 각자의 목표 달성에 커뮤니티를 어떻게 활용할지에 대한 아이디어로 넘쳐나게 될 것이다.

지금까지 우리는 주로 온라인 커뮤니티를 구축하는 방법에 대해 이야기했다. 하지만 세상은 디지털 화면 너머로도 훨씬 넓게 펼쳐져 있다. 다음 장에서는 사고의 관점을 확장해, 오프라인 커뮤니티 구축이 전체 커뮤니티 프로그램을 어떻게 강화할 수 있는지에 대해 살펴볼 것이다.

Chapter

11

법칙 7

오프라인은 여전히 강력하다
진짜 관계는 만남에서 시작된다

– 에린 로즈34, 로빈 메릿35

우리는 이 책을 시작하며 소비자로서 우리가 경험하는 다양한 커뮤니티에 대해 이야기했다. 동네 커피숍에서 업무를 볼 때, 경기장에서 좋아하는 스포츠 팀을 응원할 때, 혹은 테일러 스위프트(또는 그녀가 아니더라도 좋아하는 다른 아티스트)의 콘서트를 볼 때처럼 말이다. 이 모든 커뮤니티에는 공통적으로 특별한 무언가가 있다. 그것은 바로, 사람과 사람이 직접 만나 만들어내는 마법 같은 유대감이다.

---

34 에린 로즈(Erin Rhodes): 커뮤니티 전략 및 관리 분야에서 풍부한 경험을 가진 전문가이다. 그녀는 베세머 벤처 파트너스의 파트너로서, 다양한 산업 분야의 기업들이 커뮤니티를 비즈니스 전략의 핵심 요소로 통합할 수 있도록 지원하고 있다.

35 로빈 메릿(Robin Merritt): 게인사이트의 최고 인사 및 운영 책임자(CPOO)로 재직 중이다. 2019년에 회사에 합류하여 2023년까지 최고 인사 책임자(CPO)를 역임하였으며, 이후 최고 인사 및 운영 책임자로 활동하고 있다.

우리는 지금까지 규모, 개인화, 접근성, 포용성 등의 측면에서 온라인 커뮤니티가 지닌 놀라운 힘에 대해 이야기해 왔다. 하지만 우리는 온라인과 오프라인 커뮤니티를 결합한 방식이 가장 강력하다는 것을 깨달았다.

왜 굳이 오프라인 커뮤니티에 신경 써야 할까? '이벤트'는 이미 한물 간 개념이 아닌가? 우리의 경험에 따르면, 오프라인 이벤트는 지금 이 시대에 오히려 더욱 중요하고 강력한 영향력을 발휘하고 있다. 그 이유는 다음과 같다.

- **연결**Connection: 온라인에서의 '팔로우follows', '친구friends', '좋아요likes'는 일시적으로 도파민을 자극할 수 있다. 하지만 기술은 아직 눈을 마주치며 웃는 따뜻함, 악수의 감촉, 포옹의 위로를 온라인상에서 재현하지 못한다. 법칙 10에서 다룰 예정이지만, 커뮤니티 안에 문화와 가치를 심는 일은 사람들이 실제로 함께 웃고, 배우며 시간을 보냈을 때 훨씬 더 강력해진다. 고객들을 직접 만나게 하라. 그들은 훨씬 더 깊은 연결감을 안고 돌아갈 것이다.

- **집중**Focus: 기술이 발전할수록 세상은 점점 더―잠깐만, 트위터를 확인해야겠군―산만해지고 있다. 우리는 화상회의에서 이를 매일 실감한다. 모두가 집중하고 있는 척하지만, 사실은 대부분 열심히 무언가를 타이핑하고 있고, 겨우 10%의 정신만 회의에 참여하고 있는 셈이다. 이런 이유로 가상 이벤트, 온라인 커뮤니티, 디지털 해피아워는 공통적으로 한 가지 어려움을 겪는다. 바로 사람들의 '주의'를 끄는 일이다. 반면, 고객이 한 공간에 함께 모여 하나의 주제에만 몰입하게 되면, 그 경험은 그들의 향후 행동에 깊은 영향을 줄 수 있다.

- **포모**FOMO: 오프라인 이벤트의 가장 강력한 효과 중 하나는 바로 참석자들이 주변을 둘러보며 '이렇게 많은 사람들이 여기에 와 있다면, 나도 주목해야겠다'라고 생각하게 된다는 점이다. 과학적인 용어는 아니지만 흔히 이 현상을 FOMO Fear of Missing Out, 놓칠까 봐 생기는 불안감라고 부른다. 일반적으로, 기업이 커뮤니티를 시작하는 이유는 고객 행동을 유도하기 위함이다—새로운 제품을 구매하거나, 서비스를 도입하거나, 혹은 고객이 기존 벤더로부터 더 많은 가치를 얻게 하기 위함이다. 당신의 고객들이 빽빽이 한 공간에 함께 모여 있다면, 그들은 '나도 뭔가 더 해야 하지 않을까'라는 느낌을 받으며 떠날 것이다.

핵심 포인트는 온라인과 오프라인 중 무엇이 더 중요한지가 아니라, 온라인과 오프라인의 결합이야말로 마법 같은 조합이라는 점이다.

게인사이트Gainsight는 창립 초기부터 다양한 형태의 대면 이벤트를 통해 성장을 이끌어왔다. 이 과정에서 세일즈포스닷컴Salesforce.com, 마케토Marketo, 공Gong 등 업계 선두 기업들이 어떤 오프라인 커뮤니티 전략을 펼쳐왔는지도 연구했다. 이제 우리는 오프라인 커뮤니티에 활용할 수 있는 다양한 전략 구성 방식을 공유하고, 각 전략에 대한 실전 팁도 소개하려고 한다. 본격적으로 들어가기에 앞서, 먼저 가장 중요한 핵심 아이디어부터 살펴보자.

이벤트를 여는 '이유' 자체를 바꿔라

B2B 업계에서 이벤트는 새로운 개념이 아니다. 우리 대부분은 한 번쯤 이런 경험이 있을 것이다. 복잡한 트레이드쇼 현장을 힘겹게 돌아다

니다가 부스 직원에게 붙잡히고, 홍보용 플라스틱 기념품을 받았다가 금방 버리고, 이벤트가 끝나자마자 스팸메일이 폭탄처럼 쏟아지는 경험. 그리고 또 있다. 모두가 똑같은 의견에 고개만 끄덕이는 지루한 패널 토론, 6포인트 글자에 애니메이션과 클립아트로 뒤덮인 슬라이드를 그대로 읽는 발표자들, 정작 사람들과 교류하려고 왔는데 그럴 시간은 커녕 숨 쉴 틈도 없이 빡빡하게 짜인 일정표. …이런 경험 있지 않은가? 혹시 나만 그런 것인가?

B2B 이벤트들은 왜 이렇게 형편없는 경우가 많은 것일까? 이유는 간단하다. 그들은 잘못된 '이유Why'를 가지고 있기 때문이다.

대부분의 B2B 기업은 이벤트를 단순히 '마케팅' 전술로 본다. 마케팅 담당자들은 '리드잠재 고객 정보'를 발굴하는 데에만 목맨다. 그래서 겉모습만 콘퍼런스처럼 꾸미고, 실질적으로는 이메일 주소를 얻는 데 목적을 두는 것이다. 이런 이유로 잠재 고객만 초청하고, '이미 우리 제품을 산 고객에게 돈을 쓸 이유가 있나?'라고 생각한다. 콘텐츠는 얄팍하게 포장된 판매용 발표에 불과하고, 별로 신경 쓰지 않은 저렴한 장소를 대여해 다른 회사들이 쓰던 정해진 형식의 이벤트를 만들어낸다. 그 결과는 뻔하다. 이메일 주소를 줬는지도 모르는 사람들로부터 가짜 리드 데이터를 수집하고, "성공적인 행사였다"며 스스로 만족한다. 그러고는 다음 해에도 똑같이 반복할 계획을 세운다.

하지만 다른 방식도 있다. 커뮤니티 중심의 비즈니스 리더들(아마 당신도 여기에 포함될 수 있다)은 장기적인 관점에서 접근한다. 그들은 무언가를 얻기 위해선, 먼저 주어야 한다는 것을 잘 알고 있다. 이벤트는 단순히 이메일 주소를 얻기 위한 전술적이고 일회성인 거래가 아니다. 오히려 고객이 가장 원하고 필요로 하는 연결, 배움, 영감을 제공함으로써, 그들에게 진정한 가치를 주는 도구다. 이벤트는 결국, 당신의 브랜드가 고객에게 전략적인 존재가 되도록 만드는 과정이다.

만일 당신을 '전략적 파트너'로 인식하게 된다면, 그다음엔 어떤 일이 벌어질까?

- 제품을 더 빠르게 구매하고,
- 더 많은 제품을 구매하고,
- 더 오래 관계를 유지하며,
- 더 열정적인 옹호자가 된다.

이번 챕터에서 논의되는 내용들을 실질적으로 활용할 수 있도록, 이제부터 우리가 경험을 통해 얻은 이벤트 관련 인사이트들을 소규모부터 대규모까지 살펴보고, 그에 따른 베스트 실전 팁도 함께 소개해 보겠다.

작게 시작하라, 점심과 저녁식사 모임부터

'이벤트'라는 단어를 들으면 "아직 준비가 안 됐다"라는 생각이 들 수 있다. 머릿속에 떠오르는 이미지는 수만 명의 참석자가 모이는 세일즈포스의 드림포스Dreamforce 콘퍼런스일 수도 있고, 슈퍼볼Super Bowl 같은 대규모 행사일 수도 있다. 하지만 우리가 커뮤니티를 구축하기 위해 오프라인 활동을 시작하려는 사람에게 조언을 한다면, "식사 모임부터 시작하라"라고 말할 것이다.

게인사이트에서는 수년간 정말 많은 식사를 대접해 왔다. 우리는 수백 번의 아침, 점심, 저녁 식사 자리를 마련하며 우리의 핵심 타깃인 고객 성공 리더들을 직접 만나고 연결해 왔다. 이런 식사 모임의 목적은 항상 같다. 비슷한 고민과 관심사를 가진 사람들을 한 자리에 모아 연결하고, 배우도록 하는 것. 그게 전부다. 하지만 우리 고객 중 게인사이트의 소프트웨어를 실제로 도입한 분들에게 물어보면, 이런 식사 자리 같은 이벤트 자체가 우리를 선택한 이유 중 하나였다고 말하는 경우가 많다. 그들은 단순한 고객이 아니라, '우리 커뮤니티의 일부'가 되고 싶어 했던 것이다.

닉Nick은 이 모임들에 대해 거의 집착에 가까운 열정을 보이는데, 그도 그럴 것이, 분위기를 제대로 만들기 위해선 디테일이 전부라고 믿기 때문이다. 여기서는 우리가 축적해 온 비밀 전략 팁을 공개한다.

장소

- 가능한 한 프라이빗 룸을 선택하라. 한 공간에서 하나의 대화를 나눌 수 있도록 하는 것이 중요하다.
- 음악을 줄이거나 꺼달라고 요청한다. 배경 음악이 사람들 간의 대화를 방해하지 않도록 하자.
- 공간의 '형태'도 매우 중요하다. 만약 소규모 저녁 모임이라면 6~8명이 둘러앉을 수 있는 원형 테이블이 좋다. 더 큰 규모라면 10~20명이 앉을 수 있는 긴 테이블도 괜찮지만, 너무 길면 대화가 단절되니 적절한 규모를 유지하는 것이 좋다.

초대

- 초대 리스트를 신중히 구성한다. 유사한 업종이나 직무의 사람들 위주로 선정하면 높은 수준의 대화가 가능하다. 우리는 주로 링크드인 LinkedIn을 활용해 지역과 직책을 필터링한다.
- 얼마나 초대해야 원하는 인원이 참석하는지 테스트하면서 감을 잡아라. 시간을 두고 초대 인원을 조정하면서 원하는 참석자 수를 맞추기 위해 몇 명을 초대해야 하는지 파악하는 것이다. 예를 들어, 우리 회사의 경우 10명을 초대하고 싶다면 약 50명을 초청하고, 그중 15명이 등록할 것이고, 최종적으로 10명이 참석한다고 예상한다.
- 초대 이메일은 마케팅팀이나 영업팀보다는 행사 주최자인 회사의 임원 이름으로 보내는 것을 추천한다. 예를 들어, 닉의 행사에서는 이메일이 닉 본인의 이름으로 발송된다.
- 참석을 원하는 사람은 닉이나 그의 비서에게 직접 이메일로 회신해서 참석을 확정하게 한다. 웹 양식을 통한 신청은 분위기를 딱딱하게 만들 수 있다.
- 초대장에는 기본적인 행사 정보와 대략적인 일정도 포함한다.
- 첫 번째 초대장에 응답하지 않은 이들에게는 두 번째 이메일을 보내는 것도 고려한다. 그 안에 이미 RSVP Répondez s'il vous plaît, 회신 바람를 보낸 참석자 명단을 살짝 공개하면 FOMO Fear of Missing Out 효과를 톡톡히 누릴 수 있다.

어젠다

- 참석자들이 모두 자리에 앉으면, 가능하면 한 그룹으로 함께 대화하는

방식으로 진행한다. 항상 아이스브레이킹 질문으로 대화를 시작한다. (예: "어릴 적 꿈이 무엇이었나요?")
- 그다음엔, 이벤트 주제에 맞춰 몇 가지 토론 주제를 선정해 자연스럽게 대화를 전개한다.
- 종종 '한 단어로 요약하기 one-word checkout'를 통해 행사를 마친다. 이는 이번 행사를 마치고 느낀 감정을 한 단어로 표현하는 방식인데 다른 사람 앞에 사용한 단어를 반복해서 사용할 수 없다는 규칙을 세운다.

호스팅

- 이 부분이 가장 중요하다. 호스트는 정말 '호스트답게' 행동해야 한다.
- 호스트는 미리 현장에 도착해 손님들을 맞이하고, 자리에 앉기 전에 서로 인사할 수 있도록 도우며 자연스럽게 서로 연결시켜 주는 역할을 해야 한다.
- 좌석 배치도 세심하게 신경 써야 한다. 예를 들어, 중요한 잠재 고객을 만족도가 높은 기존 고객 옆에 배치하는 전략도 좋다.
- 식사 시간 동안 한 가지 주제로 대화를 나누도록 요청하고, 간단한 자기 소개와 아이스브레이커로 시작해 본격적인 주제를 다룬 뒤, 한 단어 요약하며 마무리하고 끝내는 것을 추천한다.
- 모든 참석자가 목소리를 낼 수 있도록 기회를 제공해야 한다. 일부 사람들만 이야기하는 자리가 되지 않도록 모두가 말할 기회를 자연스럽게 분배하는 것이 중요하다.

이벤트 후

- 행사 후에는 반드시 감사 메일을 보낸다. 메일에는 행사와 관련된 최근 블로그 글이나 인사이트도 함께 포함해 유익한 리소스를 제공한다.
- 행사에서 나온 주요 논의 내용과 사진을 정리해 소셜 미디어에 게시한다. 사진과 함께 학습 포인트를 공유함으로써 참석하지 못한 사람들에게도 행사의 가치를 확산시킬 수 있고, 다음 이벤트에 대한 기대감을 높일 수 있다.
- 추가로 팁을 공유하자면, 아이스브레이커 질문의 답변을 기억해 두고, 그에 맞는 맞춤형 선물을 보내기도 한다. 예를 들어, 한 고객이 어릴 적 꿈이 우체부였다고 말하자, 이후 실제로 미국 우체국 핼러윈 의상을 선물로 보내 기억에 남는 경험을 선사한 적도 있다.

크라우드소싱: 밋업

커뮤니티를 구축해 나가는 동시에, 커뮤니티가 이벤트 전략을 증폭시키도록 유도하는 것도 고려해야 한다. B2B 시장에서는 이것이 바로 밋업닷컴MeetUp.com 같은 웹사이트들의 존재 이유이기도 하다. B2B 세계에서는 각 도시별로 챔피언을 찾아내고, 그들이 당신의 브랜드 홍보대사가 되도록 권한을 부여할 수 있다. 피자와 음료 정도의 소규모 예산과 매달 자발적으로 공간과 시간을 제공하는 앰배서더가 있다면, 이 프로그램은 비용 효율적으로 확장될 수 있다.

게인사이트에서는 자사의 대표 대규모 행사인 '펄스' 브랜드를 지역 단위로 확장해 '펄스 로컬Pulse Local'이라는 프로그램을 만들었다. 각 도시의 '고객 성공' 챔피언들이 자신의 사무실에서 로컬 밋업을 주최했고,

이를 통해 신뢰를 기반으로 한 자발적 대화가 이루어졌다. 이 방식은 단순한 이벤트를 넘어, 커뮤니티가 스스로 성장하는 구조를 만드는 강력한 방법이다.

격을 높인 소규모 임원 행사

우리는 2013년 연례행사 '펄스'로 큰 규모의 이벤트를 시작했지만, 이후 점점 더 작은 규모의 친밀한 자리가 필요하다는 걸 느꼈다. 그래서 2015년에 'CCO 서밋CCO Summit'을 론칭했고 현재는 '펄스 CXOPulse CXO'라는 이름으로 운영 중이다.

이 아이디어는 닉 메타가 참여하고 있는 YPOYoung Presidents' Organization에서 영감을 받았다. YPO는 전 세계적으로 활동하는 CEO 모임으로, 지역별 그룹이 매달 한 번씩 모여, 기밀을 유지하며 솔직하게 이야기를 나누는 자리를 만든다. 닉에게 YPO는 커리어에서 가장 큰 변화와 성장을 이끈 활동이었다. 그래서 당시 마케팅 책임자였던 앤서니 케나다Anthony Kennada와 함께 이렇게 생각했다.

"이런 포맷을 최고고객책임자CCO; Chief Customer Officer들에게도 제공할 수 있을까?"

사람들은 흔히 말한다. "정상에 오르면 외롭다." 이 말은 CEO에게 해당되는 이야기지만, 사실 여러분이 상대하는 기업의 임원급 의사결정자들 역시 외로움을 느낄 수 있다. 특히 우리가 주목했던 CCO라는 직책은 비교적 새롭고, 직무가 아직 명확하게 정의되지 않았으며, 회사도 가족도 그들이 하는 일을 정확히 이해하지 못하는 경우가 많았다. 그리고 가장 중요한 건, 그들이 종종 외롭다고 느낀다는 것이었다.

우리는 'CCO 서밋'을 실험 삼아 시작했다. YPO의 정신을 CCO들에게 전해보자는 것이었다. 닉이 YPO에서 알게 된 퍼실리테이터 케일리 클렘프Kaley Klemp와 협력하여, 캘리포니아 멘로파크에서 약 50명의 CCO를 초청해 첫 서밋을 열었다. 컨셉은 명확했다. '언콘퍼런스unconference, 전통적인 콘퍼런스와는 다른 형식의 모임' 방식으로 진행하는 것이었다.

하루 반 동안 진행된 행사 일정 중 '메인 무대' 콘텐츠는 단 2시간뿐이었다. 이는 전체 분위기를 설정하기 위한 시간으로, 나머지 시간은 워너Warner와 여러 퍼실리테이터들이 여섯에서 여덟 명의 CCO로 구성된 소그룹을 이끌며 진행됐다. 그들은 조직 구조, 보상 체계, 예산 편성 등 각자가 씨름하고 있는 실제 주제들에 대해 깊이 있게 논의했다. 이 모든 것은 게인사이트와 직접적인 관련은 없었지만, 참가자들 간의 신뢰와 커뮤니티를 구축하는 데 결정적인 역할을 했다.

커뮤니티 얘기가 나왔으니 말인데, 우리는 그동안 이 행사에 우리 회사의 핵심 가치 중 하나인 '아이 같은 즐거움Childlike Joy'을 불어넣기 위해 여러 시도를 해왔다. 예를 들면 다음과 같은 활동들이다.

- 자선기부를 위한 미니 골프 장애물 경기(현장에 있어야 이해되는 즐거움!)
- 단체 페인팅 활동
- 신뢰 구축을 위한 팀 액티비티
- 단체 명상 세션

혹시 "우리 고객은 절대 저런 거 안 할 텐데"라고 생각하는가? 사실 우리도 처음엔 그렇게 생각했다. 하지만 이 행사에 '사람 중심의 정신Human-First Spirit'을 담기 시작하면서, 기존의 딱딱한 기업 콘퍼런스는 전혀 다른 차원의 경험으로 바뀌기 시작했다.

그 결과는 숫자로도 증명된다. 이 행사는 2015년 첫 회를 시작으로 (코로나 시기 잠깐의 중단을 제외하면) 매년 열렸으며, 매번 순추천Net Promoter 시스템을 통해 참가자 만족도를 측정해 왔다. 그 점수는 매번 90 이상으로, 세계 최고 수준이라 할 수 있다. 이 놀라운 결과의 대부분은 이 시리즈만의 독특한 분위기와 정신에서 비롯됐다고 자신 있게 말할 수 있다.

확장 전략: 로드쇼

때로는 너무나 훌륭한 아이디어가 있어, 이를 직접 현장에 전달하고 싶어질 때가 있다. 커뮤니티 구축은 단발적인 저녁식사나 소규모 이벤트로도 충분히 효과를 볼 수 있지만, 때로는 연속적인 시리즈가 변화를 중심으로 커뮤니티를 결집시키는 계기가 되기도 한다. 로드쇼는 커뮤니티 구성원들이 열정을 갖는 주제나 테마를 발굴해 지역적 타깃 시장 전반에 이벤트 전략을 효과적으로 확장할 수 있는 강력한 방법이다.

이론적으로 로드쇼는 단순하다. 여러 도시에서 열리는 일련의 이벤트일 뿐이다. 하지만 실제로 운영해 보면, 그 성패는 디테일에 달려 있다는 걸 알게 된다.

우리는 지난 수년간 여러 로드쇼 시리즈를 진행해 왔는데 그중에서 닉이 가장 자랑스러워하는 로드쇼는 어느 정도 주관적인 선호가 반영되었다. 2023년, 테일러 스위프트는 〈에라스 투어Eras Tour〉를 시작했다. 이를 오마주하여 게인사이트의 크리에이티브 이벤트팀은 〈게인사이트 에라스 투어Gainsight ERAS Tour〉를 기획했다. 여기서 'ERAS'는 고객 성공 리더들이 주로 중점을 두는 네 가지 우선순위인 '확장Expansion', '유지Retention', '사용Adoption', '성공Success'을 뜻한다. '게인사이트 에라스'는 고객 성공 커뮤니티가 업계의 최신 주제에 대해 시의적절하고 재치 있는 방식으로 함께 모이고 공감대를 형성할 수 있는 장이 되었다.

우리가 그간의 경험을 통해 얻은 인사이트는 다음과 같다.

- 다른 행사들과 마찬가지로, 가장 큰 가치는 '네트워킹'이다. 따라서 같은 여정을 걷는 동료들과 만날 기회를 강조해 홍보하고, 그 기회를 현실로 만들 수 있도록 일정을 구성하는 것이 중요하다. 실제로 본 프로그램 시작 전과 종료 후에 충분한 네트워킹 시간을 마련해 이를 실현했다.
- 그런 점에서 콘텐츠는 단지 대화를 유도하기 위한 티저teaser라고 생각한다. 발표로 꽉 찬 3시간보다는, 총 3시간짜리 이벤트 안에 콘텐츠는 1시간 이하로 구성하고 나머지 시간은 소통에 집중하는 쪽을 택했다.
- 도시와 국가마다 상황은 다를 수 있지만, 늦은 아침식사는 저녁식사보다 고객들에게 부담이 적고 참여율이 더 높은 경우가 많았다.
- 브랜드의 일관성과 '아이 같은 즐거움'은 다시 한번 사람들의 마음을 여는 데 큰 역할을 한다.
- 네트워킹이 자연스럽게 이어질 수 있도록 아이스브레이킹 질문과 지정 좌석 배치도 적극 활용했다.

대표 행사: 콘퍼런스

이 내용을 마지막으로 다루는 이유는 직접 콘퍼런스를 개최한다는 아이디어가 다소 부담스럽게 느껴질 수 있기 때문이다. 게인사이트에서의 첫 콘퍼런스는 사실 우연히 시작되었다.

2013년 회사를 창업했을 당시, 우리가 집중한 분야는 '고객 성공'이라는 이제 막 생겨난 직무이자 새로운 시장이었다. 처음에는 사무실에서 간단한 모임을 열었고, 한정된 예산으로 저렴한 슈퍼마켓 와인과 치즈를 준비했다. 소박한 준비에도 불구하고 3,000제곱피트약 84평 규모의 사무실이 사람들로 넘쳐났다. 이 새로운 직업을 가진 사람들이 서로 연결하고자 하는 열망은 엄청났다.

그래서 첫 CMO인 앤서니 케나다와 닉은 "본격적으로 행사를 열어 보자" 하고 결심했다. 당시의 큰 목표는 100명을 모으는 것이었고, 샌프란시스코의 한 작은 호텔 연회장을 빌려 첫 번째 '펄스' 콘퍼런스를 개최했다. 그런데 무려 300명이 찾아왔고, 결국 소방 당국이 개입하는 사태까지 벌어졌다. 그제야 우리는 뭔가 제대로 되고 있다는 걸 직감했다.

그 후로 '펄스'는 하나의 전설적인 이벤트 시리즈로 자리 잡았고, '고객 성공'이라는 직무를 대표하는 업계 주요 행사로 성장했다. 그 과정에서 우리는 책 한 권을 쓸 만큼 많은 것을 배웠다. 여기서는 그중 핵심 요약만 간단히 공유하고자 한다. 이벤트 기획에 대한 일반적인 자료는 온라인상에서 쉽게 찾을 수 있으니, 우리가 실제로 경험을 통해 얻은 10가지 특별한 인사이트를 소개하고자 한다.

1. **네이밍의 중요성:** 우리 행사가 '게인사이트' 콘퍼런스가 아닌 '펄스'라고 불리는 것을 눈치 챘을 것이다. 이는 의도적인 선택이었다. 우리 브랜드와 커뮤니티를 분리하고 싶었기 때문이다.

   '펄스'라는 이름을 선택한 데에 특별한 스토리가 있었으면 좋았겠지만 그저 멋져 보였을 뿐이다. 행사에 별도의 브랜드를 사용하는 아이디어는 청중에게 이것이 단순한 벤더 콘퍼런스와는 다르다는 인식을 심어주었다.

2. **커뮤니티 우선, 비즈니스는 차선:** 대부분의 벤더 콘퍼런스에서는 CEO가 무대에 올라 간단한 환영 인사를 한 뒤 곧장 세일즈 피치로 넘어가는 경우가 많다. 하지만 '펄스'에서는 다르다. '펄스'의 웰컴 키노트는 '고객 성공'이라는 직무 자체에 초점을 맞춘다. 이 직무의 성장 통계, 최신 모범 사례는 물론, 참가자 간의 친밀감을 높이기 위한 캐주얼한 인사 같은 활동도 포함된다.

   닉은 매년 이 자리에서 '펄스'의 목적을 다시 한번 강조한다. 바로, 이 직업에 종사하는 사람들이 동료와 연결되고, 영감을 받고, 덜 외롭다고 느끼도록 돕는 커뮤니티를 만드는 것이다.

3. **커뮤니티 주도:** 벤더 콘퍼런스의 많은 세션은 벤더가 만든 제품 중심의 콘텐츠로 채워지거나, 고객들이 벤더를 홍보하는 발표로 구성되곤 한다. 하지만 '펄스'에서는 다르다. 우리는 커뮤니티 구성원들이 '고객 성공'이라는 직무와 관련된 주제를 직접 제안하도록 요청한다. 그 덕분에 '펄스'의 어젠다는 해마다 보상 체계, 조직 구조, 채용 등 우리 소프트웨어와 무관한 다양한 주제를 다뤄왔다.

4. **철저한 콘텐츠 검수:** '펄스'는 우리가 주최하는 행사인 만큼, 콘텐츠의 완성도는 최고 수준이어야 한다. 우리는 발표자들에게 매우 구체적인

가이드를 제공한다. 회사 소개는 짧게, 슬라이드는 단순하고 시각적으로 구성할 것, Q&A 시간을 반드시 확보할 것, 유머와 즐거움을 더할 것, 가능한 한 상호적interactive 성격으로 만들 것 등이다.

우리는 발표자들을 위해 전문 스피커 트레이닝을 제공하기도 했고, 심지어 닉이 모든 세션을 직접 리뷰한 적도 있다. 지금도 닉은 발표자들에게 발표 콘셉트를 2분 분량의 영상으로 만들어 공유해 달라고 요청하고, 피드백을 직접 제공한다.

5. **열정 불어넣기**: 중요한 것은 '무엇을 말하느냐'가 아니라 '어떻게 말하느냐'이다. 첫 '펄스' 행사에서 닉은 무대에 올라 이렇게 외쳤다. "여러분, 즐길 준비 되셨나요? 불타오를 준비 됐나요?" 이 외침은 곧 '펄스'의 비공식적인 모토가 되었고, 나중에는 '고객 성공'을 주제로 한 〈불타오르고 있나요Who's Fired Up?〉라는 오리지널 랩곡으로 탄생하기까지 했다. 지금도 스포티파이Spotify에서 들을 수 있다. (처음 아홉 명은 닉의 가족이 스트리밍했다!)

이처럼 '불타오른다fired up'라는 표현은 우리가 '펄스'에서 추구하는 바를 잘 보여준다. 발표자들이 무대 위에서 에너지를 발산해야 청중도 에너지를 느낀다. 우리는 이를 위해 입장 음악과 DJ 등 다양한 장치를 활용하지만, 결국 핵심은 우리가 신나고 열정적이어야 청중도 그 에너지를 느끼게 된다는 것이다.

6. **네트워킹을 위한 공간 마련하기**: 사람들이 '펄스'에 열광하는 주요 이유 중 하나는 발표장 자리를 떠나 복도에서 네트워킹할 기회를 얻는 것이다. 해마다 '펄스'는 고객 성공 전문가들의 일종의 동창회처럼 자리 잡아 왔다. 서로 다른 회사로 이직한 이들이 다시 만나고, 새로운 관계를 맺는 장이 된 것이다.

이를 위해 가장 중요한 건 충분한 휴식 시간과 여유 있는 일정 구성이다. 여기에 더해, 점심 테이블에 주제를 부여해 참가자들이 관심사에 따라 자리를 선택하게 하거나, 공통 관심사를 가진 이들이 모여 깊이 있는 대화를 나눌 수 있도록 '공통 관심사 그룹' 세션을 마련하는 것도 좋은 방법이다. 또한 이벤트 네트워킹 플랫폼을 활용하면 참석자들이 서로 더 쉽게 연결될 수 있어 큰 도움이 된다.

7. **가치를 제공하기 위해 유료화하기:** '펄스'는 항상 유료로 진행했다. 이는 단순한 벤더 행사가 아니라는 점을 강조하기 위해서였다. 참석자들이 콘퍼런스를 통해 전문적인 가치를 얻는다면, 기꺼이 비용을 지불할 의사가 있어야 한다고 생각했다. 이 방식은 우리 스스로에게 진정한 가치를 제공해야 한다는 압박감을 주었고, 동시에 멋진 행사를 기획할 수 있는 예산을 마련할 수 있었다.

8. **세심한 운영의 중요성:** 이 책에서 자세히 다루지는 않겠지만, '펄스'에서도 몇 차례 낮은 평가를 받은 경우는 늘 운영의 실패 때문이었다. 커피가 부족했거나, 등록 시스템이 작동하지 않았거나, 실내 온도 조절에 문제가 있었던 경우다. 모두 충분히 해결 가능한 문제들이지만, 이런 것들이 행사의 전반적인 인상을 좌우한다. 이 때문에 이벤트 운영 팀은 행사 성공의 핵심 중 핵심이라고 할 수 있다.

9. **아이 같은 즐거움이 답이다:** '펄스'만의 가장 특별한 요소를 꼽자면, 단연 '아이 같은 즐거움'을 적극적으로 담아낸다는 점이다. 이 가치는 커뮤니티의 본질인 동료애와 소속감을 자연스럽게 만들어낸다. 해마다 우리는 이 즐거움을 다양한 방식으로 표현해 왔다.

    - 닉이 직접 무대에서 선보인 랩 공연(그의 랩 커리어의 시작이자 끝이었다.)

- 미국 시트콤 〈프렌즈Friends〉의 '센트럴 퍼크Central Perk'를 본뜬 세트로 꾸민 90년대 테마 이벤트
- 실제 항공모함 위에서 열린 파티
- 바닐라 아이스Vanilla Ice의 깜짝 공연(어떤 노래를 불렀을지는 다들 짐작할 수 있을 것이다.)
- 테일러 스위프트, 〈테드 래소Ted Lasso〉, 가스 브룩스Garth Brooks, 디즈니 등에서 영감을 받은 패러디 영상들

10. 취약함의 표현이 관계를 깊게 만든다: 닉은 기조 연설에서 청중이 경계를 낮추고 진실된 모습을 보일 수 있도록 유도한다. 우리는 누구나 각자의 고민을 안고 살아가며, 완벽한 사람은 없다. 그래서 그는 매년 폐막 연설에서 수천 명의 '가장 가까운 지인들' 앞에서 하나의 주제를 정해 스스로의 취약함을 솔직히 털어놓는다. 어린 시절의 외로움, 우울감, 아버지의 치매, 딸이 자라 졸업하는 데서 느끼는 슬픔 등 여러 해에 걸쳐 다양한 이야기를 나눠왔다. 브레네 브라운Brené Brown이 말했듯, 취약성vulnerability은 가장 큰 힘이 될 수 있다. '펄스'에서 우리는 그것이 사실임을 매번 확인하고 있다.

펄스와 오프라인 이벤트 전반에 대해서는 따로 책 한 권을 쓸 수 있을 정도로 할 이야기가 많다. 하지만 이 챕터를 통해 여러분이 오프라인 이벤트의 가치를 새롭게 느끼고, 처음 시작하거나 한 단계 더 성장시킬 수 있는 아이디어를 얻었기를 바란다.

온라인과 오프라인은 개념적으로나 실용적으로 서로 시너지를 낸다. 예를 들어, 이벤트를 어떻게 알리고 참가 신청을 받을 것인가? 이벤

트 이후, 하이라이트 영상을 어디에 공유하고 유익한 콘텐츠를 어떻게 전할 것인가? 사실 이런 작업은 대부분 온라인에서 이뤄진다.

많은 경험들이 여전히 분산되어 있지만, 우리는 그것들을 '고객 허브'에서 하나로 모을 것을 권장한다. 이것이 바로 우리가 다음 챕터에서 다룰 내용이다.

Chapter

12

법칙 8

모든 것을 하나의 고객 허브에 통합하라
파편화된 고객 경험을 하나로 연결하기

— 앨리스터 필드36, 크리스티나 로타리우37, 세바스티안 터프스트라38

당신이 마케팅 제품군을 제공하는 가상의 B2B 기업, '로고 입섬Logo Ipsum'의 사용자라고 가정해 보자. 신규 고객을 온보딩하기 위한 이메일 캠페인을 설정하려고 하는데, 어디서부터 시작해야 할지 몰라 막막하다. 게다가 '좋은 온보딩 캠페인'이란 어떤 모습인지 참고할 만한 구체적인 예시도 없다. 제품 내에 포함된 링크를 통해 지식 베이스knowledge base에 접속한 당신은, 검색을 통해 첫 번째 이메일 캠페인을 만드는 방

---

36 앨리스터 필드(Alistair Field): 커뮤니티 전략 및 운영 분야의 전문가로, 다양한 산업에서 고객 중심 커뮤니티 구축을 통해 기업의 성장을 지원하고 있다.
37 크리스티나 로타리우(Cristina Rotariu): 커뮤니티 참여 및 활성화 전략에 특화된 전문가로, 고객 경험을 향상시키는 커뮤니티 프로그램을 설계하고 실행하는 데 풍부한 경험을 보유하고 있다.
38 세바스티안 터프스트라(Sebastiaan Terpstra): 커뮤니티 기술 및 플랫폼 개발에 전문성을 가진 전문가로, 효과적인 커뮤니티 운영을 위한 기술적 솔루션을 제공하고 있다.

법을 설명한 지원 문서를 찾는다. 일단 좋은 출발이다! 하지만 오디언스를 필터링하고 몇 가지 규칙을 설정하는 방법을 아는 것과, 효과적인 캠페인을 실제로 기획하고 구성하는 것은 전혀 다른 이야기다.

그래서 당신은 구글 검색을 해보기로 한다. 검색 결과, 로고 입섬의 온라인 커뮤니티도 꽤 활발하게 운영되고 있고, 이메일 캠페인 모범 사례를 공유하는 전용 카테고리도 있다는 것을 알게 된다. 조금 더 찾아보니 로고 입섬 블로그에서 '훌륭한 이메일 캠페인 사례 세 가지'라는 글을 발견하게 된다. 블로그 사이드바에는 로고 입섬 이벤트 포털로 연결되는 링크도 보이는데, 마침 다가오는 웨비나에서 '이메일 캠페인 구축 방법'에 대한 튜토리얼이 예정되어 있다고 한다.

제품개발팀이 피드백을 얼마나 중요하게 여기는지 잘 알고 있는 당신은 로고 입섬의 외부 아이디어 포털에 향후 고객들이 신속하게 시작할 수 있도록 플라이휠 이메일 캠페인 세트를 제공해 달라는 아이디어를 공유하기로 한다. 몇 달 후, 로고 입섬의 마케팅팀으로부터 이메일을 받는다. 그들이 당신의 아이디어를 실제로 구현했다는 소식이다. 멋지지 않은가!

하지만 상상할 수 있듯이, 이 시나리오는 몇 가지 이유로 현실적이지 않다. 첫째, 대부분의 고객은 이 이야기 속의 고객처럼 끈질기지 않다. 많은 경우, 고객들은 궁금한 점이 생기면 고객지원팀이나 고객 성공 매니저에게 직접 문의하곤 한다. 이는 고객이 원하는 정보를 얻기까지 또 하나의 장애물이 되는 동시에, 고객과 직접 대면하는 팀의 업무 부담을 증가시켜 조직이 확장되기 어렵게 만든다. 최악의 경우, 고객은 아예 해당 기능을 탐색하거나 사용하는 것 자체를 포기할 수도 있다.

둘째, 이 이야기 속의 '당신'은 끈질겼을 뿐만 아니라 운도 좋았다. 온라인 커뮤니티, 인사이트가 담긴 블로그, 이벤트 섹션, 아이디어 포털, 제품 업데이트 뉴스레터 등 다양한 고객 성공 리소스를(비록 흩어져 있긴 하지만) 운 좋게 발견할 수 있었기 때문이다. 그리고 로고 입섬 역시 운이 좋았던 것이, 고객의 구글 검색이 경쟁사의 자료가 아닌 자사 콘텐츠로 연결됐기 때문이다. 아무리 고객 성공 리소스들을 잘 연결하려고 노력하더라도, 여전히 고객 여정은 단절되고 파편화되어 이상적인 모습과는 거리가 멀 수밖에 없다.

언쿼크Unqork의 커뮤니티 디렉터인 대니 팬크래츠Danny Pancratz는 이를 아주 잘 표현했다.

"어느 순간, 크리에이터나 고객, 파트너가 즐겨찾기에 추가해 둔 리소스 수가 열 개를 훌쩍 넘기기 시작해요. 우리가 수집한 NPS순추천지수와 CSAT고객 만족도 지수39 피드백을 통해 알게 된 건, 리소스 자체는 훌륭하지만 사람들은 그것들을 어디서 찾아야 할지, 어떤 걸 사용해야 할지 몰라서 힘들어하고 있다는 사실이었죠."

이제 반대 입장에서 살펴보자. 당신은 로고 입섬에서 고객 경험을 총괄하고 있다. 당신은 기존부터 젠데스크Zendesk나 인터컴Intercom과 같은 툴에 기반한 헬프 센터(지식 베이스)를 운영해, 고객들이 특정 기능이나 통합에 대한 사용법을 찾아볼 수 있도록 돕고 있다. 로고 입섬은 제작자 기반의 강력한 사용자층을 보유하고 있기 때문에, 당신은 이들

....

39 고객 만족도 지수(CSAT; Customer Satisfaction Score): 고객이 제품이나 서비스에 대해 얼마나 만족했는지를 직접적으로 평가하는 지표다. 일반적으로 "이 제품/서비스에 얼마나 만족하십니까?"와 같은 질문에 대한 응답을 통해 측정된다.

이 아이디어를 공유하고 질문할 수 있는 온라인 커뮤니티도 운영하고 있다.

로고 입섬은 전문성과 통찰력을 갖춘 리더 기업으로 인식되고 있기에, 마케팅팀은 고객에게 도움을 주고 영감을 줄 수 있는 콘텐츠 제작에 많은 투자를 하고 있으며, 이를 블로그에 꾸준히 공유하고 있다. 고객성공팀은 고객과 모범 사례를 적극적으로 공유하고자, 동료들이 직접 사례를 소개하는 웨비나 시리즈를 정기적으로 개최하고 전용 이벤트 페이지를 통해 이를 홍보한다. 제품개발팀은 고객의 아이디어를 수집해 제품 로드맵에 반영하기 위한 전용 툴을 활용하며, 기능 업데이트 소식을 고객에게 정확히 전달하기 위해 마케팅 부서와 긴밀하게 협력한다.

익숙한 이야기 아닌가? 고객의 성공을 돕기 위해 이처럼 다양한 콘텐츠를 제공한다는 사실 자체가 고객 성공의 중요성을 깊이 인식하고 있다는 방증이다. 실제로 이러한 의지는 고객을 직접 응대하는 모든 팀에 자연스럽게 녹아 있다. 하지만 현실에서는, 이 콘텐츠들이 유기적으로 연결되지 않고, 로고 입섬의 각 팀이 언제 어떻게 콘텐츠를 고객에게 전달하느냐에 따라 경험이 달라진다.

이처럼, 고객이 단순한 지식 베이스를 넘어 다양한 고객 성공 콘텐츠가 존재한다는 사실을 스스로 발견하고 적극적으로 활용하기란 쉽지 않다. 상당한 끈기와 인내가 필요하며, 대부분의 경우 고객은 일대일 지원에 의존하거나 아예 포기해 버리기도 한다.

로고 입섬의 입장에서도, 고객이 온라인 커뮤니티, 인사이트 블로그, 이벤트 섹션, 아이디어 포털, 제품 업데이트 뉴스레터 등 다양한 고객 성공 리소스를 자연스럽게 인지하고 활용하게 하려면, 상당한 '운'이나 복잡한 고객 여정 설계journey orchestration가 필요하다. 결국 고객 경험은 여전히 단절된 채로 남게 되며, 기업이 제작한 다양한 리소스를 제대로 활용하지 못하는 상황이 이어진다.

우리가 만나본 대부분의 기업들이 이와 같은 어려움을 겪고 있었다. 게다가 시스템 전반에서 데이터와 분석이 분리되어 나타나는 문제는 아직 업급하지도 않은 상황이다.

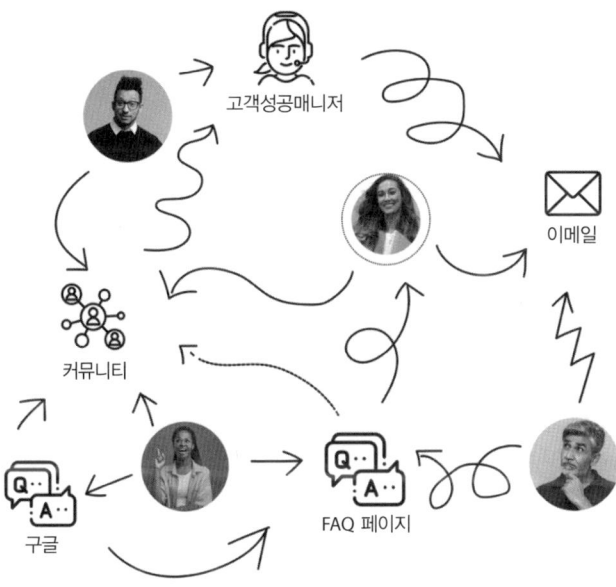

- 기존 콘텐츠가 분산되어 있어 고객에게 효과적으로 도달하지 못한다.
- 대부분의 고객 참여는 고도화된 방식으로 이루어지며, 이메일이 주요 채널이다.
- 고객 여정이 매우 단절되어 있다.

사일로와 불일치

콘텐츠의 품질이 아무리 훌륭하다고 해도 그것이 사일로에 갇혀 있다면, 고객 여정은 단절되어 고객이 그 콘텐츠를 최대한 활용하기 위해서는 많은 인내와 운이 필요하다. 또한 이러한 접근 방식은 고객의 성공 가능성을 저하시킬 뿐만 아니라, 팀들이 내부적으로 협력하는 방식에도 부정적인 영향을 미친다.

아마 다음과 같은 상황을 경험해 본 적이 있을 것이다.

- 마케팅팀은 최근 뉴스레터를 발행했지만, 제품개발팀의 최신 릴리즈 내용을 몰라서 포함하지 못했다.
- 고객 성공 매니저는 고객에게 단기적으로 기능 X에 대한 투자를 하지 않을 것이라고 말했지만, 제품개발팀은 같은 고객에게 기능 X에 대한 조사를 진행하고 있다.
- 고객지원팀은 특정 기능의 불편한 UX로 인해 지원 요청을 계속 받고 있지만, 제품개발팀은 해당 이슈를 피드백 채널을 통해 전혀 인지하지 못하고 있다.
- 제품개발팀은 제품 업데이트 뉴스레터를 보내고자 하지만, 마케팅팀은 이미 그것을 포함시킬 공간이 없는 일반 뉴스레터를 보내고 있다.

각 부서가 결국 동일한 고객과 소통하거나, 해당 부서의 영역에만 제한된 정보(예: 제품 피드백, 제품 지원, 고객 교육, 이벤트 등)를 전달할 가능성이 높다. 이는 내부적으로 마찰을 일으킬 수 있다(예: 두 부서가 출시일에 대해 서로 다른 메시지를 보내거나, 피드백이 두 팀에 의해 다르게 해석되는 경우). 또한 지식과 맥락이 부서별로 나뉘어져 팀들이 인사이트를 활용하거나, 고객 경험에 기여하고, 고객 행동을 모니터링하는 데 방해가 된다.

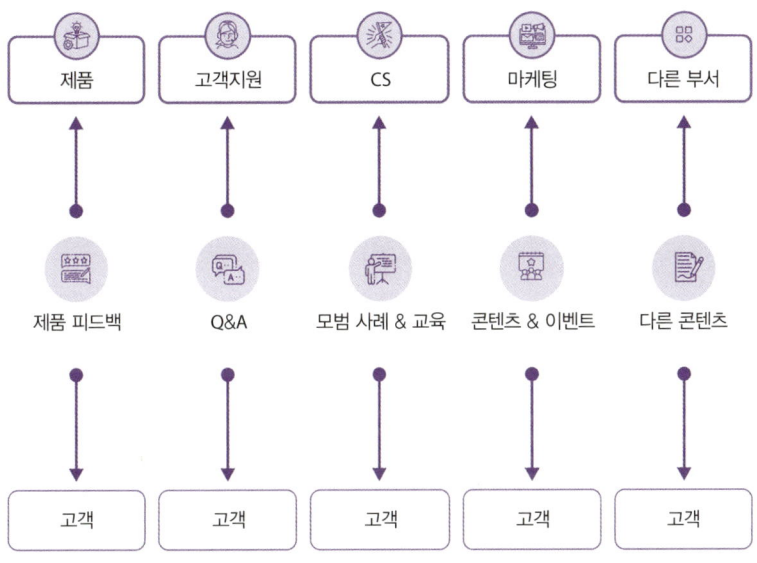

단절된 고객 커뮤니케이션

모든 것을 하나로 연결하기

지금까지 우리는 고객이 필요한 자료를 찾기 위해 상당한 끈기와 운이 따라야 한다(대부분의 고객은 그렇지 않다)는 점을 확인했다. 그리고 각 부서가 좋은 의도로 일하고 있음에도 불구하고 여전히 조율이 부족하고, 다른 부서에서 제공하는 중요한 맥락을 놓친다는 사실도 확인했다. 이제 고객의 성공이 끈기와 운에 의존하지 않도록 만들고, 고객 목소리에 대한 내부 조직의 조화를 강화해야 할 때다.

먼저 고객의 관점에서 이야기해 보자. 고객을 유지하려면 고객의 성공을 보장하여 만족도를 높이고 이탈을 방지하는 것이 가장 중요하다. 고객의 성공이 끈기와 운에 의존하지 않도록 만들기 위해서는 고객을 대신해 책임지고 모든 고객 성공 콘텐츠와 상호작용을 하나의 중앙 위치에 집중시켜야 한다. 이렇게 하면 고객은 다른 사용자든, 지식 베이스 기사든, 블로그든, 제품 업데이트든 어디에 답이 있었든 상관없이 한 곳에서 질문에 대한 답을 찾을 수 있다. 만약 원하는 답을 찾지 못하더라도, 모든 고객이 모이는 그 한 곳에 질문을 공유하면 동료 사용자가 그에 답할 확률이 크게 증가할 것이다.

분산된 고객 경험 여정은 중앙집중화된 경험으로 대체되어야 한다. 이를 통해 콘텐츠를 더 쉽게 찾을 수 있도록 하고, 고객의 부담을 줄이며, 원활하고 일관된 경험을 제공할 수 있다.

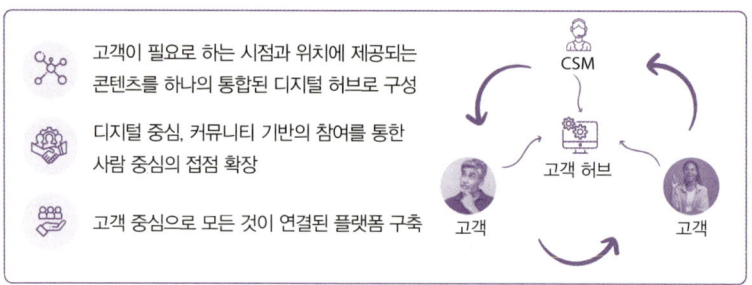

내부적인 관점에서 말하자면, 조직의 여러 팀이 사용하는 중앙집중화된 고객 허브customer hub를 활용하면 여러 팀들이 기능별로 분리된 장벽을 넘어 지식과 정보를 공유할 수 있게 된다. 이를 통해 고객을 직접 대면하는 팀들은 동일한 고객 인사이트를 기반으로 협업하고, 고객 경

험을 함께 설계하며, 고객의 니즈와 감정을 지속적으로 파악할 수 있다. 분산된 고객 커뮤니케이션 대신 모든 것을 하나의 중앙 허브로 통합하는 것이다.

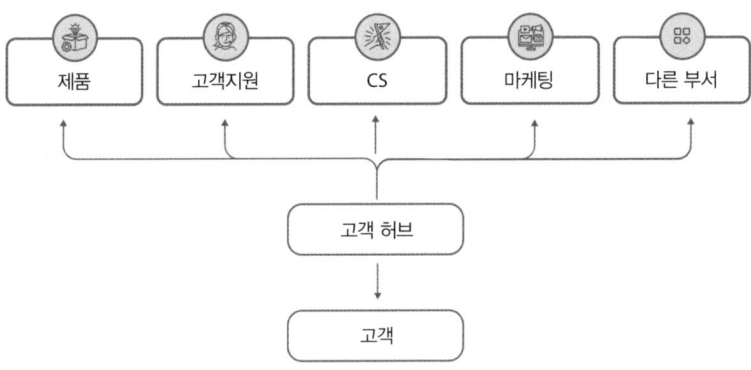

고객 여정에 맞춘 고객 허브 구축

2013년, 월트디즈니월드Walt Disney World의 현 사업총괄책임자CCO: Chief Commercial Officer 스콧 허진스Scott Hudgins는 이렇게 말했다.

"누구도 고객을 소유하지 않지만, 항상 그 순간을 소유하는 사람이 있다."(Williams, 2022)

월트디즈니월드의 맥락에서 '그 순간'이란 티켓 구매, 공원 입장 시의 환영 인사, 놀이기구 운영, 캐릭터 퍼포먼스, 식음료 서비스 등 사람과 사람이 직접 얼굴을 마주하는 모든 경험을 의미한다.

SaaS 기업의 경우, 고객은 구매 전에 영업팀과 접촉하고, 이후 온보딩 또는 교육팀, 고객지원팀, 고객성공팀, 필요에 따라 제품서비스팀을 거친 뒤, 초기 계약이 종료될 즈음에는 리뉴얼팀과 연결된다. 이처럼 고객과의 접점이 많아질수록 일관되지 않은 고객 경험이 발생할 위험도 커진다. 앞서 살펴본 것처럼, 모든 팀을 하나의 중앙 허브로 통합하면 이러한 위험을 줄이고 고객에게 일관된 경험을 제공할 수 있다.

이번에는 고객 허브의 구축 요소들을 살펴보고, 그것들이 고객 여정의 각 단계와 어떻게 관련되는지 살펴보자.

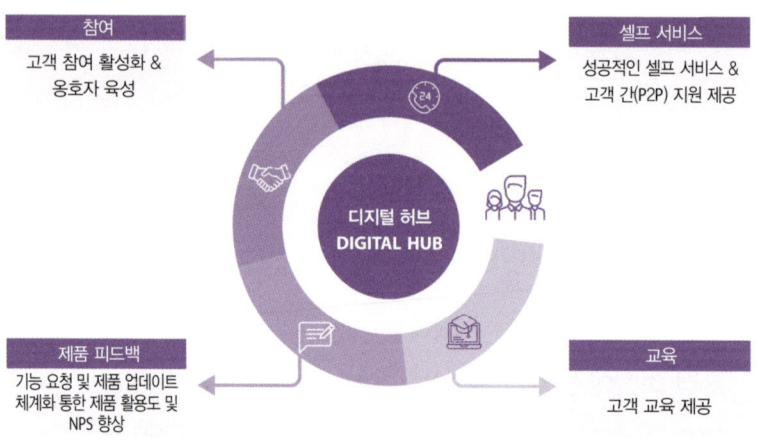

허브의 각 구성 요소는 우리가 법칙 3에서 이야기한 고객 여정의 각 단계에서 고객 경험에 기여한다.

잠재 고객

소비자들은 제품이나 서비스를 구매하기 전, 이를 충분히 조사하고 검토한다. 이 시점에서 허브를 통해 잠재 고객이 자유롭게 질문하고 토론할 수 있는 공간을 제공하면, 구매 이전 단계에서부터 판매 후 경험 post-sales experience을 자연스럽게 마케팅할 수 있다.

또한 허브 내에서 고객 옹호자들이 자신의 경험을 공유할 수 있도록 유도하면, 이는 고객과의 투명한 소통과 협업을 중시한다는 분명한 메시지를 전달하는 효과가 있다.

온보딩

제품 도입 직후에는 반복적인 활동이 자주 발생한다. 고객이 제품에 빠르게 적응하고 익숙해지도록 돕는 과정이다. 이는 허브에서 교육 자료에 접근할 수 있도록 하고, 모든 온보딩 콘텐츠를 중앙화하며, 셀프 서비스 참여를 장려하는 등 허브를 통한 참여 촉진의 좋은 기회가 된다. 고객 허브는 신규 사용자들이 제품에 익숙해지기 위한 중심 공간의 역할을 한다.

제품 사용과 성숙 단계

고객이 제품을 더 오래 사용하고 익숙해질수록 제품에 대한 이해도와 연결감도 깊어진다. 고객 경험 여정 초기 단계에서 콘텐츠를 적극적으로 소비하도록 유도했다면, 이제는 고객이 플랫폼 안에서 자신의 목소리를 내고 기여할 수 있도록 독려해야 한다. 예를 들어, 제품 아이디어 제안이나 피드백 제공 등이 그 예이다. 이 과정에서 진정한 고객 옹호자를 발굴하고 육성할 수 있다.

세일즈포스Salesforce는 매년 '상호 연결된 고객 경험'에 대해 연구하고 보고서를 발표한다. 이 보고서에 따르면, 우리는 신뢰 기반 경제trust-based economy로 접어들고 있으며, 고객의 88% 이상은 변화의 시기에 신뢰가 더욱 중요해진다고 응답했다. 또한 96%의 고객은 뛰어난 고객 서비스가 신뢰를 구축한다고 답했다(Salesforce, 2022). 고객 허브의 핵심 요소들은 기업과 고객 부서를 더욱 긴밀하게 연결하여 이러한 고객 경험을 제공하고 신뢰를 구축하는 데 도움을 준다.

고객 허브를 통한 셀프 서비스 개선

셀프 서비스self-service의 이점은 벤더와 사용자 모두에게 널리 알려져 있으며 그 효과도 입증되어 있다. 벤더 입장에서는 셀프 서비스가 성공적으로 구현될 경우, 지원 비용을 줄일 수 있고, 고객의 제품 숙련도를 빠르게 높일 수 있으며, 직원들은 더 복잡하고 도전적인 문제에 집중할 수 있어 업무 만족도 역시 향상된다. 또한 제공한 콘텐츠에 대한 피드백을 받을 수 있다는 점에서도 긍정적인 효과를 얻을 수 있다.

고객 허브 내에서 고객의 행동을 이해함으로써 얻을 수 있는 가치 또한 크다. 단순히 지원 요청에 담긴 질문 내용만 파악하는 수준을 넘어, 커뮤니티에서 자주 올라오는 질문은 무엇인지, 어떤 검색이 반복되는지, 어떤 콘텐츠가 부족하거나 성과가 미흡한지를 추적할 수 있다.

또한 지식을 생성하고 유지하기 위한 체계적인 방법론을 갖추는 것도 성공의 중요한 요소이다. 그중 하나가 바로 '지식 중심 서비스KCS; Knowledge-Centered Service®'로, 이는 서비스 혁신 컨소시엄Consortium for Service Innovation에서 설립한 널리 채택된 방법론이다. KCS는 지식을 풍부하고 접근 가능하게 만들어 문제를 해결할 수 있도록 함으로써 조직과 커뮤니티에 가치를 제공한다. KCS는 수요 기반의 콘텐츠 생성 프레임워크를 제공한다. 즉, 고객의 문제를 미리 예상해 해결책을 제공하는 대신, 고객이 필요할 때 문제 해결을 위한 콘텐츠를 생성하는 방식이다.

이때 고객 허브 활동은 사용자의 요구에 대한 진정한 통찰을 제공하고 콘텐츠 생성 방향을 안내하는 데 중요한 역할을 할 수 있다. 마찬가지로, 커뮤니티에서 고객들이 제공한 유용한 솔루션과 콘텐츠가 인기를 얻으면, 이를 공식 문서로 변환하여 회사의 지식 자산으로 관리할 수 있다.

커뮤니티 Q&A, 지식 문서, 교육 콘텐츠 등 다양한 유형의 콘텐츠를 하나의 허브에 통합함으로써, 기업은 전통적인 콘텐츠 사일로 문제를 극복할 수 있다. 고객의 활동도 분산된 시스템이나 채널이 아닌 하나의 플랫폼에서 추적이 가능해지고, 콘텐츠의 이동·병합·확장 또한 훨씬 유연하게 이루어질 수 있다. 그 결과, 사용자 경험은 더욱 풍부해지고 향상된다.

고객 허브로, 참여의 중앙화

고객 허브는 고객이 제품과 함께 여정을 이어가는 과정에서 필요로 하는 다양한 요소들로 구성된다. 이 모든 순간들을 하나의 단어로 요약하자면 '연결$_{connection}$'이라고 할 수 있다. 적절한 정보, 그리고 적절한 사람과의 연결이 핵심이다.

이때 말하는 사람이 반드시 내부 직원일 필요는 없다. 적절한 사람은 곧 적절한 시간에 올바른 답변을 제공할 수 있는 사람이다. 고객, 직원, 파트너가 참여하는 중앙화된 허브를 통해서만 그들은 서로 도움이 될 수 있으며, 이를 통해 연결이 강화된다.

전체 제품 관리 워크플로우를 지원하는 고객 허브

테레사 토레스Teresa Torres의 저서 《지속적인 발견 습관Continuous Discovery Habits》에서는, 제품개발팀이 "자신들의 제품이 고객에게 가치를 창출하는 방식으로 비즈니스에도 가치를 창출하도록 책임을 진다"라고 언급한다(2021). 이 말은 직관적이고 널리 받아들여지지만, 실제로 이것을 실행하고 제품 작업을 이 원칙에 맞게 진행하는 것은 두 가지 주요 이유로 어려운 일이다.

첫째, 고객에게 제공하는 가치는 동일한 고객의 요구 사항을 해결하더라도 여러 가지 형태를 취할 수 있으며, 이를 어떻게 정의하느냐는 얼마나 많은 고객과 대화를 나누었는지에 따라 다르게 나타날 수 있다. 또한 모든 기업의 목표는 고객 기반을 지속적으로 확장하는 것이지만, 제품개발팀이 이 수많은 고객과 일일이 대화하는 것은 현실적으로 불가능하다. 이로 인해 제품 담당자는 결국 이탈 위험을 가장 강하게 내비치는 고객, 가장 많은 비용을 지불한 고객, 혹은 가장 유명한 브랜드 고객의 목소리에만 귀를 기울이게 되는 함정에 빠지기 쉽다. 이들이 요구가 충족되고 원하는 가치를 얻으면, 나머지 사용자들에게도 동일한 효과가 있을 것이라고 생각하기 때문이다.

둘째, 첫 번째 이유만큼 중요한 문제로, 비즈니스 가치를 수량화하거나 예측하는 것이 부분 추정의 영역이라는 것이다. 유지율과 판매 전환율에 대한 예측은 고객에게 제공하는 가치가 얼마나 확실한가에 밀접하게 연결된다. 하지만 고객의 고충이나 니즈를 듣고, 이를 해결할 수 있는 솔루션을 제공하기까지는 수많은 시행착오와 복잡한 경로를 거치게 된다.

그렇다면 제품개발팀은 고객 가치와 비즈니스 가치 간의 상호 이익 관계를 창출하는 최적의 경로를 어떻게 찾을 수 있을까?

모든 문제를 한 번에 해결해 주는 마법은 없지만, 고객 허브는 제품 탐색, 솔루션 검증, 베타테스트, 출시 발표, 채택 유도 등의 도전 과제들을 해결하는 데 큰 도움을 줄 수 있다. 고객들은 서로 제품 관련 질문을 주고받고, 기존의 제품 기능을 더 효율적으로 활용하는 방법을 쉽게 배울 수 있다. 제품의 한계에 부딪혔을 경우에는 아이디어나 기능 요청을 올려 직접 제품개발팀에 전달할 수 있다. 또한 아이디어 보드에서는 고객들끼리 서로의 제안에 질문을 던지거나 보완하며, 단일 고객과의 일대일 대화에서 제품 관리자가 감당해야 했던 부담을 줄일 수 있다.

그러한 일대일 대화가 얼마나 까다로울 수 있는지는 모두 잘 알고 있다. 제품 관리자는 고객에게 깊이 있는 질문을 던지다 보면 너무 까다롭게 들릴 수 있고, 반대로 해결책에 대한 편견을 드러내지 않으려다 보면 모호하게 들리기도 하며, 때로는 고객의 요청을 너무 쉽게 수용한 나머지 과도한 기대감을 심어주는 위험도 있다. 하지만 이런 대화가 아이디어 보드와 같은 공개된 공간에서 일어날 경우, 제품 관리자는 건설적인 논의를 조율하는 중재자 역할을 할 수 있게 되며, '나쁜 경찰'이나 '좋은 경찰' 역할을 할 위험을 줄일 수 있다.

또한 다수의 고객에게 가치를 제공할 수 있는 인기 아이디어와 제품 요청을 식별하는 문제는 '투표 시스템'을 통해 해결할 수 있다. 이제는 더 이상 목소리가 큰 사람이 좌우하는 게임이 아니라, 고객의 니즈를 보다 현실적으로 반영하는 민주적인 프로세스가 된다. 이 아이디어들은 더 포괄적인 수용 기준acceptance criteria과 필수 요소들을 담고 있어, 제품

개발팀이 고객 만족과 기업 가치를 동시에 실현할 수 있는 솔루션을 보다 확신을 가지고 발견하는 데 도움을 준다.

코그나이트Cognite의 커뮤니티 수석 디렉터인 아니타 해어레Anita Hæhre는 고객 허브에 제품 논의의 장을 열어둠으로써 얻는 이점을 다음과 같이 강조한다.

"허브를 통해 아이디어를 수집함으로써, 우리는 고객 피드백이 얼마나 큰 힘을 가질 수 있는지 실감했고, 그 인사이트를 단 몇 초 만에 얻을 수 있게 되었습니다."

피드백 루프 완성하기

게인사이트Gainsight는 초창기에 고객 성공 매니저와 고객지원팀을 통해 수집한 제품 피드백을 체계적으로 정리하고 전달할 수 있는 해결책으로 '커뮤니티'에 주목했다. 커뮤니티의 주요 기능을 '제품 피드백 루프의 중심이자, 그 루프를 마무리하는 공간'으로 정의한 것이다.

게인사이트의 플랫폼 제품 그룹 부사장인 데니스 스토코스키Denise Stokowski는 이 접근 방식을 다음과 같이 설명한다.

"고객, 파트너, 그리고 게인사이트 직원들이 제품 피드백을 공유하고 그것이 제품 로드맵에 반영되도록 하는 동시에, 동료 사용자들로부터 제품 지원과 솔루션을 받을 수 있는 포럼을 제공하는 것이 목표입니다."

제품개발팀이 고객의 니즈에 맞는 솔루션을 설계한 이후에는, 해당 솔루션에 관심 있는 사람들에게 그 진척 상황을 공유하고 검증 과정에 더욱 적극적으로 참여하도록 유도하는 데 고객 허브가 효과적인 창구 역할을 한다. 이러한 커뮤니케이션은 빠른 검증과 학습 사이클을 가능하게 하며, 제품개발팀에게는 자신들이 올바른 방향으로 가고 있다는 확신을, 고객에게는 '우리의 목소리가 전달되었고 해결책이 진행 중이다'라는 신뢰를 심어준다. 단순히 제품 피드백을 수집하고 정리하는 데 초점을 맞춘 도구들은, 고객 성공 매니저와 같은 중개자를 통하지 않는 한, 고객에게 직접 소통하는 기능을 제공하지 않는다.

베타 프로그램을 통해 솔루션을 테스트할 시점이 되면, 고객 허브에서 자발적으로 참여할 고객을 모집하고, 과중한 이메일 대신 공개적으로 소통하며 모든 이해관계자가 함께 정보를 공유할 수 있도록 돕는다. 또한 제품개발팀은 베타 프로그램에 다양한 유형의 고객을 고르게 포함시킬 수 있어, 새로운 기능에 대한 충분한 피드백을 확보하는 동시에, 이후 다른 고객을 도울 수 있는 '기능 전문가'를 미리 양성할 수 있다.

새로운 기능은 고객이 해당 기능을 인지하고, 사용법을 학습하며, 실제로 성공적으로 활용할 때 비로소 진정한 가치를 발휘한다. 고객 허브는 제품개발팀과 기업이 새로운 릴리스를 알리고, 제품 변경 사항이나 업데이트된 로드맵을 공유하기에 완벽한 공간이다. 릴리스 노트와 함께 새로운 기능의 사용법을 설명하는 지식 문서를 제공하면, 기능 도입을 유도하는 모든 활동의 견고한 기반을 마련할 수 있다.

기존 고객은 물론 잠재 고객 또한 한 공간에서 이러한 콘텐츠를 통해 제품의 기능과 모범 사례를 학습하게 되며, 이는 기능 사용을 자연스럽게 이끄는 데 큰 도움이 된다. 또한 제품개발팀은 성공 및 사용 지표를 추적하는 것을 넘어, 릴리스 직후 고객들의 반응을 실시간으로 살펴볼 수 있고, 고객이 제기한 질문이나 우려 사항에 신속하게 대응할 수 있다.

코그나이트의 아니타 해어레는 이렇게 말한다.

"우리는 제품개발 및 엔지니어링 팀과 긴밀히 협력하여 초기 사용자 프로그램과 제품 아이디에이션(제품 아이디어 도출 및 검증)을 추진함으로써 제품-시장 적합성product-market fit을 확보하는 데 집중하고 있습니다. 또한 사내 교육 및 인증을 담당하는 아카데미 부서, 문서화팀, 고객지원팀, 매니지드서비스팀과도 밀접하게 협업하고 있습니다."

균형 찾기

기업이 커뮤니티에서 제출된 아이디어들을 로드맵과 전략 수립의 유일한 기준으로 삼아야 할까? 절대 그렇지 않다! 제품 비전이 아이디어를 안전한 항구로 안내하는 등대 역할을 해야 하며, 제품 전략은 어떤 아이디어와 고객 요구가 로드맵에 포함될지를 결정하는 역할을 해야 한다. 아이디어는 누구에게서든, 어디에서든 나올 수 있으며, 커뮤니티에서 생성된 아이디어가 고객 인터뷰나 일대일 논의를 완전히 대체하기보다는 이를 보완하는 방식으로 활용되어야 한다.

제품개발팀은 고객과의 직접적인 대화를 지속해야 하고, 고객 성공 매니저는 고객과의 상호작용을 통해 얻은 피드백을 수집하고 공유해야 하며, 고객지원팀은 고객 지원 과정에서 반복적으로 발생하는 문제를 통해 인사이트를 도출해야 한다. 또한 영업팀은 시장과 잠재 고객으로부터 얻은 인사이트를 바탕으로 제품 전략이 회사에 비즈니스 가치를 창출할 수 있도록 도와야 한다. 이러한 모든 채널을 고객 허브로 통합하는 과정은 지속적으로 이루어져야 하며, 전사적 협업이 필요한 공동의 노력이다.

올인원 고객 교육

우리는 앞서, 새롭게 출시된 기능에 대해 고객이 잘 이해하고 활용할 수 있도록 교육 자료를 제공하는 것이 얼마나 중요한지에 대해 다뤘다. 지식 베이스 문서는 고객이 제품의 기능을 최대한 활용할 수 있도록 돕는 유용한 콘텐츠를 제공하는 데 초점을 맞춘다. 하지만 고객 교육은 지식 베이스나 유용한 콘텐츠만으로 충분하지 않다.

오늘날 기업은 고객이 단순히 제품 사용법을 익히는 수준을 넘어, 자신이 활동하는 분야에 대한 이해도를 높이고 전문성을 확장할 수 있도록 도와야 한다. 이 같은 이유로, 많은 기업은 단순한 제품 사용법을 넘어선 해당 분야의 모범 사례들을 다루고, 성공에 필요한 역량을 개발할 수 있도록 돕는 교육 과정을 제공하고 있다. 지속적으로 혁신하고 가능성의 한계를 확장하는 전문성 중심 콘텐츠를 제작하고, 커뮤니티 구성원들이 지식과 경험을 자유롭게 공유할 수 있도록 웨비나를 운영함으로써, '모두의 성공Success for All'이라는 문화를 자연스럽게 정착시킬 수 있다.

이러한 교육적 노력들이 모두 고객 허브 안에서 통합될 때, 고객 참여도는 눈에 띄게 향상된다. 고객들은 단순히 제품 관련 질문이나 일상적인 과제 해결에 도움을 받는 것에 그치지 않고, 고객 허브를 통해 제공되는 교육 과정과 전문성 중심 콘텐츠를 통해 직무 역량을 강화하고 전문적인 성장을 도모할 수 있다. 기업은 이러한 콘텐츠를 다양한 목적으로 재활용할 수도 있다. 예를 들어, 이해하기 쉬운 온보딩 플로우, 빠른 문제 해결 가이드, 제품 내 기능 안내 교육 등에 적용할 수 있다.

이처럼 고객에게 가치 있고 통합적인 교육 경험을 제공함으로써 고객과의 관계는 더욱 견고해지고, 충성도 높은 고객을 확보하며, 고객 유지율 향상이라는 비즈니스 목표도 함께 달성할 수 있다.

고객 허브와 기술 스택

모든 기업은 고유한 DNA와 특정한 요구 사항을 가지고 있으며, 최적의 운영을 보장하기 위해 다양한 벤더와 솔루션을 신중하게 선택해 왔다. 고객 허브는 고객과의 커뮤니케이션을 한 곳으로 통합하는 역할을 할 뿐만 아니라, 기업이 사용하는 벤더의 수를 줄이는 데도 기여할 수 있다. 커뮤니티, 지식 베이스, 고객 교육 플랫폼, 앱 내 상호작용 기능, 고객 추천 유도 프로그램, 제품 피드백 도구 등 다양한 기술을 하나의 중앙 플랫폼으로 통합하면 고객 경험이 향상될 뿐만 아니라, 기업이 부담해야 하는 총 소유 비용도 절감할 수 있다.

고객 허브는 고객을 위한 플랫폼 역할을 하며, 내부 워크플로우 및 CRM고객 관계 관리 시스템과 결합하거나 통합될 수 있다. 고객의 참여와 상호작용에서 얻은 고객 반응 데이터는 매우 가치 있는 정보이며, 이를 고객 성공 플랫폼에서 공유하고 종합적으로 분석하면 실질적인 인사이트를 도출할 수 있다.

이러한 통합이 성공하려면, 고객이 도구가 전환되었는지도 모를 만큼 사용자 경험이 매끄러워야 한다. 고객이 서로 다른 인증 절차를 반복하거나, 다양한 채널을 기억하고 직접 이동해야 하거나, 같은 질문이나 요청을 반복하게 만드는 상황은 지양해야 한다. 예를 들어, 커뮤니티에서 기술지원 요청으로 문제를 에스컬레이션하거나, 지원 요청 응답에 허브의 콘텐츠를 활용하거나, 고객 허브에서 고객에게 맞는 교육

코스를 추천하는 등 고객 여정이 자연스럽게 이어지려면 기술 스택이 유기적으로 연결되어야 한다.

또한 고객 관련 데이터에 손쉽게 접근할 수 있다면, 부서 간 중복 작업이나 커뮤니케이션 오류를 줄이고, 고객에 대한 이해도를 높여 협업의 시너지를 극대화할 수 있다. 그 결과, 고객이 제품과 서비스를 성공적으로 활용하도록 더 효과적으로 지원할 수 있다.

이쯤 되면, 모든 기능을 하나로 통합하는 것이 성공과 고객 유지율 향상을 위한 최선책으로 보인다. 그렇다면 지금 당장 기존에 사용하던 학습 관리 시스템LMS, 이벤트 관리 툴, 지식 베이스 솔루션, 채팅 도구 등을 모두 버려야 할까? 절대 그렇지 않다. 요즘 대부분의 기술 솔루션은 API 우선API-first 접근 방식을 따르기 때문에, 개발 리소스를 들이면 현재 사용 중인 툴도 허브와 연동해 데이터를 주고받고, 플랫폼 간 워크플로우를 연결할 수 있다. 물론 궁극적으로는 단일 통합 플랫폼이 가장 이상적인 솔루션을 제공할 가능성이 높지만 말이다.

미래를 향해

이 책을 통해 우리는 고객 허브가 단순히 지원 요청을 최소화하고 서비스 제공을 확장하는 셀프 서비스 도구 이상의 역할을 한다는 것을 보았다. 고객 허브는 데이터 기반의 개인화된 고객 맞춤형 여정이 되어 핵심 제품 경험에 완전히 통합될 것이다.

고객 허브를 통해 고객이 무엇을 하고 있는지, 무엇을 하지 않고 있는지, 그들의 요구 사항은 무엇인지, 그리고 어떻게 자원을 활용해 최적의 고객 지원을 할 수 있을지에 대한 360도 관점을 가질 수 있다. 이러한 정보는 고객 상태 관리 목적을 위해 CS 또는 CRM 시스템과 통합하여 결과를 공유할 수 있다. 나아가 AI를 활용하여, 유사한 계약 사용자들의 행동 학습과 각 시스템에서 제공되는 정보를 기반으로, 고객 여정이 각 접점마다 개인화될 수 있다. 고객에게 제공되는 지식, 교육, 지원, 제품 안내의 원활한 통합은 고객의 수고를 줄이고, 가치 실현 시간을 단축시키며, 고객이 더 많은 가치를 위해 계속 돌아오도록 만드는 경험을 제공할 것이다.

미래의 고객 허브는 모든 고객 성공 프로그램의 중심축이 될 것이다. 대규모 고객부터 맞춤형 기업 고객까지, 모든 유형의 고객에게 맞춤화된 디지털 경험을 제공하는 강력한 데이터 기반 플랫폼으로 자리매김할 것이다. 고객이 필요로 하는 모든 것을, 필요한 시점과 방식에 맞춰 제공하는 것이 바로 고객 허브의 궁극적인 비전이다.

Chapter

13

법칙 9

실질적인 성과에 집중하라
가짜 수치 아닌, 진정한 비즈니스 임팩트 추구하기

– 바스 판 레이우웬[40], 발레리 몰리나[41], 케네스 레프스가드

커뮤니티 프로그램이 구체적인 비즈니스 성과를 창출해야 한다는 말은 당연해 보인다. 그러나 커뮤니티 분야에서 반드시 그런 경우만 있었던 것은 아니다. 세일즈포스닷컴Salesforce.com에서 커뮤니티 전략을 이끌었던 초기 개척자 에리카 쿨Erica Kuhl은 이렇게 말한다.

"우리 업계 사람들 가운데 여전히 이 부분을 제대로 실천하지 못하는

---

40 바스 판 레이우웬(Bas van Leeuwen): 커뮤니티 관리 및 디지털 커뮤니케이션 분야의 전문가로, 백베이스(Backbase), 인사이디드(inSided), 커뮤니티애널리틱스(CommunityAnalytics) 등에서 다양한 역할을 수행하며 기술 고객 성공 관리, 커뮤니티 구축, 내부 커뮤니케이션 분야에서 풍부한 경험을 쌓았다.

41 발레리 몰리나(Valerie Molina): 고객 성공 분야에서 12년 이상의 경력을 보유한 전문가로, 다양한 산업에서 팀을 관리하고 고객 참여를 이끌고 있다. 현재 어텐티브(Attentive)에서 고객 성공 매니저로서 엔터프라이즈 이스트(Enterprise East) 팀을 이끌고 있으며, 이전에는 게인사이트에서 글로벌 팀을 관리하고, 인사이디드에서 전략적 고객 관계를 담당하는 시니어 글로벌 고객 성공 매니저로 활동했다.

경우가 많아요. 비즈니스 관점에서 이야기하지 않기 때문이죠. 우리는 커뮤니티를 우리가 이해하는 방식대로 설명하지만, 정작 조직 내 다른 사람들은 그 의미를 잘 모르거나 관심이 없을 수도 있어요. 하지만 그들에게 그들이 원하는 바와 그에 따른 성과를 이야기하면, 상황은 달라집니다. 돈과 숫자, ROI투자 대비 수익의 언어로 말해야 해요. 성공적인 커뮤니티는 이 점을 명확히 이해하고 이를 잘 실천해 온 곳들입니다."

이 책의 서두에서 언급했던 1세대 기업 커뮤니티의 초기에는, 커뮤니티의 가치를 '고객 지원 요청 티켓 감소를 통한 비용 절감'에 두는 경우가 대부분이었다. 하지만 최근 몇 년 사이 커뮤니티의 활용 사례가 다양해지면서, 커뮤니티가 기여하는 비즈니스 성과를 고려하는 다양한 접근 방식이 등장하기 시작했다. 우리의 경험에 따르면, 커뮤니티 프로그램을 운영하는 대부분의 기업은 곧 다음 세 가지 시나리오 중 하나에 놓이게 된다.

1. **커뮤니티의 가치에 대한 내재적 신념이 있는 경우:** 일부 조직에서는 고객과의 소통 및 커뮤니티 프로그램에 대한 투자가 매우 가치 있을 뿐만 아니라, 비즈니스 운영에 필수적이라는 확고한 신념을 가지고 있다. 이는 특히 창립자와 경영진 차원에서 커뮤니티의 중요성을 깊이 이해하고 인정하는 신생 기업에서 가장 자주 볼 수 있다. 이 기업들은 커뮤니티 프로그램을 초기 비즈니스 계획에 포함시키며, 디지털 전략의 필수 요소로 삼는다.

   이러한 회사에서는 커뮤니티의 비즈니스 가치를 직접적으로 측정해야 한다는 의문이 제기되지 않는다. 서비스타이탄ServiceTitan의 최고마케팅책임자CMO 크리스 페트로스Chris Petros는, "나는 고객 참여를 비즈니스의 근본적인 요소로 봅니다. 어떤 의미에서는 숨 쉬는 것조차도 ROI를 따질 수 있죠. 숨을 쉬면 최소한 1분 더 살 수 있으니까요. 마찬가지로, 고객과 소통하며 그들의 니즈를 이해하지 않는다면, 결국 도태될 수밖에 없습니다"라고 말했다.

이것은 최적화 작업을 최우선으로 하는 CRM고객 관계 관리 시스템에 매년 투자하는 것과 유사하다. 그러나 CRM 시스템의 필요성에 대해 의문을 제기하는 경우는 거의 없다. 최근 한 고객에게 커뮤니티의 비즈니스 성과 지표에 대해 질문했을 때 그는 이렇게 답했다. "우리 조직에서는 커뮤니티의 가치에 대해 질문 받은 적이 한 번도 없어요. 그건 당연한 전제니까요."

커뮤니티 실무자의 입장에서 군건한 신뢰를 받는 것은 반가운 일이다. 그러나 동시에 리더십의 변화, 조직 문화의 전환, 또는 시장 상황의 변화가 발생할 경우, 그 신뢰만을 기반으로 운영되던 커뮤니티 프로그램은 위태로운 상황에 처할 수 있다는 점도 간과해서는 안 된다.

2. **가치는 중요하지만, ROI는 쉽게 입증되지 않는 경우:** 두 번째 시나리오는 커뮤니티가 창출하는 가치를 입증하고자 하는 의지는 있지만, 여러 이유로 그 가치를 수치화하거나 명확히 증명하기 어려운 경우다. 이와 같은 상황에서는 커뮤니티팀이 측정하기 가장 쉬운 증거 지표에 초점을 맞춘다. 예를 들어, 고객 설문조사와 같이 많이 사용되는 방법을 활용하여 고객 지원 티켓 감소로 인한 비용 절감을 증명하는 것이다. 이는 훌륭한 증거 지표이나, 차세대 고객 커뮤니티는 이보다 훨씬 더 큰 비전과 다양한 활용 목적을 가지고 구축되었을 가능성이 높다. 대규모로 고객과 소통하는 것은 고객 유지, 제품 사용, 비즈니스 성장

등의 목표를 달성하는 데 매우 중요하다. 만약 커뮤니티팀이 커뮤니티의 가치와 이러한 결과를 직접적으로 연관 지을 수 없다면, 그들은 주로 상위 수준의 커뮤니티 참여 지표에 집중할 것이다. 이때 사용되는 대표적인 지표가 MAC Monthly Active Customers, 월간 활성 고객 수나 또는 단순 방문자 수다. 특히 MAC는 커뮤니티 프로그램의 성과를 강력하게 보여주는 지표로, 우리가 추천하는 방식이기도 하다.

하지만 이 지표 역시 커뮤니티가 실제로 비즈니스 성과에 어떤 영향을 미쳤는지에 대한 구체적인 답을 주지는 못한다. 현재 커뮤니티 프로그램을 운영 중인 대부분의 기업이 이와 같은 상황에 놓여 있다.

3. **커뮤니티 프로그램이 입증 가능한 정량적 비즈니스 성과를 창출하는 경우:** 이 세 번째 시나리오는 아직은 가장 드문 경우이지만, 커뮤니티 운영이 가장 발전된 단계로, 커뮤니티 진화의 최전선에 해당한다고 할 수 있다. 아직 많은 기업들이 커뮤니티 프로그램을 이 정도 수준으로 성숙시키거나 운영하여 명확한 비즈니스 가치를 증명하거나, 강력한 연결 관계가 있다고 입증하는 수준까지 이르지는 못하고 있다.

그럼에도 불구하고 우리는 커뮤니티가 고객 유지와 비즈니스 성장에 직접적으로 기여한다고 굳게 믿는다. 그리고 모든 커뮤니티 리더들이 이러한 방식으로 가치를 증명하는 데 힘쓰기를 권장한다. 바로 이 시나리오야말로, 더 많은 기업들이 스스로 발견하고 도달하길 바라는 이상적인 모습이다.

커뮤니티 가치를 기반으로 한 비즈니스 성과 보고 프레임워크

이 장의 나머지 부분에서는 커뮤니티의 가치를 기업의 핵심 비즈니스 목표와 연결해 측정할 수 있는 가장 효과적인 방법들을 소개할 예정이다. 이를 통해 확장 가능하고 장기적인 커뮤니티 전략을 설계하는 데 도움이 되기를 바란다. 이 프레임워크는 프로그램을 시작하고 초기 투자를 확보할 때 탄탄한 비즈니스 근거를 마련하는 데 도움이 될 뿐만 아니라, 시간이 지나면서 커뮤니티 계획을 발전시키고 최적화하는 데에도 유용할 것이다.

소트인더스트리스Thought Industries의 콘텐츠 전략 부사장SVP인 대니얼 퀵Daniel Quick은 게인사이트의 〈펄스 2022Pulse 2022〉 콘퍼런스에서 이렇게 말했다.

"의미 있는 비즈니스 성과에 초점을 맞추지 않는다면, 이 측정 전략의 모든 단계를 아무리 완벽히 실행했다고 하더라도 결국 당신이 입증한 것은… 아무것도 없습니다." (Quick, 2022)

우리는 비즈니스 성과를 다음의 네 가지 핵심 범주, 즉 네 가지 가치 동력value driver을 중심으로 구성하는 것이 도움이 된다고 판단했다.

- **고객 유지**Retention: 고객에게 유용한 자료와 유사한 상황에 있는 동료 및 기업과 소통할 수 있는 공간을 제공함으로써 고객 경험을 향상시킬 수 있다. 이는 고객이 당신의 회사나 제품과의 관계를 지속할 가능성을 높이는 데 기여한다.
- **확장성 및 효율성**Scale and Efficiency: 초기의 기업 커뮤니티는 고객 지원 조직의 티켓 숫자를 줄임으로써, 제한된 자원으로 더 많은 고객을 효과적으로 지원할 수 있도록 돕는 데 중점을 두었다. 이러한 방식은 조직 전체의 운영 효율성을 높이는 데 핵심적이며, 특히 디지털 기반의 고객 성공 전략을 실행하는 데 중요한 역할을 한다.

- **사용자 경험 및 제품 사용률**User Experience and Product Adoption: 커뮤니티는 유용한 콘텐츠와 제품에 대한 모범 사례를 중심으로 고객이 활발히 소통하고 학습할 수 있는 중앙 허브 역할을 한다. 이는 사용자들이 겪는 불편을 줄이고, 제품 사용률을 높이는 데 직접적인 영향을 미친다.
- **비즈니스 확장**Expansion: 커뮤니티는 제품의 기능과 가치를 효과적으로 부각시켜 비즈니스 확장의 목표를 지원할 수 있다. 이는 마케팅, 영업, 크로스셀링, 업셀링을 통해 더 많은 수익을 창출하는 것을 의미한다.

커뮤니티 프로그램을 자사의 비즈니스 니즈에 깊이 있게 연결하기 위해서는, 자사에 가장 중요한 가치 동력이 무엇인지 미리 파악하는 것이 필수적이다. 여러분의 비즈니스와 커뮤니티 프로그램에 있어서는 네 가지 가치 동력 중 어떤 것이 가장 중요한가?

비즈니스 성과를 결과물보다 우선시하기

보다 심화된 전략 수립을 위해서는 가장 중요한 가치 동력을 바탕으로 이와 관련된 구체적인 비즈니스 성과outcome를 도출하는 것이 필요하다. 이때 단순히 활동의 결과물output에만 집중하는 함정에 빠지지 말아야 한다. 조직이 달성하고자 하는 목표가 무엇인지 명확히 이해한다면, 커뮤니티가 그 목표를 어떻게 지원할 수 있는지 직접적으로 연결 지을 수 있다.

《하버드 비즈니스 리뷰Harvard Business Review》에 실린 제프 고텔프Jeff Gothelf와 조시 사이든Josh Seidan의 글(2017)에서는 "대부분의 비즈니스 팀은 특정한 결과물을 만드는 데 집중한다. 그러나 어떤 것을 만들었다고 해서 반드시 그것이 경제적 가치를 창출하는 것은 아니다"라고 지적했다. 이 논리는 소프트웨어는 물론 커뮤니티에도 똑같이 적용된다.

회사 전체의 전략적인 목표를 이해하지 못하면, 커뮤니티팀은 프로젝트와 이니셔티브를 진행하면서 끊임없이 불확실성에 부딪히게 된다. 고텔프와 사이든은 이렇게 덧붙인다.

"'우리가 그것을 완성했다'와 '우리가 의도한 효과가 나타났다' 사이의 관계는 그리 명확하지 않다. …이러한 불확실성의 문제가 소프트웨어의 특성과 맞물릴 때, 단순한 결과물 중심의 프로젝트 관리 방식은 디지털 환경에서는 효과적이지 않다는 것을 보여준다. 그럼에도 불구하고 우리의 경영 문화와 방법론들은 여전히 결과물 중심으로 운영되고 있다."

조직 내에서 이미 명확히 비즈니스 우선순위로 정의된 '성과'들 외에도, 커뮤니티가 영향을 미칠 수 있으나 아직 뚜렷하게 드러나지 않은 주제들이 존재할 수 있다. 이는 새로운 기회를 발견할 여지를 만들어준다.

또한 커뮤니티가 잘 운영되어 비즈니스에 실질적인 영향을 미치고 있다는 것을 입증할 수 있다면, 운영 전반에 걸쳐 더 큰 자율성과 유연성을 확보할 수 있다. 목표가 달성되고 있는 한, 조직은 커뮤니티 프로그램을 신뢰할 것이다.

위에서부터 시작하여, 아래로 확장하라

성과와 가치 지표를 회사 전체의 비즈니스 목표와 정렬시키기 위해서는, 위에서 언급한 네 가지 핵심 가치 동력에서 출발할 것을 권장한다. 이 네 가지 중 하나 이상에 기여하지 않는 모든 커뮤니티 활동은 충분히 의문을 제기받을 수 있다.

성공적인 기업들이 커뮤니티 프로그램을 구축할 때 주로 집중하는 성과 지표는 다음과 같다.

- **확장성 및 효율성:** 셀프 서비스 이용률 증가, 연구개발R&D의 효율적 우선순위 설정, 고객 성공 매니저CSM의 업무 효율 향상
- **사용자 경험 및 제품 사용률:** 제품 사용률 증가, 고객 여정 개선, 전반적인 고객 경험 향상
- **고객 유지:** 고객 상태 지표의 예측 정확도 향상, 리스크 및 이탈 감소, 리뉴얼 예측 정확도 향상
- **비즈니스 확장:** 고객 옹호를 통한 성장 증대, 확장 파이프라인 개선, 확장 속도 향상, 신규 비즈니스 파이프라인 개선

우리의 경험에 따르면, 커뮤니티 프로그램을 구축하는 대부분의 기업은 '확장성 및 효율성', 그리고 '사용자 경험 및 제품 사용률'을 가장 먼저 우선시한다. 이 두 영역은 많은 경우에 가장 명확한 출발점이며, 이 책 전반에 걸쳐 자세히 다루었다. 그러나 시간이 흐르고 커뮤니티 프로그램이 성숙해지면, '고객 유지'나 '비즈니스 확장'과 같은 더 광범위한 가치 동력에 집중하는 방향으로 발전해 나가는 경향이 있다.

선행 지표와 후행 지표

모든 기업은 자사 비즈니스의 건강 상태를 나타내는 핵심 지표들을

가지고 있다. 여기에는 당연히 재무 관련 수치들이 포함되지만, 우리가 함께 일하는 많은 기업들은 최근 들어 순수익 유지율NRR; Net Revenue Retention과 총수익 유지율GRR; Gross Revenue Retention에 더욱 집중하고 있다. 이러한 유지율 중심 지표들이 장기적인 성장을 예측하는 데 있어 가장 중요한 지표로 점점 더 인정받고 있기 때문이다. 또한 널리 사용되는 전략적 지표로는 순추천지수NPS; Net Promoter Score가 있는데, 이는 오랜 시간 동안 장기적인 성장과 비즈니스 건강 상태를 가늠하는 중요한 지표로 여겨지고 있다.

대부분의 기업은 가치와 비즈니스 건강 상태를 가장 직접적으로 보여주는 핵심 가치 동력 지표들을 보유하고 있다. 우리는 이들을 '후행 지표lagging indicator'라고 부른다. 커뮤니티 프로그램을 포함한 모든 활동은 궁극적으로 이 지표들에 긍정적인 영향을 미치기 위해 수행된다. '후행 지표'라고 불리는 이유는, 우리가 투입한 노력의 결과가 일정 시간 뒤에 나타나기 때문이다. 이 지표들은 직접적이고 즉각적으로 영향을 주기 어렵다는 특징이 있다.

그럼에도 불구하고, 우리는 우리의 활동이 이러한 상위 지표들에 어떤 영향을 주는지 이해해야 한다. 이때 유용한 접근법 중 하나는, 이 후행 지표에 가장 밀접하게 연관된 '선행 지표leading indicator'를 식별하는 것이다. '선행 지표'는 비교적 직접적이고 즉각적인 영향을 주기 쉬운 지표이며, 특정 후행 지표에 기여한다고 명확하게 설명할 수 있는 경우가 많다.

이제 네 가지 가치 동력에 대한 예시를 하나씩 살펴보자.

확장성 및 효율성		
성과	선행 지표	후행 지표
셀프 서비스 이용 증가	• 유용한 콘텐츠 조회 수 • 베스트 답변으로 표시된 비율 • 동료 사용자에 의한 답변 비율	• 고객 지원 티켓 숫자 감소 • 고객 지원 비용 감소

사용자 경험 및 제품 사용률		
성과	선행 지표	후행 지표
제품 사용률 향상	• 교육 콘텐츠 조회 수 • 웨비나 참석률	• 제품 사용률 (범위와 깊이 포함)

고객 유지율 향상		
성과	선행 지표	후행 지표
고객 이탈 위험 감소	• 월간 활성 고객 수(MAC)	• 순수익 유지율(NRR) • 총수익 유지율(GRR)

비즈니스 확장 증대		
성과	선행 지표	후행 지표
확장 파이프라인 향상	• 커뮤니티 기반 리드 (CQL; Community Qualified Lead)	• 파이프라인 성장 • 순수익 유지율(NRR)

이처럼 커뮤니티의 가치를 보고할 때는, 우리가 영향을 주고자 하는 성과와 연결된 주요 선행 지표에 집중하는 것이 중요하며, 동시에 후행 지표와의 관계도 함께 고려해야 한다. 이렇게 접근하면 커뮤니티 프로그램이 장기적으로 실질적인 비즈니스 성과에 기여한다는 강력한 근거를 마련할 수 있다.

앞의 예시에서처럼, 제품 사용률을 높이고자 할 때는 우선 제품 관련 커뮤니티 활동에 대한 고객 참여율을 추적하는 것에서 시작할 수 있다. 제품 기능에 초점을 맞춘 콘텐츠로 유입되는 트래픽이 증가하고 있는가? 제품 중심의 웨비나에 참여하는 고객이 늘고 있는가? 이러한 커뮤니티 활동에서 지속적인 움직임과 결과가 확인된다면, 제품 사용률의 변화는 커뮤니티 프로그램의 영향으로 일정 부분 설명될 수 있다.

직접 상관관계 계산하기

위의 네 가지 가치 동력은 훌륭한 출발점이며, 우리는 보통 기업이 먼저 가치 프레임워크를 구성하는 것을 권장한다. 선행 지표와 후행 지표를 함께 활용하면, 커뮤니티가 실제로 어떤 가치를 창출하고 있는지에 대한 설득력 있는 스토리를 빠르게 만들어갈 수 있다.

여기서 더 나아가, 직접적인 상관관계를 추적하는 것도 가능하다. 이는 커뮤니티 프로그램이 성숙 단계에 접어들어, 다른 핵심 비즈니스 기능 및 프로그램들과 함께 경영진C-level 차원에서 논의되고 평가되기 시작할 때 점점 더 중요해진다.

우리의 경험에 따르면, 오늘날 직접적인 상관관계를 효과적으로 계산하고 있는 커뮤니티팀은 많지 않다. 이는 주로 기술적인 난이도 때문인데, 서로 다른 데이터 세트를 결합해야 하는 경우가 많고, 이 과정에는 여러 팀의 협업과 상당한 기술 역량이 요구되기 때문이다. 하지만 최근 커뮤니티 분야에서도 데이터 및 통합 관련 혁신이 빠르게 이루어지고 있다. 머지않아 이러한 지표들이 점차 표준화될 것으로 기대된다. 특히 커뮤니티 플랫폼과 고객 성공 플랫폼을 결합하면, 두 시스템 간 데이터가 자연스럽게 통합되면서 유의미한 상관관계를 보다 쉽게 도출할 수 있다. 앞서 설명한 '고객 허브'는 이러한 집계된 데이터와 360도 고객 관점을 가능하게 하여, 상관관계 분석의 기반이 된다.

앞선 예시에서 우리는 커뮤니티 참여도(월간 활성 고객 수$_{MAC}$)를 선행 지표로 삼아 고객 유지 지표인 NRR$_{순수익 유지율}$과 GRR$_{총수익 유지율}$ 성장에 기여하는 근거로 활용할 수 있음을 강조했다. 이는 매우 설득력 있는 접근이다. 고객 참여는 고객 유지를 예측하는 핵심 지표이며, 고객 상태 평가 시스템 내에서 언제나 효과적인 고객 성공 전략의 중심 요소로 간주되기 때문이다.

한 단계 더 나아가 직접적인 상관관계를 계산하려면 개별 고객의 커뮤니티 참여도를 살펴보고 이를 NRR이나 GRR과 같은 실제 고객 유지 결과와 비교 분석하면 된다. 이를 통해 '커뮤니티에서 활발하게 활동한 고객은 비활성 고객보다 NRR이 X% 높거나 낮다'와 같은 상관관계를 도출할 수 있다. 이 같은 원리는 다른 결과에도 적용할 수 있다. 예를 들어, '우리의 웨비나에 참여한 고객은 제품 사용률이 X% 더 높거나 낮다' 또는 '커뮤니티에서 질문하는 고객은 한 달에 두 건 이상의 지원 요청 티켓을 생성할 가능성이 X% 높거나 낮다'는 식으로 말이다.

시벤트$_{Cvent}$의 CMO인 패트릭 스미스$_{Patrick Smith}$는 최근 다음과 같은 훌륭한 사례를 공유하며 이렇게 말했다.

"고객 기반이 크다면 계약 갱신율이 가장 중요합니다. 그래서 우리는 선행 지표를 철저히 분석합니다. 특정 활동을 한 고객들이 갱신할 가능성이 더 높은데, 그중 하나가 바로 커뮤니티 플랫폼에 참여하는 것입니다. 그래서 우리 CFO는 커뮤니티에 비용을 투입하는 것에 대해 크게 반대하지 않습니다. 계약 갱신율이 얼마나 중요한지 모두가 잘 알고 있기 때문이죠. 우리 같은 규모의 비즈니스에서는 갱신율이 몇 퍼센트포인트만 상승해도 엄청난 금액의 차이가 발생합니다. 그리고 신규 고객을 확보하는 것보다 기존 고객을 유지하는 것이 훨씬 쉽습니다. 우리가 단 하나의 절대적인 지표만을 보는 것은 아니지만, 커뮤니티가 갱신 가능성과 밀접한 연관이 있다는 점에는 의심의 여지가 없습니다."

앞의 예시 외에도, 셀프 서비스 활용이 고객 지원 티켓 감소에 직접적인 상관관계가 있음을 보여주는 잘 정립된 모범 사례가 있다. 일반적으로 커뮤니티 방문자를 대상으로 온라인 설문조사를 진행하는데, 그 방문자가 질문이 있었는지, 원하는 답을 찾았는지, 그렇지 않았다면 고객 지원 티켓을 생성했는지를 묻는다. 이 세 가지 질문에 모두 '예'라고 답한 커뮤니티 회원의 비율을 전체 방문자 수에 적용하면 감소된 지원 티켓 수를 추정할 수 있다. 이는 커뮤니티의 가치를 보여주는 또 하나의 강력한 지표가 된다.

물론, 이러한 모든 지표가 인과관계를 완벽하게 입증하진 않는다. 사실, 이처럼 상위 수준의 비즈니스 가치 지표에서 인과관계에 대한 100% 확신은 존재하지 않는다. 고객이 리뉴얼을 하거나 이탈하기로 결정하는 데 있어, 그것이 고객 성공 매니저의 노력 덕분이었을까? 아니면 제품 개선 덕분이었을까? 혹은 작년에 도입한 고객 성공 툴 때문이었을까? 언제나 다양한 요인들이 복합적으로 작용한다. 그러나 이와 같은 강력한 지표들을 다각도로 수집함으로써, 커뮤니티 프로그램이 궁극적인 비즈니스 가치 창출에 기여하고 있음을 설득력 있게 보여줄 수 있다.

커뮤니티 건강 지표와 운영 지표

이번 챕터의 서두에서 대부분의 커뮤니티팀이 처해 있는 세 가지 상황에 대해 설명한 바 있다. 그중 많은 커뮤니티팀이 운영 지표에만 집중하고 있다는 점도 언급했다. 사실 커뮤니티팀이 그동안 다뤄온 가치 중심의 지표 외에도, 모니터링할 수 있는 (그리고 경우에 따라서는 반드시 모니터링해야 하는) 다양한 지표들이 존재한다.

특히 우리는 항상 커뮤니티의 건강 상태를 모니터링할 것을 권장한다. 커뮤니티 건강community health은 커뮤니티를 작동시키는 핵심적인 역학을 잘 보여주는 작은 지표 세트라고 할 수 있다. 예를 들어, 우리는 방문자 중 회원으로 전환되는 비율이라든가, 질문에 답변이 달리는 비율 등을 볼 수 있다. 이러한 지표들은 커뮤니티가 성공적으로 작동하고 있는지를 어느 정도 가늠하게 해주며, 따라서 가치를 창출하고 있을 가능성을 시사한다. 하지만 이런 지표들만으로는 커뮤니티가 실제로 어떤 가치를 만들어내고 있는지는 정확히 말해 주지 못한다.

우리는 커뮤니티 건강 지표를 커뮤니티가 얼마나 잘 작동하고 있는지를 보여주는 보다 심층적인 리포트로 바라본다. 이 지표들은 커뮤니티를 어디에서, 어떻게 개선해야 할지에 대한 명확하고 실행 가능한 방향성을 제시해 준다. 이것이 매우 중요한데, 바로 이 지점에서 선행 및 후행 지표에 영향을 미칠 수 있는 주요 인사이트를 얻을 수 있기 때문이다.

예를 들어, 월간 활성 고객 수MAC와 순수익 유지율NRR을 각각 고객 유지율의 선행 및 후행 지표로 보고 있다고 하자. 이때 '커뮤니티 건강' 프레임워크는 어떻게 하면 더 높은 MAC를 이끌어낼 수 있을지에 대한 유용한 통찰을 제공해 줄 수 있다. 예를 들어, 커뮤니티 경험을 개선하여 회원 전환율을 높이는 방식으로 MAC를 증가시킬 수 있다.

우리가 커뮤니티 운영 현장에서 자주 목격하는 함정은 가치 지표, 건강 지표, 그리고 기타 운영 지표를 뒤섞어 버리는 것이다. 하지만 지금까지 소개한 접근법을 따른다면, 가치 중심 지표와 기타 지표들을 분명하게 구분할 수 있고, 이는 우리가 전달하는 스토리를 훨씬 더 강력하고 명확하게 만들어 준다.

가치 입증이 경영진의 신뢰를 이끌어낸다

성공적인 커뮤니티 프로그램은 조직 전반의 폭넓은 지지를 바탕으로 운영된다. 그리고 이 지지를 얻기 위한 핵심은 커뮤니티가 핵심 비즈니스 성과에 실질적으로 기여하고 있음을 명확하게 보여주는 것이다.

인볼브닷에이아이Involve.ai의 고객 인텔리전스 전략가이자 이사회 고문인 메리 포펜Mary Poppen은 다음과 같이 말했다.

"결국 사람들이 알고 싶어 하는 건 '이게 수익에 어떻게 연결되는가'예요. 제 팀원 일부가 커뮤니티 참여와 업셀링 및 리뉴얼 간의 상관관계를 분석했는데, 아주 흥미로운 결과가 나왔어요. 고객사 직원 중 한 명이라도 커뮤니티에서 매월 활동하고 있다면, 그 고객은 커뮤니티에 전혀 참여하지 않는 고객보다 리뉴얼할 가능성이 8배 높았어요. 또한 연 1회 이상 VIP 이벤트에 참석한 고객은 수익 확장 가능성이 13배나 높았습니다. 이런 상관관계 분석은 투자 우선순위를 정하고, 무엇이 전략적으로 중요한지를 판단하는 데 큰 도움이 돼요. CEO들이 '이건 전략적으로 중요한 일이야'라고 말하게 만드는 근거가 되는 거죠."

모든 커뮤니티는 저마다의 특성을 가지고 있다. 따라서 커뮤니티의 가치를 입증하기 위해 어떤 지표를 사용해야 하는지에 정답은 없다. 하지만 여러분은 이번 장에서 제시한 가이드를 바탕으로, 자신의 조직에 중요한 가치 동력과 성과를 식별하고 선행 및 후행 지표, 직접적 상관관계를 이용해 강력한 하나의 가치 사례value case를 만들어낼 수 있을 것이다.

물론 지표는 중요하지만, 그것이 전부는 아니다. 법칙 1에서 우리는 고객과 고객 사이, 그리고 우리와 고객 간의 진정성 있는 인간적 연결human connection을 어떻게 형성할 수 있을지를 다뤘다. 그 후로 지금까지, 성공적인 커뮤니티 참여를 이끌기 위해 중요한 핵심 주제들을 함께 살펴보았다. 이제 이 파트의 마지막 법칙을 이야기할 시간이다. 우리 조직의 문화와 가치를 어떻게 커뮤니티에 녹여낼 것인가에 대해 이야기해 보자.

Chapter

14

법칙 10

커뮤니티에 조직의 문화와 가치를 담아라

'휴먼 퍼스트' 커뮤니티 만들기

– 닉 메타

2018년 4월 10일은 우리 회사의 역사적인 날이었고, 닉Nick 개인에게는 더욱 특별한 하루였다. 그날 아침, 캘리포니아 샌머테이오에서 열린 '펄스Pulse' 콘퍼런스에서 닉의 예상치 못한 랩 음악 경력이 시작되었고, 불과 몇 분 후, 그 경력은 끝이 났다.

고객 성공 소프트웨어에 바치는 단 하나의 힙합 헌정곡, 〈불타오르고 있나요Who's Fired Up?〉의 기원을 거슬러 올라가 보면, 2013년 닉이 '펄스' 기조연설에서 청중의 주목을 끌기 위한 한마디에서 시작된다. "누가 기대되나요? 누가 불타오르고 있죠?" 그는 몰랐다. 이 말이 앞으로 '펄스' 커뮤니티의 열정과 에너지를 상징하는 구호가 될 줄은. 그 이후로 닉은 해마다 같은 인사말로 행사의 포문을 열었고, 참가자들은 뜨거운 환호로 화답했다. 결국, 닉과 게인사이트Gainsight의 전 최고마케팅책임자

CMO 앤서니 케나다Anthony Kennada는 이 밈meme을 재치 있게 활용해 고객 성공을 주제로 한 힙합 곡을 만들자는 아이디어를 냈다. 그렇게 해서 탄생한 곡이 바로 〈불타오르고 있나요?〉이다. 이 곡은 장난스럽고도 진심 어린 방식으로 '펄스' 커뮤니티의 문화를 담아냈으며, 현재 스포티파이와 유튜브를 통해 감상할 수 있다.42

이 이야기는 어쩌면 HBO TV의 시트콤 드라마 〈실리콘 밸리Silicon Valley〉의 줄거리처럼 들릴 수도 있지만, 여기에는 커뮤니티에 대한 근본적인 진리가 담겨 있다. 바로 가장 성공적인 커뮤니티는 참석자와 주최자가 그들의 진정한 모습, 자신만의 개성까지도 드러낼 수 있게 해준다는 것이다. 게인사이트에서는 이 정신을 표현하기 위해 '휴먼-퍼스트Human-First'라는 용어를 만들었다. 최고의 커뮤니티는 그 핵심에 진정한 인간적인 문화를 지니고 있다.

그렇다면 커뮤니티 문화에 대해 이야기하기 전에, 먼저 기업 문화에 대해 살펴보자.

기업 문화

문화culture라는 개념은 인간이 사회를 형성해 가는 과정과 유사하다. 옥스포드 영어 사전에서 정의하는 이 용어는 그 범위와 포용력이 얼마나 넓은지를 잘 보여준다.

"특정 국가나 그룹의 관습과 신념, 예술, 생활 방식, 사회적 조직."

기업 문화company culture라는 개념은 엘리엇 자크Elliott Jaques에게서 시

---

42 〈Who's Fired Up?〉 영상 참조: https://www.youtube.com/watch?v=wlrX2uq4u5E

작되었으며, 그는 1951년 그의 저서 《공장의 변화하는 문화The Changing Culture of a Factory》에서 조직적 맥락에서 문화라는 개념을 처음 소개했다. 이 책은 초기 공장 조직에서의 기업 집단 행동을 설명하고 분석하며 발전시킨 사례연구였다.

오늘날 비즈니스 세계에서 기업 문화는 점점 더 치열해지는 인재 시장에서 사람들을 채용하고, 동기 부여하고, 유지하는 중요한 도구가 되었다. 많은 기업들이 이 개념을 그저 말로만 떠들지만, 선도적인 기업들은 문화를 진정성 있게 경쟁 우위로 활용하고 있다.

넷플릭스Netflix를 생각해 보자. 넷플릭스는 현대적이며 임직원을 존중하는 문화의 선구자 중 하나로 꼽힌다. 넷플릭스의 접근법은 종종 '자유와 책임Freedom and Responsibility'이라는 용어로 요약되며, 같은 이름의 책에 정리되었고, 출간되자마자 실리콘 밸리에서 큰 반향을 일으켰다.[43] 넷플릭스의 '컬처 덱Culture Deck'은 그 접근 방식을 128슬라이드에 걸쳐 설명한 프레젠테이션으로, 리더들에게 다른 방식으로 생각할 것을 자극했다. 넷플릭스의 컬처 덱이 주목을 받은 것은 다른 곳에 맞추려 하기보다는 자신의 입장을 분명히 하며 남들과 다르게 보였기 때문이다.

넷플릭스의 공동 창립자이자 20년 넘게 CEO로 재임한 리드 헤이스팅스Reed Hastings는 팀원들에게 가능한 한 많은 자율성을 부여하는 것에 깊은 신념을 가지고 있었다. 그들은 다음과 같은 급진적인 아이디어를 받아들였다.

---

43 국내에는 《파워풀: 넷플릭스 성장의 비결》로 출간되었다.

- 당시로서는 파격적인 방식인 '무제한 휴가'를 직원들에게 제공한다.
- 구매 승인 절차 없이 직원들이 자유롭게 구매 결정을 내릴 수 있도록 한다.
- 성과 관리에 있어서도 매우 적극적인 방식을 장려하며, '보통 수준의 성과자'는 신속하게 조직에서 정리한다.

모든 CEO나 기업이 넷플릭스의 접근법에 동의한 것은 아니었다. 바로 이 점이 넷플릭스를 뛰어나게 만든 요소다. 넷플릭스는 모두를 위한 문화를 만든 것이 아니다. 그들은 자신들의 필요와 팀에 맞는 고유의 문화를 만들었다. 넷플릭스 문화에 대해 더 알고 싶다면, 리드 헤이스팅스와 에린 마이어Erin Meyer의 책 《규칙 없음: 넷플릭스, 지구상 가장 빠르고 유연한 기업의 비밀No Rules Rules: Netflix and the Culture of Reinvention》을 읽어볼 것을 강력히 추천한다.

이 밖에도 다른 선도 기업들 역시 자신들의 기업 문화를 정의하는 데 앞장섰다.

- 허브스팟HubSpot은 '컬처 코드Culture Code'를 통해, 사명과 성과 지표에 대한 구성원들 공동의 열정을 강조한다. 창업자들은 "좋든 싫든 어차피 조직에는 문화가 생기게 마련이니, 차라리 우리가 사랑할 수 있는 문화를 만들자"고 판단했다.
- 세일즈포스Salesforce는 '신뢰'라는 가치를 모든 활동의 중심에 두고, 신뢰 기반의 문화를 구축하는 것이야말로 자사의 가장 큰 경쟁우위이자 차별점이라고 강조한다.

- 구글Google이 전통적인 기업 문화와는 전혀 다른 문화를 가지고 있다는 것은 익히 알려진 사실이다. 구글의 본사인 구글플렉스Googleplex만 보아도 그 차별적인 문화가 단번에 드러난다!

강력한 기업 문화들이 공통적으로 갖고 있는 특징은 '고유성'이다. 그리고 이러한 기업은 그들만의 고유한 정신을 외부 이해관계자와의 관계에서도 일관되게 확장해 나간다.

게인사이트에서는 비즈니스도 '휴먼-퍼스트'의 정신으로 성공할 수 있다는 사실을 스스로 증명하는 것을 사명으로 삼는다. 우리의 핵심 가치는 매일의 업무를 이끄는 나침반이자, 이 사명 아래 우리 모두를 하나로 연결해 주는 중심축이다. 이 가치들은 '휴먼 퍼스트' 기업이 되기 위한 여정에서 우리에게 방향을 제시해 주는 이정표이며, 회사를 올바른 길로 이끌고 있는지를 매일 확인하게 해주는 관점이기도 하다.

다음은 게인사이트의 다섯 가지 가치이다.

- **황금률**Golden Rule: 우리는 사람들이 대우받고 싶어 하는 대로 그들을 대우해야 한다고 믿는다.
- **모두의 성공**Success for All: 우리는 고객, 동료, 가족, 그리고 커뮤니티의 성공을 균형 있게 이루기 위해 끊임없이 노력한다.
- **어린아이 같은 즐거움**Childlike Joy: 우리는 내면의 아이를 매일 일터로 불러들이며 즐거움을 나눈다.
- **초심**Shoshin: 우리는 항상 초보자의 마음가짐을 잃지 않아야 한다고 믿는다.

- **갈증을 유지하라**Stay Thirsty: 우리는 내면에서 우러나오는 위대함에 대한 끝없는 갈망을 추구한다.

게인사이트에서 이러한 가치는 무엇보다 큰 의미를 가지며, 여러 인상적인 프로그램을 통해 실제로 실현되고 있다. 그래서 2023년 '글래스도어 직원 초이스 어워드Glassdoor Employees' Choice Awards'에서 일하기 좋은 기업으로 선정된 것을 더욱 자랑스럽게 여긴다. 다른 직장 관련 어워드들과 달리, 이 상은 자기 추천이나 신청 과정이 없다. 대신, 전적으로 우리 팀원들이 자발적으로 그리고 익명으로 글래스도어에 공유한 피드백을 바탕으로 선정된다. 이 수상은 우리의 미션과 문화가 올바른 방향으로 나아가고 있다는 강력한 증거이자 커다란 인정이다.

벽을 허물다: 기업 문화 = 브랜드 = 커뮤니티 문화

챕터 1에서 언급했듯이, 고전적인 비즈니스 접근 방식은 영화 〈대부〉의 상징적인 대사, 마피아 보스 마이클 코를레오네가 말한 "이건 사적인 게 아니야, 철저히 비즈니스일 뿐이야It's not personal, it's strictly business"로 가장 잘 표현할 수 있다. 하지만 우리는 가장 강력한 커뮤니티 문화일수록 오히려 매우 개인적인 감정이 깃들어 있다고 말하고 싶다.

팀원들이 집에서 어떻게 지내는지, 직원으로서는 어떻게 보이는지, 고객 및 다른 외부 이해관계자들과 어떻게 상호작용하는지를 구분하는 벽을 유지하는 대신, 가장 강력한 커뮤니티는 '벽을 허물고' 기업 문화와 커뮤니티 문화를 통합한다. 그들이 물리적 또는 가상의 사무실 안에서 보여주는 동일한 원칙과 가치들이 그들의 커뮤니티를 하나로 연결하는 역할을 하며, 이를 통해 커뮤니티에 참여하는 모든 사람들이 자신의 진짜 모습, '휴먼-퍼스트'의 자기 자신으로 있을 수 있다.

커뮤니티에서 문화의 중요성을 보여주는 근거로, 커뮤니티 라운드 테이블The Community Roundtable이 발행한 《커뮤니티 관리 현황 2022State of Community Management 2022》 보고서에서는 커뮤니티 성숙도 모델CMM; Community Maturity Model의 한 축인 '문화 역량culture competency'을 다음과 같이 정의하고 있다.

"조직 또는 커뮤니티 내에서의 습관, 동기(내재적·외재적), 사회적 규범, 커뮤니케이션, 의사결정 방식, 개발 프로세스, 학습 방식 등을 아우르는 요소."

오늘날 투명성에 대한 요구는 점점 기업 브랜드에까지 확장되고 있다. 소비자이자 비즈니스 전문가로서 우리는, 외부 이미지와 내부 행동이 너무 다른 기업들에 대해 회의적인 시선을 갖게 되었다. 사람들은 자신과 가치관을 공유하고, 자신이 믿는 바를 함께 지지하는 기업과 거래하기를 원한다. 따라서 앞으로는 기업의 내부 문화, 커뮤니티 문화, 브랜드가 하나의 통합된 정체성으로 자연스럽게 연결되는 것이 불가피한 흐름이다.

에리카 쿨Erica Kuhl은 2006년에 세일즈포스의 커뮤니티를 론칭했다. 다음은 그녀가 커뮤니티에서 문화에 대해 한 말이다.

문화는 시작 단계에서부터 형성되며, 처음 그것을 만들어가는 사람이야말로 커뮤니티의 미래에 가장 중요한 영향력을 가지게 됩니다. 트레일블레이저Trailblazer, 세일즈포스의 커뮤니티의 관점에서 제가 모든

것을 주도했다고 말하려는 건 아니에요. 다만 저는 조금 엉뚱하고, 호기심이 많으며, 사람들이 무엇에 동기 부여를 받고 왜 그런 행동을 하는지에 대해 깊은 관심을 가지고 있습니다. 스스로를 너무 심각하게 여기지는 않지만, 사람들에게 최선을 다하길 바라는 마음만큼은 매우 진지하죠.

그래서 이 커뮤니티가 단순히 엔터프라이즈 소프트웨어 이상의 의미를 가지게 된 것이 놀라운 일은 아니라고 생각합니다. 이 커뮤니티는 가치를 얻은 사람들이 그 가치를 다른 이에게 다시 나누는 것에 대한 이야기이니까요.

따라서 저에게 있어 '모든 것 뒤에는 사람이 있다'는 사실을 절대 잊지 않는 것, 그리고 무언가를 기대하기 전에 먼저 무엇을 줄 수 있을지를 충분히, 과할 정도로 고민하는 것은 매우 중요한 일입니다.

커뮤니티 문화의 원칙

기업의 문화든, 커뮤니티의 문화든, 이상적으로 둘 다의 문화를 정의할 때 무엇을 고려해야 할까? 가장 혁신적인 커뮤니티 중 하나를 운영해 왔고, 또 수많은 성공적인 커뮤니티들을 연구해 온 우리의 경험에 비추어 볼 때, 강력한 커뮤니티 문화를 만들기 위해 중요한 다섯 가지 원칙이 있다.

1. 가치를 정의하라: 구성원들이 공통으로 지닌 신념이나 철학은 무엇인가?
2. 존재 이유를 정의하라.
3. 고유한 개성을 발견하고 포용하라.

4. 우리만의 브랜드와 목소리를 만들어라.
5. 취약성을 표현하여 사람들의 마음을 열게 하라.

자, 이제 세부 내용으로 들어가 보자.

가치를 정의하라: 구성원들이 공통으로 지닌 신념이나 철학은 무엇인가?

우리는 커뮤니티를 설명할 때 '공동체'라는 개념에서 시작한다. 그것이 커뮤니티를 구성하는 정서적 유대감을 잘 표현해 준다고 생각하기 때문이다. 커뮤니티를 하나로 묶는 무언가는 반드시 존재하며, 그것이 무엇인지 명확히 정의하는 일은 매우 중요하다.

우리는 그 동질성이 종종 어떤 깊은 감정에서 비롯된다고 본다. 예를 들어, 외로움이라는 감정을 생각해 보자. 우리는 어린 시절 느꼈던 외로움에 대한 개인적인 이야기를 나누었고, 그 감정이 커뮤니티라는 개념에 자연스럽게 끌리게 만든 요인이 되었다. 게인사이트의 '펄스' 커뮤니티에서 참가자들이 가장 자주 느끼는 감정 중 하나도 바로 직장에서의 외로움이다. 하지만 '펄스'에서 함께할 때 그들은 자신이 이해받고 있다고 생각하고 소속감을 느낀다. 그들은 자신을 이해하는 사람들과 함께하며, 마침내 업무의 기쁨과 어려움을 같이 공감할 수 있게 된다. 이러한 이유로 '펄스' 커뮤니티는 서로에게 매우 큰 도움이 된다. 때로는 조언을 나누는 창구가 되고, 때로는 기댈 수 있는 따뜻한 존재가 되어준다.

이러한 감정적 유대와 연결의 가치를 강화하기 위해 우리는 다음과 같은 활동들을 하고 있다.

- 모든 '펄스' 이벤트를 시작할 때 '외로움'과 '연결'이라는 가치에 대해 이야기하며 시작하고, 과거에 이러한 가치들이 어떻게 나타났는지에 대한 사례를 공유한다.
- '펄스 주먹 인사Pulse Fist Bump'라는 의식을 만들어서, 참석자들이 옆 사람에게 "저는 당신 곁에 있습니다"라는 메시지를 전하게 한다.
- 커뮤니티 내 온라인 채용 공고를 운영하여 '펄스' 멤버들이 커리어 전환이나 이직의 기회를 찾을 수 있도록 돕는다.

하지만 '외로움'과 '연결'은 커뮤니티를 하나로 묶는 수많은 감정 중 일부일 뿐이다. 어떤 커뮤니티는 '자유'나 '권한 부여'라는 감정적 기반 위에 세워질 수도 있고, '혁신'이나 '창의성'을 중심으로 형성되기도 한다. 또는 전혀 예상치 못한, 예를 들어 랩 영상과 같은 주제를 매개로 뭉친 커뮤니티일 수도 있다. 가능성은 무궁무진하다.

서비스타이탄ServiceTitan의 최고마케팅책임자CMO인 크리스 페트로스Chris Petros는 그들의 커뮤니티가 어떻게 진정한 문화를 형성했는지 공유했다. 서비스타이탄은 배관공, 전기기사와 같은 전문기술직 종사자들을 위한 소프트웨어를 제공하는 기업으로, 매년 '판테온Pantheon'이라는 커뮤니티를 위한 대규모 행사를 개최한다.

제가 여러 해 동안 지켜본 몇 가지 흥미로운 점들이 있습니다. 그중 하나는 기업가로서 매우 강한 자부심이 있다는 것입니다. 사람들이 일반적으로는 잘 인식하지 못할 수도 있지만, 이 업계에는 개인 제트기를 타고 수십억 달러 규모의 매출을 올리는 거부들이 있습니

다. 말 그대로 어마어마하죠. 저는 그들을 비즈니스인으로서 정말 존경하게 되었습니다. '판테온' 행사에 가보면, 현장 업계에서 주목받고 있는 전문 시공업자들이 있습니다. 이들은 새롭거나 독창적이거나 혁신적인 무언가를 시도하고 있는 사람들인데요. 이들 중 한 명이 호텔 로비를 지나가기만 해도 최소 50번은 악수를 하고, 인사를 나누고, 질문을 받으며, 사람들이 몰려들어 그들이 무슨 일을 하고 있는지 알려고 합니다. 더 인상적인 건, 이들이 그 자리에서 모든 사람과 대화를 나누고, 도움을 주고, 조언을 아끼지 않는다는 점입니다.

e-디스커버리 분야의 선두 기업인 릴래티비티Relativity의 최고고객책임자CCO인 앤드루 왓츠Andrew Watts는 자신이 이끄는 커뮤니티에서 특별한 비전을 발견한다고 말한다.

우리 커뮤니티의 문화는 매우 '창의적'입니다. 〈릴래티비티 페스트 Relativity Fest〉 콘퍼런스에서는 커뮤니티 참가자들이 지난 1년 동안 가장 혁신적인 활동을 한 동료를 직접 투표로 선정합니다. 커뮤니티 구성원들은 이 과정을 무척 즐기며 열광합니다.

한편, 태블로Tableau의 전 최고마케팅책임자CMO였던 엘리사 핑크Elissa Fink는 자사 커뮤니티 문화를 특별하게 만든 요소로, '진정으로 인간적인 측면'을 강조했다.

초창기에는 사람들이 서로를 인간 대 인간으로 알아갈 수 있도록 많은 노력을 기울였어요. 커뮤니티에 관여하는 우리 팀원들이 그저 비즈니스 담당자가 아닌, '개인적인 존재'로 다가갈 수 있도록 신경을 썼죠. 우리는 사람들이 웃고, 함께하고, 개인적인 교류를 좋아하는 '사람'이라는 점을 커뮤니티 안에 녹여내고자 정말로 노력했습니다.

당신의 커뮤니티에서 사람들을 진정으로 결속시키는 것은 무엇인가?

존재 이유를 정의하라

커뮤니티의 핵심 가치를 설정했다면, 그다음 단계는 커뮤니티의 존재 목적을 명확히 정립하는 일이다. 과연 이 커뮤니티는 무엇을 위해 존재하는가? 커뮤니티 구성원들은 무엇을 지향하고, 어떠한 사명을 품고 있는가?

'펄스' 커뮤니티는 표면적으로는 고객 성공 매니저CSM들이 모인 집단이다. 하지만 이들은 단순히 같은 직업을 가진 사람들이 아니라, 더 넓은 차원에서 하나의 신념을 공유한다. 이들은 공급자와 고객 모두가 함께 성공할 수 있는 윈-윈 관계가 가능하다고 믿는다. 그리고 모든 이해관계자의 성공을 만들어가는 일에 열정을 쏟는다. 가장 근본적으로 '펄스' 커뮤니티 구성원들은 '사람 중심 비즈니스Human-First business'라는 생각을 믿는다. 즉 벤더, 고객, 직원이라는 역할 이전에 우리는 모두 사람이라는 사실을 무엇보다 중요하게 여긴다.

이것은 '펄스'에서 여러 방식으로 나타난다.

- 펄스 회원들은 '펄스 임팩트Pulse Impact'라는 이름 아래, 고객 성공 분야에 더 많은 다양성과 평등을 가져오기 위한 프로그램들을 직접 만들어왔다.
- 이들은 고객에게 더 큰 가치를 제공하기 위해, 자신들이 할 수 있는 일의 한계를 끊임없이 넓혀간다.
- 이들은 고객을 대표해 자사 내에서 열정적으로 목소리를 낸다.

잠시 시간을 내어 당신이 참석한 비즈니스 이벤트를 떠올려보자. 그중 감정적으로 깊은 울림을 주었던 행사가 있었는가? 당신 안에 사명감을 불러일으킨 경험이 있었는가? 진정한 커뮤니티의 일원이 되었다는 느낌을 받은 적이 있는가? 이런 감정을 불러일으키는 이벤트는 참가자들에게 오랫동안 깊은 인상을 남긴다. 이들은 공동의 열정과 추진력을 불러일으킨다.

목적이 지닌 힘이 얼마나 큰지 이해해야 한다. 이 공유된 목적의식은 커뮤니티를 단순히 업무를 위한 수단이 아닌, 더욱 큰 의미와 영향력을 지닌 존재로 만든다. 목적이 분명한 커뮤니티는 다른 어떤 것보다 강한 참여와 변화를 이끌어낼 수 있다.

당신의 커뮤니티는 어떤 목적을 가지고 있는가?

고유한 개성을 발견하고 포용하라

커뮤니티를 하나로 묶는 건 단지 공통의 가치나 목표만이 아니다. 각자의 독특한 개성이나 부족함도 사람들 사이의 관계 형성에서 똑같이 중요한 역할을 한다고 생각한다. 당신의 커뮤니티 구성원들은 어떤 점에서 조금 덜 멋지게, 덜 이상적으로 보이는가? 그들을 사랑스럽고 특별하게 만드는 괴짜 같은 면모는 무엇인가?

고객 성공 관리라는 직업에 종사하는 '펄스' 참석자들은 사람들에게 기쁨을 주고자 하는 성향이 강하다. 그들은 끊임없이 자신의 기술을 성장시키고 개발하지만, 한편 회사 동료들에게 이해받지 못한다는 점에 서로 공감한다. 고객을 위한 일이라면 뭐든지 맡아버리는 자신들의 습관에 대해 농담을 하고, 노래방에 대한 강한 애정도 가지고 있다.

세일즈포스의 에리카 쿨은 '개성'이 그들의 커뮤니티 문화의 핵심적인 부분이었다고 말한다.

> 커뮤니티 초창기 시절, 질문에 엄청난 양의 답변을 달고 있던 한 커뮤니티 멤버가 있었어요. 스티브Steve라는 사람이었는데, 거의 혼자서 커뮤니티 전체를 책임지고 있다고 해도 과언이 아니었죠. 그가 휴가를 간다고 말했을 때, 저는 완전히 당황했어요. "오, 안 돼, 그가 휴가를 가면 우리 커뮤니티는 어떻게 굴러가지?"라고 생각했죠. 그러다 저는 "이 순간을 벤치마킹해서, 그가 떠난 후의 영향을 관찰해봐야겠다"라고 생각했어요. 그 영향은 정말 엄청났어요. 그가 돌아왔을 때 저는 속으로 생각했죠. "좋아, 이제는 더 많은 스티브를 만들어내는 데 힘써야겠다. 그건 근본적으로 내 책임이야." 하지만 동시에 "우리 커뮤니티에 끼친 그의 영향력을 생각하면, 스티브에게 뭔가 특별한 걸 해줘야 해"라고도 느꼈어요.

스티브는 보스턴 출신이에요. 맥주를 정말 좋아하죠. 특히 플리니 더 엘더Pliny the Elder라는 맥주를요. 이건 러시안 리버 브루잉Russian River Brewing에서 나오는 마니아층이 강한 맥주예요. 그는 이 맥주를 정말 좋아하지만 매사추세츠에서는 구할 수가 없어요. 그리고 지금부터 하는 얘기는 엄밀히 말하면 합법적이진 않지만⋯ 뭐, 전 상관없어요. 저는 홀푸드Whole Foods에서 플리니 더 엘더 대용량 병을 사서 포장한 뒤에, 어떻게든 이 음료를 배송할 방법을 찾아냈습니다. 드라이아이스로 포장해서 보스턴으로 보냈죠. 스티브는 그 맥주를 받았고, 그는 오늘날까지도 여전히 커뮤니티에서 최고 성과를 내고 있습니다.

저는 세일즈포스를 떠난 지 벌써 3년이 되었고, 우리가 커뮤니티를 시작한 지는 거의 20년이 다 되어가요. 그가 말하길, 그가 여전히 이 커뮤니티의 멤버로 남아 있는 이유는 처음부터 우리가 만들었던 이 '연결connection'과 '개인화personalization' 덕분이라고 합니다. 그래서 저는 이 이야기를 정말 좋아합니다.

태블로의 엘리사 핑크는 그들의 개성 있는 커뮤니티에 대한 재미있는 이야기를 들려주었다.

우리는 한 커뮤니티 회원이 자신들만의 상을 만들었다는 이야기를 들었습니다. 그 시상식을 '비지즈The Vizzies'라고 불렀습니다. 시상 분야 중에, 조금 부끄럽지만, 저를 주제로 한 상이 하나 있었어요. 제가 종종 욕설을 한다는 이유로, 그들은 '엘리사 핑크 욕설 상'을 만들었어요. 욕설을 곁들인 데이터 시각화 작업을 하면, 그 상을 받을 수 있었죠.

또 다른 예로, 우리 커뮤니티에 매우 적극적으로 참여하는 직원이 있었는데, 저는 그 사람을 '직원이라기보다는 커뮤니티 멤버'에 더 가깝다고 생각했어요. 그 직원은 '비즈 댄스'라는 춤을 만들어서는 그것을 블로그에 올리고 다른 여러 사이트에도 공유했죠. 그러자 갑자기 모두가 그 춤을 추기 시작했어요. 몇 달 뒤에 열린 콘퍼런스 전시홀에서 200명에서 250명 정도 되는 사람들이 플래시몹으로 그 춤을 추기도 했습니다.

또 하나 재미있는 에피소드는, 우리가 소프트웨어 버전 6를 출시하면서 진행한 '식스의 기쁨The Joy of Six'이라는 마케팅 캠페인이 있었어요. 우리는 커뮤니티 멤버들이 적극적으로 참여하도록 독려했죠. 그들은 트위터에 이렇게 농담을 올렸습니다.

"아내에게 오늘 늦는다고 말했어. 왜냐하면 회사에서 식스를 하고 있거든."

당신의 커뮤니티는 어떤 점에서 돋보이는가?

우리만의 브랜드와 목소리를 만들어라

이제 가치, 목적, 그리고 개성을 바탕으로 하여 커뮤니티를 하나의 브랜드로 정립할 차례다. 당신의 커뮤니티 구성원들이 공유하는 유대감을 감성적으로 강화할 수 있는 방법은 무엇일까?

첫 번째 단계는 '용어'이다. 앞서 이야기했듯이, 우리는 '휴먼-퍼스트

Human-First'라는 용어를 사용해 '펄스'의 정신을 표현한다. 그리고 물론 짧고 강렬한 목적이나 미션 문구도 중요하지만, '백문이 불여일견'이라는 말처럼 때로는 이미지 하나가 더 많은 메시지를 전달하기도 한다. 그 말이 사실이라면, 패러디 영상 하나는 아마 그보다 훨씬 더 큰 힘을 발휘할 수 있을 것이다.

게인사이트에서는 '펄스' 커뮤니티의 감성을 유쾌하게 담아낸 유튜브 영상을 정말 많이 만들었다. 그 예로는 다음과 같은 것들이 있다.

- 고객 성공 매니저의 일상을 다룬, 테일러 스위프트의 〈블랭크 스페이스Blank Space〉 패러디
- 고객 지원의 고충을 다룬, 가스 브룩스의 컨트리송 〈프렌즈 인 로 플레이스Friends in Low Places〉 커버
- 클라이언트가 자신들의 요구에만 맞는 제품을 만들도록 강요하는 내용을 다룬, 백스트리트 보이즈의 〈아이 원트 잇 댓 웨이I Want It That Way〉 오마주
- 고객 관계의 단계별 여정을 다룬, 디즈니 테마의 뮤지컬
- 고객성공팀 리더가 겪는 독특한 교훈을 다룬, 〈테드 래소Ted Lasso〉 패러디
- 그리고 랩 비디오

이제 창의력을 발휘할 때다. 커뮤니티 정신을 담는 방법을 어떻게 창의적으로 찾아낼 수 있을까?

취약성을 표현하여 사람들의 마음을 열게 하라

커뮤니티는 서로 영향을 주고받으며 만들어진다. 누군가가 진심이 아닌 태도로 참여하면 다른 사람들도 따라 벽을 세운다. 하지만 누군가 먼저 진솔하게 마음을 열고 이야기하면, 막혀 있던 벽이 허물어지며 모두가 진짜 자신을 드러내기 시작한다.

커뮤니티를 이끄는 사람으로서, 당신은 분위기를 결정짓는 중요한 역할을 하게 된다. 온라인에서의 첫 게시물이든, 오프라인 행사에서의 첫 인사말이든, 당신이 어떤 이야기를 하느냐에 따라 사람들의 반응이 달라진다. 만약 당신이 얼마나 훌륭한지에 대해 이야기하는 것으로 시작하면, 구성원들은 자신들도 그런 태도를 취해야 한다고 느낄 것이다. 만약 당신이 솔직하고 진심 어린 이야기를 꺼낸다면, 그 진정성은 전염된다는 것을 알게 될 것이다.

'취약성을 바탕으로 리더십을 이끌어 가기'에 대해 누구보다 강력하게 얘기한 사람은 베스트셀러 작가이자 TED 강연으로 유명한 브레네 브라운Brené Brown이다. "과거에는 리더십이란 강인함을 과시하고 약점을 숨기는 것이 당연한 것처럼 여겨졌지만, 진정으로 존경받고 영향력 있는 리더는 오히려 자신을 솔직하게 드러내는 사람들이다"라고 브라운은 말했다.

'펄스' 이벤트에서 우리는 언제나 이러한 분위기를 만들기 위해 노력해 왔다. 특히 유명한 것은 닉의 폐회 연설인데, 그는 매년 서로를 가로막는 가면을 벗겨내려고 시도한다. 닉은 다음과 같은 주제들에 대해 이야기해 왔다.

- 아무리 성공을 거두어도 여전히 느껴지는 '충분하지 않다'는 감정
- 어린 시절의 외로움과, 그 감정이 어떻게 지금까지 지속되고 있는지
- 그와 자녀들이 때때로 느끼는 고립감
- 아버지의 치매와, 그로 인해 얼마나 매 순간을 더욱 소중히 여기게 되는지

우리만 그런 것이 아니다. 우리가 연구한 거의 모든 커뮤니티에서 '취약성을 드러내는 것'은 중요한 요소였다. 당신은 어떻게 용기를 내어 커뮤니티 앞에 진솔하게 나설 수 있을까? 어떻게 하면 '취약성을 나누는 선순환'을 만들어갈 수 있을까?

결론

이번 장에서 소개한 사례들이 여러분이 커뮤니티 문화를 정의할 때 참고할 수 있는 실질적인 팁이 되었기를 바란다. 또한 기업 문화, 브랜드, 커뮤니티 문화 간의 경계를 허무는 일이 성공적인 커뮤니티 구축의 마지막이자 중요한 단계라는 점도 설득력 있게 전달되었기를 바란다.

이로써 마지막 법칙이자 이 책의 두 번째 파트를 끝맺는다. '성공적인 커뮤니티 구축을 위한 10가지 법칙'은 올바른 커뮤니티 전략을 세우는 데 꼭 필요한 전략적 구성 요소들을 보여주었다. 다음 파트 3에서는 훌륭한 커뮤니티 프로그램을 시작하는 방법과, 그 과정에서 마주치는 내부 장벽들을 어떻게 극복할 수 있을지에 대한 실질적인 조언을 이어갈 예정이다.

PART 3

커뮤니티, 어디서부터 시작할까?
지속 가능한 커뮤니티의 첫걸음

Chapter

15

성공적인 커뮤니티 시작을 위한 로드맵
탄탄한 전략을 완성하는 5단계 방법

　이 책의 파트 1과 파트 2에서는 효과적인 커뮤니티를 구축하는 데 필요한 핵심 원칙들을 다루었다. 이제는 그 내용을 실제로 어떻게 커뮤니티 전략으로 구현할 수 있는지 살펴볼 차례다.

　우리는 그동안 수많은 커뮤니티 전략을 접해왔는데, 대부분의 전략에는 공통적으로 반복되는 몇 가지 주제들이 있었다. 곧 소개할 전략 템플릿에도 이러한 핵심 주제들이 포함되어 있으며, 커뮤니티의 시작을 위한 유용한 인사이트를 제공할 것이다. 다만 본격적으로 템플릿을 소개하기에 앞서, 많은 커뮤니티 전략에서 반복적으로 나타나는 대표적인 함정부터 먼저 짚고 넘어갈 필요가 있다.

　고객에게 커뮤니티를 통해 어떤 성과를 기대하느냐고 물으면 종종 "실무 지식을 교류하는 커뮤니티였으면 좋겠다" 또는 "고객들이 서로 연결되고 영감을 얻을 수 있도록 하고 싶다"는 식의 답변을 듣게 된다. 이런 답변 자체는 타당해 보이지만, 때때로 현실은 기대와 다를 수 있다.

예를 들어, 커뮤니티가 기대만큼 성장하지 못하거나, 예상치 못한 일이 벌어질 수도 있다. 흔히 접하는 사례 중 하나가, 커뮤니티팀은 고객 지원 중심의 커뮤니티를 원하지 않는다고 하지만, 정작 회원들은 계속해서 고객 지원 관련 질문을 올리는 경우다. 그러면 이들은 어떻게 하면 이런 상황을 멈출 수 있을지 고민하게 된다.

이런 일이 벌어지는 가장 큰 이유는, 커뮤니티 전략을 '내부 관점inside-out'으로만 접근했기 때문이다. 그들은 커뮤니티의 개념과 방향을 정의했지만, 그들의 회사와 제품, 그리고 고객을 둘러싼 모든 요소와 고유한 맥락을 충분히 고려하지 않았다. 또한 그들은 비즈니스 목표와 일치하는 커뮤니티의 명확한 목표나 진정한 목적을 설정하지 않았을 가능성이 크다.

이제 이러한 함정을 피할 수 있는 단계별 프로세스를 알아보자.

1단계: 목표와 우선순위를 명확히 설정하고 커뮤니티 활용 사례와 연결하라

커뮤니티는 '목적'이 있을 때 비로소 힘을 발휘한다. 그리고 그 목적은 다양한 방식으로 비즈니스 전반에 기여할 수 있다. 앞서 챕터 4에서 살펴본 것처럼, 커뮤니티는 고객성공팀뿐만 아니라 마케팅팀, 제품팀, 세일즈팀 모두에게 전략적 자산이 될 수 있다. 우리가 커뮤니티 전략을 수립할 때 자주 쓰는 방법 중 하나는, 대표적인 다섯 가지 커뮤니티 활용 사례를 기준으로 모든 조직들이 얻을 수 있는 가치와 주요 활동, 관련 지표들을 정리하는 것이다.

커뮤니티의 성공적 시작을 위한 구성 요소

	서비스 및 P2P 지원	교육 및 영감	옹호 활동	네트워킹 및 연결	제품 아이디어 및 업데이트
모듈 (Modules)	• 커뮤니티 지식 베이스	• 커뮤니티 지식 베이스 • 이벤트	• 대화형 그룹 이벤트	• 그룹 이벤트	• 아이디어 • 제품 업데이트
성과 지표 (Metrics)	• 셀프 서비스 비율 • 문의 회피율 • 사용자 간 답변 수	• 콘텐츠 유용성 • 이벤트 참석률 • 설문 피드백	• 이벤트 참석률 • 그룹 가입 및 참여도	• 이벤트 참석률 • 설문 피드백 • 그룹 가입 및 참여도	• 아이디어 수 및 투표 수 • 아이디어 반영 여부
활동 및 초점 (Activities and Focus)	• 콘텐츠 관리 • 게임화 • 지식 베이스 콘텐츠 • 파워유저 참여	• 지식 베이스 콘텐츠 (기사) • 웨비나 • 외부 기여자 참여	• 웨비나 • 이벤트 • 그룹 주도 활동	• 이벤트 및 설문 피드백 • 그룹 가입 및 참여	• 아이디어 후속 조치 • 제품 업데이트 공유
지원 플랫폼 (Supporting Platforms)	• 고객 지원 포털 • 영상 호스팅 플랫폼	• 영상 호스팅 플랫폼 • 웨비나 플랫폼 • 학습 관리 시스템 (LMS)	• 옹호 및 인센티브 플랫폼 • 웨비나 플랫폼	• 웨비나 플랫폼	• 제품 로드맵 플랫폼

B2B SaaS 분야에서 커뮤니티를 구축할 때는 앞서 언급한 다양한 커뮤니티 활용 사례를 모두 고려하는 것이 좋다. 이들 각각은 비즈니스에 유의미하고 가치 있는 영향을 줄 가능성이 높기 때문이다. 하지만 시작 단계에서 모든 것을 한꺼번에 시도하는 것은 좋은 전략이 아니다. 대신, 현재 가장 시급한 비즈니스 문제나 기회가 무엇인지를 먼저 파악한 뒤, 이를 커뮤니티 활용 사례에 연결시켜 커뮤니티의 주요 초점을 설정하는 것이 바람직하다.

예를 들어, 고객 지원 조직을 확장하고 제품 피드백 루프를 개선해 제품 사용률과 고객 만족도를 높이는 것이 시급한 과제라면, 그에 맞춰 커뮤니티의 주요 목표를 설정할 수 있다. 이러한 접근은 초기 몇 개월 동안 커뮤니티 운영의 방향을 잡는 데 도움이 되며, 특히 실질적인 비즈니스 성과에 초점을 맞출 경우, 초기 성공과 가시적인 가치를 창출할 가능성이 높아진다. 이는 앞서 법칙 9에서 언급한 내용이기도 하다.

지금까지의 내용은 상당히 상식적인 접근이다. 그러나 앞에서 언급한 함정은 바로 여기서 멈추는 것이다. 그러니 이 시점에서 반드시 고려해야 할 다른 중요한 요소들에 대해 살펴보자.

2단계: 커뮤니티 대상과 핵심 페르소나를 이해하라

초기 커뮤니티 활동의 초점을 어디에 둘지 결정했다면, 이제는 커뮤니티 대상이 되는 구성원의 고유한 특성을 깊이 이해하는 것이 중요하다. 법칙 4에서 설명했듯이, 대부분의 기업은 이미 자사의 핵심 페르소나를 정의해 놓았기 때문에, 이러한 기존 인사이트를 활용할 수 있다. 먼저 고려해 볼 수 있는 세 가지 간단한 질문은 다음과 같다.

1. 우리 커뮤니티의 대상 고객의 규모는 어느 정도이며, 핵심 페르소나는 누구인가?
2. 그들은 우리 제품과 어떤 관계를 맺고 있는가?
3. 제품과 관련하여 이들이 직면한 가장 큰 니즈와 과제는 무엇인가?

이러한 질문들은 각기 현재 처한 상황과 어떤 커뮤니티 전략이 효과적일지를 파악하는 데 중요한 인사이트를 제공할 수 있다. 예를 들어, '고객 규모'는 커뮤니티가 일정 수준의 활발한 참여를 이루고 자발적으로 성장할 가능성에 대한 중요한 정보를 제공한다. 만약 전체 고객 수가 100~200명 수준이고, 각 기업에서 제품을 활발히 사용하는 사람이 한두 명뿐이라면, 커뮤니티 전략에는 지속적이고 적극적인 참여 유도의 노력이 포함되어야 할 것이다.

마찬가지로, 고객이 제품과 맺고 있는 '관계의 성격'도 전략 수립에 영향을 미친다. 예컨대 고객이 제품을 주당 한두 시간 정도만 사용하는 경우와 매일 하루 종일 사용하는 경우는 전혀 다른 전략적 접근 방식이 필요하다.

고객의 '니즈'에 관한 세 번째 질문은 아마도 가장 중요한 질문일 것이다. 이건 매우 당연한 고려 사항처럼 보이지만, 실제로는 자주 간과되곤 한다. 커뮤니티 전략을 제대로 세우기 위해서는 고객이 무엇을 필요로 하고, 무엇을 가장 원하는지 정확히 이해하는 것이 매우 중요하다. 고객이 기술적 문제를 많이 겪고 있는가? 아니면 주로 사용 방법 관련 질문을 하고, 성공 사례를 찾고 있는 것인가? 제품에 대한 아이디어가 많은가? 네트워킹을 통해 커리어를 발전시키고 싶어 하는가?

여기서 우리는 1단계에서 정의한 '초점' 영역을 다시 점검할 수 있다. 커뮤니티를 통해 무엇을 하고 싶은지는 결국 고객의 니즈와 일치해야 한다. 이 부분을 충분히 고려하지 않으면, 커뮤니티팀이 그들의 목표와는 전혀 다른 지원 중심의 커뮤니티로 전락하게 되는 경우가 발생한다. 결국 고객은 그들의 행동을 통해 커뮤니티에서 무엇을 원하고 기대하는지 우리에게 보여줄 것이다.

커뮤니티 구성원에 대해 더 깊이 이해하기 위해서는 데이터와 인사이트를 활용하는 것이 좋다. 예를 들어, 고객지원팀에 가장 자주 묻는 상위 질문 10개는 무엇인가? 주요 이탈 이유는 무엇인가? 주요 성공 요소는 무엇인가? 고객성공팀이 고객과의 상호작용에서 직면하는 가장 큰 도전 과제는 무엇인가? 그리고 가능하다면, 직접 고객 인터뷰를 진행하거나 설문조사를 보내는 것도 매우 강력한 방법이다. 이를 통해 커뮤니티 전략을 수립하는 데 바로 활용할 수 있을 깊이 있는 인사이트를 얻을 수 있다.

이로써 콘텐츠 생성과 참여의 초점을 어디에 맞출지, 그리고 고객의 요구를 충족시키기 위해 가장 많은 노력이 필요한 부분이 어디인지를 파악할 수 있게 된다. 또한 이것은 커뮤니티 참여를 시작하고 실제로 커뮤니티를 구축해 나가는 출발점이 될 수 있다.

3단계: 자사의 조직과 문화를 반영하라

이제 커뮤니티 전략의 방향성과 고객, 그들의 니즈에 대해 충분히 파악했다면, 흔히 간과되기 쉬운 또 다른 요소를 살펴볼 차례다. 바로 기업 고유의 조직문화다.

법칙 10에서 우리는 기업 문화에 대해 자세히 다뤘고 기업의 문화와 가치를 어떻게 커뮤니티에 반영할지에 대해 얘기했다. 여기서는 커뮤니티 전략과 실행 계획을 수립할 때 조직과 문화를 어떻게 고려해야 할지에 대해 논의할 것이다.

몇 가지 예시 질문을 통해 생각해 보자.

1. 당신의 조직은 위험 회피 성향이 강한가?
2. 새로운 것을 실험하고 테스트할 수 있는 유연성이 있는가, 아니면 빠르게 가시적인 성과를 증명해야 하는가?
3. 당신의 조직은 '가치'를 어떻게 정의하고 평가하는가?

당신의 조직에 맞는 커뮤니티 전략이란, 결국 조직 고유의 문화와 조화를 이루고 그 문화에 맞게 정교하게 설계된 전략이다. 예를 들어, 조직이 리스크에 매우 민감하고 보수적인 문화를 갖고 있다면, 신중하고 체계적인 접근이 필요하다. 한 단계씩 점진적으로 나아가는 방법론적 계획methodical plan이 적합할 수 있다. 반면, 실험과 도전을 장려하는 문화를 가진 조직이라면, 빠르게 실행하고 과감하게 시도하는 전략이 더 효과적일 수 있다. 실패도 하나의 학습으로 받아들이고, 실험을 반복하며 방향을 잡아가는 방식이 더 잘 맞을 것이다. 여기에는 옳고 그름이 없다. 중요한 것은 당신의 조직 문화에 맞고, 공감과 실행을 이끌어낼 수 있는 전략인가 하는 점이다.

1단계에서 우리가 초점을 두는 비즈니스 문제와 기회에 대해 살펴보았다. 이와 더불어 조직이 '가치'를 어떻게 바라보고 이야기하는지 되짚어 보는 것도 중요하다. 명확한 재정적 이익이나 비용 절감을 입증하는 강력한 ROI 모델을 만들어야 하는가? 아니면 리더십 팀과 전 조직이 커뮤니티 참여의 내재적 가치를 이해하고, 고객과의 친밀감을 보여주는 이야기나 사례에 더 잘 반응하는가? 이러한 세부적인 차이점들은 성과 지표와 KPI핵심 성과 지표를 설정하는 데 유용한 정보를 제공할 수 있으며, 물론 법칙 9에서 다룬 모범 사례들을 활용하는 것도 권장한다.

4단계: 생태계를 고려하라

커뮤니티는 고립된 공간에서 존재하지 않는다. 커뮤니티는 다양한 툴, 채널, 그리고 고객과의 접점touchpoint들이 얽힌 더 넓은 생태계 안에서 운영되며, 이 전체 생태계의 성격을 이해하는 것은 커뮤니티의 고유한 목적과 전략을 정의하는 데 필수적이다.

다음 세 가지 예시 질문을 생각해 보자.

1. 고객들은 어떤 다른 자원에 접근할 수 있으며, 현재 어디에서 서로 소통하고 있는가?
2. 우리의 커뮤니티를 생태계 내에서 어떻게 포지셔닝할 것인가?
3. 우리 커뮤니티가 이 생태계 안에서 가지는 고유한 목적은 무엇인가?

2단계에서 우리는 커뮤니티 구성원의 '니즈'에 대해 고민했다. 이 질문은 매우 중요하지만, 현재 고객의 니즈를 이미 충족하고 있는 다른 접점들이 무엇인지도 함께 고려해야 한다. 이들은 당신의 커뮤니티가 설정한 목표와 경쟁 관계에 놓일 수 있기 때문이다.

예를 들어, 커뮤니티 구성원이 '네트워킹'에 대한 강한 니즈를 가지고 있지만, 이미 링크드인이나 슬랙 그룹 등에서 충분히 만족하고 있을 수도 있다. 이 경우 커뮤니티의 주요 초점을 네트워킹에 둘 것인지부터 신중히 검토해야 한다. 만약 네트워킹을 커뮤니티 전략의 일환으로 채택하려 한다면, 기존보다 더 적은 노력으로 참여할 수 있거나, 또는 기존에는 없는 새로운 가치를 제공해야 할 것이다. 그렇지 않으면 쉽게 사람들을 끌어들이지 못할 것이다. 예를 들어 여러분의 커뮤니티가 특정 주제에 특화된 소규모 그룹이나 오프라인·온라인 이벤트를 운영하며, 어디에서도 경험할 수 없는 고유한 네트워킹 경험을 제공할 수 있다면 차별화된 가치로 자리 잡을 수 있다.

더 나아가, 이미 구성원들이 활동 중인 링크드인이나 슬랙 같은 플랫폼과의 연계 가능성도 함께 검토해야 한다. 기존 채널과의 연결고리를 만들어 커뮤니티로 유입을 유도하거나, 양방향 흐름을 유도할 수 있는 구조를 설계하는 것도 좋은 전략이 될 수 있다.

이 질문들은 커뮤니티가 어떤 목적을 충족해야 하는지, 그리고 그 목적이 다른 곳에서는 아직 (충분히) 충족되지 않고 있는지를 파악하는 데 도움을 준다. 이는 커뮤니티의 장기적인 성공에 매우 중요하다. 왜냐하면 커뮤니티가 분명한 목적을 갖고 있고, 다른 곳에서는 충족되지 않는 니즈를 채워줄 때, 구성원들은 지속적으로 커뮤니티에 머물고 돌아오기 때문이다.

하나의 예로, 우리가 자주 접하는 질문 중 하나는 고객 지원 중심의 활용 사례를 지식 베이스 포털knowledge-based portal과 함께 어떻게 운영할 것인가에 대한 것이다. 법칙 3에서 논의한 바와 같이, 우리는 커뮤니티가 고객 여정에 통합되어야 한다는 비전을 믿는다. 법칙 8에서는 커뮤니티가 중앙 허브이자 주요 랜딩 페이지 역할을 할 수 있다는 이상적인 접근법에 대해서도 이야기했다. 하지만 실제로는, 지식 베이스 포털처럼 커뮤니티와 유사한 기능을 하는 기존 접점이 함께 존재할 수도 있다. 이런 경우, 두 채널의 차별점에 대해 다시금 고민해 보아야 한다. 예를 들어, 커뮤니티가 '지원' 기능도 수행하지만, 지식 베이스 포털에는 없는 '성공 사례'나 '사용 방법' 콘텐츠를 강조할 수 있다(법칙 4 '배움과 영감을 주는 콘텐츠를 만들어라' 참조).

이처럼 커뮤니티의 목적이 명확히 정의되면 전반적인 전략 수립과 실행 방향을 잡을 수 있을 뿐 아니라, 고객 여정 내 커뮤니티의 역할을 효과적으로 포지셔닝하고, 조직 내에서 커뮤니티의 가치를 스토리텔링으로 설득하는 데에도 강력한 기반이 된다.

5단계: 학습한 내용을 커뮤니티 전략 및 실행 계획으로 정리하라

앞선 단계들을 통해 우리는 회사를 둘러싼 내부 요인과 외부 생태계, 그리고 고객에 대한 통합적인 접근법을 알아보았다. 이러한 인사이트를 바탕으로, 이제는 성과를 낼 수 있는 커뮤니티 전략과 실행 계획을 구체화할 수 있다.

우리가 선호하는 커뮤니티 전략 요약 방법 중 하나는 OGSM_{Objective, Goals, Strategies, Measures} 프레임워크를 사용하는 것이다. 이것은 특히 1년 이상의 긴 시간 동안 커뮤니티 계획을 세울 때 유용하다. 반면, 분기별과 같이 짧은 기간을 설정할 경우에는 OKRs_{Objectives, Key Results} 방식이 더 효과적일 수 있다.

OGSM 프레임워크에 대한 구체적인 방법론은 온라인에서 많이 찾아볼 수 있으므로 여기서는 자세히 다루지 않겠지만, 그 핵심은 간단하다. 목표Objective와 목표 달성 지표Goals, 전략Strategies, 측정 기준Measures을 한 페이지의 개요로 깔끔하게 정리하는 것이다.

다음은 OGSM 프레임워크 기반의 커뮤니티 계획에 대한 매우 간단한 템플릿으로, 일반적인 커뮤니티 전략에 대한 예시도 포함되어 있다. 한 단계 더 내려가면 각 전략에 연결된 (타임라인이 포함된) 구체적인 전술을 확인할 수 있다. 이 모든 것을 종합하면, 전체 계획과 로드맵을 완성할 수 있다. 계획은 구체적인 행동과 전술, 타임라인 및 담당자를 연결하여 작성해야 한다.

Objective: 이 기간 동안의 커뮤니티 목표를 한 문장으로 정리	
Goals & Measures	**Strategies**
첫 번째 목표달성지표 및 KPI (예를 들어, 고객 지원 및 셀프 서비스 관련)	첫 번째 전략 (예를 들어, 커뮤니티의 포지셔닝 및 홍보 관련)
	두 번째 전략 (예를 들어, 콘텐츠 기획 및 제작 관련)
두 번째 목표달성지표 및 KPI (예를 들어, 참여 및 옹호 관련)	세 번째 전략 (예를 들어, 참여 촉진 및 옹호 관련)
세 번째 목표달성지표 및 KPI (예를 들어, 제품 피드백 관련)	네 번째 전략 (예를 들어, 데이터 및 인사이트 관련)
	다섯 번째 전략 (예를 들어, 플랫폼 및 통합 최적화 관련)

첫해에 예상할 수 있는 것들

새로운 커뮤니티를 시작하는 것은 신나기도 하지만 한편으로는 부담스러울 수 있다. "우리가 얼마나 많은 트래픽을 얻어야 할까요?" 또는 "충분한 회원을 모으고 있나요?"와 같은 질문을 종종 듣게 된다. 다른 커뮤니티들과 비교해서 얼마나 잘하고 있는지 궁금해하는 것은 자연스러운 일이다. 우리는 고객들과 함께 이러한 질문에 대한 답을 제공할 수 있는 벤치마크 데이터를 자주 개발하지만, 이 숫자들만으로는 한계가 있다. 왜냐하면 각 커뮤니티의 고유한 상황을 반영하지 않기 때문이다.

게인사이트Gainsight의 고객 성공 경험 및 운영 담당 SVP인 타일러 맥널리Tyler McNally는 벤치마크에 관한 질문이 나올 때 이렇게 말한다.

"좋은 NPS순추천지수가 무엇이냐고요? 시간이 지나면서 점수가 상승하는 것입니다. 그리고 현재 점수 뒤에 있는 근본적인 원인들을 적극적으로 해결하고 있는 경우입니다."

따라서 벤치마크에 집중하기보다는 커뮤니티를 여러 주제에 걸쳐 성숙도의 단계별로 발전시켜 나가는 방식이 훨씬 더 도움이 될 수 있다. 커뮤니티 성숙도를 생각하는 방법은 여러 가지가 있지만, 가장 간단하고 일반적인 방법은 기본적인 단계들로 나누는 것이다. 간소화된 버전을 살펴보자.

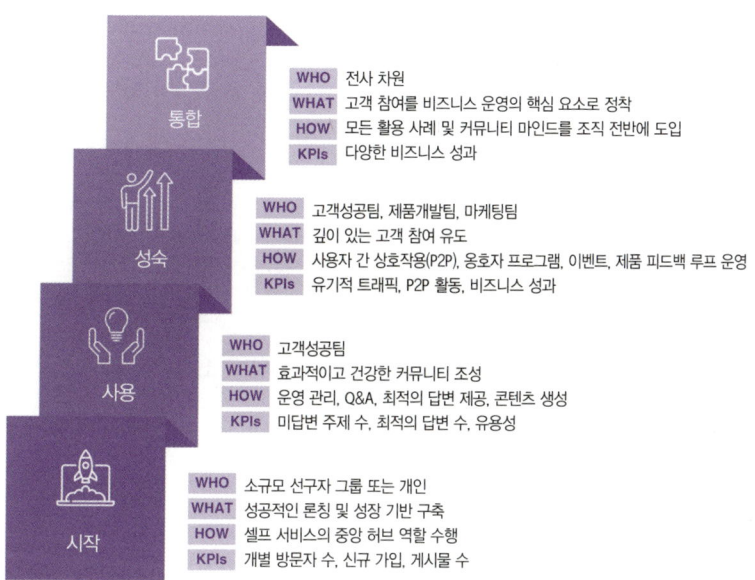

 이와 같은 간소화된 모델을 사용하면 커뮤니티가 현재 어디에 위치하고 있는지 파악하는 데 유용하다.

 새로운 프로그램의 기초를 마련하기 위한 소규모 혁신적인 시도의 시작점에 있을 수도 있고, 프로그램이 회사의 문화와 DNA의 일부가 되어 매우 성숙한 단계에 있을 수도 있다. 아니면 대부분의 회사처럼 그 중간 어딘가에 있을 수도 있다.

커뮤니티 성숙도의 네 가지 영역

이러한 '단계' 모델을 사용할 때의 어려운 점은 각 영역에서 현재 위치의 세부적인 차이를 포착하지 못하고, 다음에 집중해야 할 사항에 대한 실질적인 통찰을 발견하지 못한다는 점이다. 이를 해결하기 위해, 우리는 때때로 '네 가지 영역 모델'을 사용한다. 이 모델은 성숙도를 네 가지 주제로 나누어 분석한다.

1. **조직**Organization: 커뮤니티 프로그램에 관련하여 조직이 얼마나 성숙했는가? 여러 조직에 깊게 내재되어 있는가? 성공적인 프로그램 운영을 위한 전담 자원을 확보하고 있는가?
2. **프로세스**Process: 성공적인 커뮤니티 프로그램을 제공하기 위해 필요한 모든 핵심 프로세스를 확립했는가?
3. **활용 사례 채택**Adoption of use cases: 이 책 전반에 걸쳐 언급했듯이, B2B SaaS 커뮤니티에서는 다양한 활용 사례를 채택하는 것을 추천한다. 이 여정에서 어느 정도 진행되었는가?
4. **통합**Integrations: 커뮤니티는 고립된 형태로 성공할 수 없다. 고객 여정과 기술 스택에 커뮤니티가 얼마나 잘 통합되고 내재화되었는가?

이 모델을 활용하는 간단한 방법은 각 영역에 대해 다음의 7가지 질문을 스스로에게 던져보는 것이다. 이를 통해 초기 점수를 얻을 수 있을 뿐만 아니라 그다음 어떤 영역에 집중해야 할지에 대한 단서를 얻을 수 있다.

성공적인 커뮤니티 시작을 위한 핵심 요소

1 조직 Organization

1. 커뮤니티 운영을 이끌어 갈 커뮤니티 매니저가 있는가?
2. 커뮤니티 콘텐츠를 매일 모니터링할 운영 관리 프로세스가 마련되어 있는가?
3. 경영진 차원의 후원자가 있는가?
4. 커뮤니티 프로그램이 고객성공팀에서 활용되고 있는가?
5. 커뮤니티 프로그램이 마케팅팀에서 활용되고 있는가?
6. 커뮤니티 프로그램이 고객지원팀에서 활용되고 있는가?
7. 커뮤니티 프로그램이 제품개발팀에서 활용되고 있는가?

2 활용 사례 채택 Adoption of Use Cases

1. Q&A 및 고객 지원 중심 콘텐츠 제공을 위해 커뮤니티를 활용하고 있는가?
2. 교육 및 영감을 주는 콘텐츠 공유를 위해 커뮤니티를 활용하고 있는가?
3. 회원 간 네트워킹 및 교류를 촉진하기 위해 그룹 및 이벤트를 활용하고 있는가?
4. 제품 피드백을 수집하고, 커뮤니티를 통해 새로운 기능 출시를 안내하는 과정을 구축했는가?
5. 커뮤니티를 통해 브랜드 옹호를 적극적으로 유도하고 있는가?
6. 현재 활용 중인 사례들이 핵심 고객 페르소나key personas에게 전달되고 있는가?
7. 커뮤니티가 모든 고객을 효과적으로 포괄하고 있는가?

3 프로세스 Processes

1. 명확하고 일관된 운영 관리moderation 프로세스를 갖추고 있는가?
2. 커뮤니티 성장과 관련된 이니셔티브 및 지표에 대한 로드맵을 보유하고 있는가?
3. 커뮤니티 데이터, 인사이트, 성공 사례를 정기적으로 보고서로 공유하는가?
4. 커뮤니티 콘텐츠 캘린더를 운영하고 있는가?
5. 핵심 커뮤니티 멤버를 식별하고 관계를 구축하는 프로세스를 갖추고 있는가?
6. 제품 피드백 루프를 관리하는 내부 프로세스를 운영하고 있는가?
7. 커뮤니티 프로그램과 관련해 경영진과 정기적으로 논의하는 회의를 운영하고 있는가?

4 통합 Integrations

1. 고객이 모든 유용한 리소스를 찾을 수 있도록 커뮤니티가 핵심 랜딩 페이지 역할을 하고 있는가?
2. 통합 검색federated search을 활용하고 있는가?
3. 싱글 사인온SSO, Single Sign-On 기능을 활성화했는가?
4. 제품 또는 웹사이트 내에 커뮤니티 콘텐츠를 포함하고 있는가?
5. 커뮤니티를 CRM 시스템과 연동했는가?
6. 커뮤니티를 고객 지원 요청 시스템과 연동했는가?
7. 자피어Zapier 또는 API를 활용한 자동화 기능을 개발하고 있는가?

응답 기준: 예(1점) | 부분적으로(0.5점) | 아니요(0점)

**당신은 시작에 대한 기대감이 커졌는데,
다른 사람은 그렇지 않은가?**

지금쯤이면 커뮤니티가 회사에 가져올 수 있는 가치에 대해 흥미를 느끼고, 전략과 실행 계획을 어떻게 세울지에 대한 많은 아이디어가 떠오를 것이다. 하지만 때때로 조직 내에서 반대의 목소리를 들을 수 있다는 것을 우리는 경험상 알고 있다.

다행히도, 이런 반대는 대부분 매우 일반적인 몇 가지 유형에서 비롯된다. 커뮤니티 운영 경험이 부족하거나, 그로 인해 초기 단계에서 생길 수 있는 우려 때문인 경우가 많다. 다음 챕터에서는 가장 흔한 반대 의견들을 하나씩 살펴보고, 이에 효과적으로 대응하며 필요한 지지를 얻어내는 방법을 소개해 보고자 한다.

Chapter

16

예상되는 내부 저항, 어떻게 대처할까?

반대 의견에 대한 9가지 답변

모든 큰 변화와 새로운 이니셔티브가 그렇듯, 커뮤니티를 시작하는 과정에는 기대감과 동시에 불안감도 따르게 마련이다. 이 책을 읽으면서 전략을 거의 완성했으며, 커뮤니티의 성공을 확신하고 있다 하더라도, 조직 내 다른 사람들은 여전히 의구심을 갖거나 질문을 던질 수 있다.

커뮤니티를 시작하려는 커뮤니티 실무자들에게 주고 싶은 첫 번째 조언은, 비즈니스 리더들과 커뮤니티에 대한 전략적 관점을 공유하고 공감대를 형성하라는 것이다. 이 책을 리더십 팀과 고객지원, 고객성공, 마케팅, 제품 부서의 책임자들에게 전달하고, 그들이 책의 주요 개념을 이해했는지 후속 대화를 통해 확인하라. 이는 조직 전체의 공감대를 확보하는 데 도움이 되며, 추후 발생할 수 있는 방향성의 불일치를 예방하는 데 중요한 역할을 한다.

아무리 준비와 소통을 잘해도 커뮤니티 구축에 대한 의구심이나 반대는 생길 수 있다. 이는 주로 커뮤니티의 가치, 자원, 시간, 조직의 동의, 리스크와 관련된다. 실무자는 이런 이슈를 직접 설명하고 설득할 수 있어야 하며, 이 장에서는 흔한 반대 의견과 대응 방법을 소개한다. 대부분은 커뮤니티의 작동 방식과 가치에 대한 이해 부족에서 비롯되며, 이를 해결하려면 유익한 정보와 맥락을 공유해야 한다.

반대 의견 1: 비용이 많이 든다

커뮤니티를 구축하려면 일정 수준의 헌신과 자원의 투입이 필요하다. 법칙 9에서 다룬 바와 같이, 커뮤니티는 실질적인 비즈니스 성과를 견인하며 투자에 대한 높은 수익을 창출해야 한다. 따라서 가장 먼저 해야 할 일은 달성하고자 하는 결과를 명확히 정의하는 것이다. 그 결과를 실현하는 데 필요한 예산 규모를 산출한 후, 이를 바탕으로 합리적인 판단을 내리는 방식이 바람직하다.

아직 본격적인 커뮤니티 프로그램이나 자체 플랫폼에 투자할 여력이 없다면, 법칙 1에서 소개한 것처럼 소규모 파일럿 프로젝트나 초기 커뮤니티 구축 방식부터 작게 시작할 수 있다.

반대 의견 2: 커뮤니티를 구축할 자원이 부족하다

커뮤니티를 처음으로 구축하거나 도입하려는 조직에서 흔히 발생하는 오해 중 하나는, 커뮤니티를 시작하려면 막대한 자원이 필요하다는 인식이다. 물론 성숙한 커뮤니티 프로그램의 경우 커뮤니티 매니저, 모더레이터, 기타 전문 역할 등 전담 인력을 배정하는 것이 일반적인 모범 사례다. 그러나 실제로는, 몇몇 핵심 인력이 역할을 분산해 운영하면서도 효과적으로 커뮤니티를 시작하는 기업들도 많다. 초기에는 몇 명이 주 1~2시간 정도만 투자해도 충분히 시작할 수 있다.

중요한 것은 처음부터 모든 것을 갖추는 것이 아니라, 실행 가능한 범위 내에서 시작하는 것이다. 커뮤니티 프로그램이 점차 성과를 내고, 사용자와의 접점을 확대하며, 조직 내 인식과 가치를 증명하게 되면, 자연스럽게 전담 인력을 확보하고 프로그램을 확장하는 흐름으로 이어질 수 있다.

반대 의견 3: 커뮤니티를 구축하고 운영할 시간이 없다

세계 유수 기업들은 전담 커뮤니티 매니저를 채용해 커뮤니티를 일상적으로 관리하고 운영한다. 그러나 예산이 부족하거나, 채용이 진행 중이거나, 커뮤니티가 실제로 가치를 창출하는지를 먼저 확인하고자 하는 경우에는 커뮤니티 매니저가 부재한 상태에서 다른 직원이 부가적인 역할로 커뮤니티를 담당해야 하며, 이로 인해 업무 부담이 크고 시간 소모가 많을 것처럼 느껴질 수 있다.

실제로 커뮤니티를 구축하고 관리하는 데는 시간이 소요된다. 그러나 이는 투자할 가치가 충분한 시간이다. 커뮤니티에 시간을 들이면, 그만큼 장기적인 성과와 효율성 향상으로 돌아온다.

예를 들어, 매일 반복되는 질문에 응답하는 데에 얼마나 많은 시간을 쓰고 있는지 생각해 보자. 같은 시간 동안 커뮤니티에 심도 있는 답변을 담은 게시글을 작성한다면 어떨까? 이후에는 동일한 질문을 받았을 때 개별적으로 응답하는 대신 해당 게시글을 안내함으로써, 몇 시간의 업무 시간을 절약할 수 있다.

더 나아가, 해당 커뮤니티 게시글에 다른 회원들의 피드백이 추가되면서 답변은 점점 더 보완되고 완성도 높은 콘텐츠로 발전하게 된다. 이러한 선순환은 결국 지속적인 시간 절약과 전문성 강화로 이어진다.

반대 의견 4: 좋아 보이긴 하지만, 우리에겐 다른 우선순위가 있다

모든 조직에는 늘 한정된 자원보다 더 많은 아이디어와 계획이 있다. 우선순위를 정하는 일은 성공적인 비즈니스를 만드는 핵심 요소 중 하나다. 그래서 연간 계획 수립, OKRs_{Objectives, Key Results}, OGSMs_{Objective, Goals, Strategies, Measures}와 같은 조직적 프레임워크는 매우 중요하다.

누군가 "지금은 다른 우선순위가 있다"고 말한다면, 이는 결국 다른 프로젝트들이 효율성 측면에서 노력 대비 가치가 더 크다고 판단한 것이다. 이러한 반대 의견을 접했을 때는, 커뮤니티 프로그램의 가치와 투입 대비 효과에 대해 공감대를 형성하려고 시도해 보자. 그런 다음, 이 프로젝트가 우선순위 리스트에서 어디에 위치해야 할지 함께 논의한다.

만약 실제로 더 시급한 과제가 있다면, 커뮤니티 구축의 범위를 축소하여 접근하는 것도 방법이다. 법칙 1에서도 언급했듯이, 커뮤니티는 언제든지 작은 규모의 이니셔티브로도 시작할 수 있다.

반대 의견 5: 다른 부서를 설득할 수 없다

커뮤니티는 조직의 여러 부서와 팀에 영향을 미칠 수 있다. 고객성공, 고객지원, 마케팅, 제품개발 등 다양한 부서가 그 대상이다. 그러나 모든 부서가 커뮤니티의 가치를 이해하는 것은 아니며, 종종 다른 부서의 이해관계자들은 커뮤니티의 비용이 이익보다 크다고 생각한다.

이 경우, 다른 부서와 시간을 내어 만나고, 그들이 무엇을 걱정하고 있는지 파악한 뒤, 커뮤니티가 각 부서에 어떤 가치를 가져다줄 수 있는지 설명해야 한다.

다음은 일반적으로 볼 수 있는 몇 가지 예시이다.

- 고객지원팀은 커뮤니티가 지원 요청 티켓의 양을 줄이는 역할을 하기 때문에 그로 인한 혜택을 본다. 고객지원팀은 가장 흔하고 간단한 질문에 시간을 보내는 대신, 가치를 더하는 고객과의 상호작용에 집중할 수 있다.
- 고객성공팀은 커뮤니티 덕분에 디지털 고객 성공의 노력을 확장할 수 있다. 커뮤니티는 고객들이 서로 연결되고 배우는 공간을 제공함으로써, 고객 성공 매니저CSM만을 통해 배우는 것이 아니라 고객들 간의 상호 학습도 가능하게 한다.
- 마케팅팀은 발표자를 찾거나 괜찮은 사례연구를 만드는 데 어려움을 겪는다. 그런데 커뮤니티 내 핵심 멤버와 옹호자들이 자연스럽게 마케팅에 필요한 자료를 제공해 준다.
- 제품개발팀은 커뮤니티를 통해 제품 피드백을 수집함으로써 큰 효율성을 얻을 수 있다. 또한 새로운 제품 기능에 대해 직접 소통함으로써 제품 사용을 촉진할 수 있다.

반대 의견 6: 우리는 커뮤니티가 필요 없다, 이미 지식 베이스 포털/티켓팅 시스템/LMS/문서화/제품 피드백 도구를 갖고 있다

이미 고객을 위한 다양한 접점과 자원을 보유하고 있다면 매우 바람직하지만, 커뮤니티 프로그램은 기존 시스템이 제공하지 못하는 고유하고 보완적인 가치를 제공한다. 커뮤니티는 모든 유용한 자원의 콘텐츠를 하나로 연결하고, 고객이 필요한 정보를 더 쉽게 찾을 수 있도록 중앙 허브 역할을 한다. 이는 많은 B2B SaaS 기업들이 겪는 '단절된 고객 경험'을 해소하는 데 큰 도움이 된다.

또한 커뮤니티는 일대다 one-to-many 커뮤니케이션, 회원 간 상호 Q&A, 고객 교육 등 다양한 활동이 자연스럽게 이루어지는 공간을 제공함으로써 고객 참여를 확장하고 디지털 방식의 고객 성공을 효과적으로 구현할 수 있는 기반이 된다.

즉, 기존 시스템이 잘 갖춰져 있더라도 커뮤니티는 그 위에 더 큰 시너지를 만들어내는 전략적 자산이 된다.

반대 의견 7: 우리는 규모가 너무 작아서 커뮤니티를 시작하기 어렵다

물론 고객 수가 많을수록 활발한 커뮤니티를 구축하기가 더 수월하다. 일정 수준 이상의 규모가 되어야 자체 커뮤니티 플랫폼의 가치를 온전히 실현할 수 있다는 점도 사실이다. 일반적으로 B2B SaaS 기업이라면 고객 수가 최소 50~100명은 되어야 자체 커뮤니티 플랫폼을 운영하는 것이 실질적인 의미를 갖기 시작한다고 본다.

하지만 이 책에서 여러 차례 강조했듯이, 커뮤니티 구축은 규모에 관계없이 언제든 시작할 수 있다. 초기 단계에서는 법칙 1에서 소개한 소규모 전술, 즉 고객과의 직접적인 교류나 소규모 밋업 중심의 활동으로 작게 시작해도 충분하다. 고객 수가 많든 적든, 커뮤니티 마인드를 조직 안에 심는 일은 가능한 한 이른 시점에 시작하는 것이 좋다.

만약 현재 고객 수가 적다면, 장기적인 커뮤니티 로드맵을 그려보길 권한다. 시간이 지나면서 고객 기반이 확장됨에 따라 커뮤니티 역시 점진적으로 발전해 나갈 수 있으며, 그 과정에서 몇 년 후에는 자체 커뮤니티 플랫폼과 전담 프로그램에 대한 투자를 본격적으로 고려할 수 있다.

반대 의견 8: 부정적인 피드백이 걱정된다

이 반대 의견은 매우 자주 접하는 사례다. 많은 기업이 커뮤니티를 시작하면 부정적인 피드백이 넘쳐날까 봐 우려한다. 하지만 오랜 커뮤니티 구축 경험을 되돌아봐도, 부정적인 반응이 폭발적으로 쏟아진 고객 사례는 실제로 단 한 번도 없었다.

물론 어느 정도 부정적인 피드백이 있을 수 있다. 이는 고객이 특정 경험에 불만을 느꼈다는 의미일 것이다. 커뮤니티가 있든 없든 고객들은 친구나 동료, 어쩌면 소셜 미디어에 불만을 쏟아낼 가능성이 있다. 그렇기 때문에 커뮤니티에서 부정적인 피드백을 받는 것은 오히려 기업이 직접 대화에 참여하고 문제를 해결할 수 있는 귀중한 기회가 될 수 있다.

커뮤니티 운영에는 항상 '이용 약관'이 존재하는 만큼, 회원들의 행동이 선을 넘을 경우 이를 근거로 대응할 수 있다. 회원들이 이러한 기본

규칙을 준수하는 한, 기업은 비판을 열린 마음으로 받아들이고 적극적으로 대응하며 이를 내부적으로 공유할 수 있어야 한다.

커뮤니티는 놀라운 변화를 이끌어내는 강력한 촉매 역할을 할 수 있으며, 종종 론칭 후 몇 달 만에 그 효과를 확인할 수 있다. 비판에 진정성 있게 응답하고 고객의 의견을 경청하는 모습을 보여준다면, 불만을 가진 고객들의 감정이 긍정적으로 바뀌게 된다. 실제로, 과거에 커뮤니티에서 가장 부정적인 반응을 보이던 사람이 시간이 지나 열렬한 지지자로 변하는 사례도 여러 차례 목격했다.

반대 의견 9: 경쟁사가 우리의 콘텐츠를 보거나 가져갈까 봐 두렵다

온라인 커뮤니티를 만들면, 여러분과 고객이 가치 있는 콘텐츠를 공유하게 된다. 법칙 3과 4에서 다룬 것처럼, 이러한 콘텐츠는 업계 전문지식이나 자사 제품, 회사의 비전, 모범 사례들, 그리고 고객 사례에 관한 것들이다. 커뮤니티를 운영한다는 것은 세상에 정보를 공개하는 일이며, 이는 경쟁사도 해당 콘텐츠를 볼 수 있다는 의미이기도 하다. 하지만 이것은 커뮤니티 콘텐츠에만 해당되는 이야기가 아니다. 경쟁사는 여러분의 웨비나, 주요 행사에서의 발표 자료, 마케팅 블로그도 얼마든지 접할 수 있다.

이럴 때 가장 효과적인 사고방식은 '가장 가치 있는 콘텐츠와 아이디어일수록 아낌없이 나누는 것'이라는 생각이다. 이것이 바로 게인사이트Gainsight가 창립 이후 계속 실천해 온 방식이다. '펄스Pulse' 행사, 마케팅 블로그, 소셜 미디어 게시물, 그리고 지금 여러분이 읽고 있는 이 책과 같은 출판물을 통해서도 우리는 지속적으로 콘텐츠를 공유해 왔다. 이러한 개방적이고 아낌없는 태도가 게인사이트를 '고객 성공' 분야에서 선도적인 권위자이자 지식 리더로 자리 잡게 만든 중요한 요인이라고 확신한다.

물론 모든 정보를 다 공개할 필요는 없다. 비공개로 유지하고 싶은 정보가 있다면 커뮤니티 내 특정 섹션에 접근을 제한할 수 있다. 예를 들어 고객들이 제품 피드백 섹션에만 접근할 수 있도록 설정하거나, 베타 프로그램과 같이 민감한 정보는 NDA비밀 유지 계약 체결 후에만 접근을 허용할 수도 있다. 혹은 커뮤니티 전체에 대한 접근을 제한해 로그인한 고객만 이용할 수 있도록 설정하는 것도 가능하다.

다만, 일반적으로 이러한 방식은 추천하지 않는다. 개방적인 커뮤니티 공간일수록 더 활발하게 운영되며 성공할 가능성이 높다고 생각하기 때문이다.

그 밖의 반론이나 까다로운 질문이 있는가?

여기에서 다루지 않은 다양한 반론에 마주하게 될 수도 있고, 당장 명확한 답을 갖고 있지 않은 질문을 받을 수도 있다. 그런 상황이 생긴다면, 우리 커뮤니티를 방문해 도움을 요청하길 권한다. 커뮤니티는 바로 이런 순간을 위해 존재한다.

에필로그

이 책의 끝자락에 이르러 우리는 커뮤니티의 힘에 대해 글을 쓰게 된 여정을 되돌아보았다. 단순한 비즈니스 프로젝트로 시작했던 일이 곧 개인적으로도 의미 있는 여정으로 바뀌어갔다. 활기찬 커뮤니티 생태계를 만들어가며 서로에게 영향을 주고받은 많은 사람들의 이야기와 경험들로 더욱 풍성해졌다.

성장하는 비즈니스 커뮤니티의 본질을 이해하기 위한 여정에서, 우리는 특별한 경험과 통찰을 가진 놀라운 사람들과 교류할 수 있는 기회를 얻었다. 그들의 이야기를 통해 우리는 커뮤니티가 단순히 가치 교환을 넘어, 사람 중심의 연결, 공감, 그리고 성장과 협력을 향한 공동의 열망에 의해 움직인다는 사실을 깨닫게 되었다.

많은 비즈니스 리더들의 삶을 깊이 들여다보면서, 우리는 커뮤니티가 그들의 개인적 성장에 미치는 깊은 영향도 발견하게 되었다. 모든 성공 스토리 이면에는 도움의 손길을 내밀고, 방향을 제시하며, 끊임없는 지지를 보내준 수많은 사람들이 있었다. 이를 통해 우리는 비즈니스 세계에서 진정한 성공이란 단순히 수익률로만 측정되는 것이 아니라 함께 만들어가는 커뮤니티 관계의 깊이로도 평가된다는 점을 깨달았다.

우리 역시 게인사이트Gainsight와 함께 성장하는 과정에서 이러한 일들을 직접 경험했다. 우리 커뮤니티를 통해 형성된 인연 덕분에 수백 명의 리더들이 커리어에서 도약하는 모습을 보아왔다. 심지어 일부 비즈니스 리더들은 직원들이 '펄스Pulse' 이벤트에 참석하면 커뮤니티에서 새로운 사람들을 만나 이직을 결심할 수도 있기 때문에 보내고 싶지 않다는 말을 하기도 했다. 이는 커뮤니티가 실질적으로 인생을 바꾸는 계기가 될 수 있다는 강력한 증거다.

이 여정을 마무리하며, 커뮤니티가 우리 개인적인 삶에도 얼마나 깊은 영향을 미쳤는지를 다시금 떠올리게 된다. 함께하는 동료애, 공유된 지식, 그리고 끝없는 영감은 우리에게 깊은 흔적을 남겼으며, CEO이자 비즈니스 리더로서의 길을 걸어가는 데 큰 영향을 주었다.

부디 이 책에서 얻은 통찰이 여러분이 성공적인 커뮤니티를 구축하는 데 길잡이가 되기를 바란다. 개인적인 삶에서든 비즈니스 환경에서든, 가족과 친구들을 돕는 일이든, 고객들의 성장과 성공을 지원하는 일이든 모두 해당된다. 우리가 이루는 가장 위대한 성취는 단지 재무적 성과로만 측정되지 않는다. 진정한 성취는 다른 사람들의 삶에 어떤 영향을 미쳤는지, 그리고 우리가 어떤 유산을 남겼는지에 달려 있다.

이 뜻깊은 여정에 함께해 주셔서 진심으로 감사드리며, 커뮤니티의 힘이 앞으로도 계속 성장하여, 사람을 중심에 둔 더 나은 미래를 함께 만들어가길 바란다.

참고문헌

Chapter 1

Aristotle. *Politics*. Translated by C. D. C. Reeve. Book 1, 1253a. Indianapolis, IN: Hackett Publishing Company, 2017.

Buettner, Dan. "How to Live to Be 100+." Lecture presented at the TEDxTC, September 2, 2009. https://www.youtube.com/watch?v=l-jk9ni4XWk.

Cigna. "Cigna 2018 U.S. Loneliness Index." Cigna Corporation and Ipsos, May 1, 2018. https://www.cigna.com/assets/docs/newsroom/loneliness-survey-2018-updated-fact-sheet.pdf.

Holt-Lunstad, J., D. Stephenson, M. Harris, and T. B. Baker. "Loneliness and Social Isolation as Risk Factors for Mortality: A Meta-Analytic Review." *Perspectives on Psychological Science: A Journal of the Association for Psychological Science*. National Library of Medicine, March 11, 2015. https://pubmed.ncbi.nlm.nih.gov/25910392/.

Murthy, Vivek Hallegere. *Together: The Healing Power of Human Connection in a Sometimes Lonely World*. New York: Harper Wave, an imprint of HarperCollins, 2020.

Oldenburg, Ray. *The Great Good Place: Cafés, Coffee Shops, Community Centers, Beauty Parlors, General Stores, Bars, Hangouts, and How They Get You through the Day*. New York: Paragon House, 1989.

Tomova, Livia, Kimberly L. Wang, Todd Thompson, Gillian A. Matthews, Atsushi Takahashi, Kay M. Tye, and Rebecca Saxe. "Acute Social Isolation Evokes Midbrain Craving Responses Similar to Hunger." *Nature News*. Nature Publishing Group, November 23, 2020. https://www.nature.com/articles/s41593-020-00742-z.

The Godfather. VHS. United States: Paramount Pictures, 1972.

The Office. Season 3, episode 16, "Phyllis' Wedding." February 8, 2007.

Chapter 2

Andreessen, Marc. "Why Software Is Eating the World." *Wall Street Journal*. August 11, 2011. https://www.wsj.com/articles/SB10001424053111903480904576512250915629460.

Bailey, Mckenna. "Why Is NRR Your Most Important Growth Metric?" Gainsight, November 15, 2021. https://www.gainsight.com/blog/nrr-north-star-growth-metric/.

Detroit Historical Society. "Model T." *Encyclopedia of Detroit*. Detroit Historical Society. Accessed April 20, 2023. https://detroithistorical.org/learn/encyclopedia-of-detroit/model-t.

Ethereum. "What Is Web3 and Why Is It Important?" April 19, 2023. https://ethereum.org/en/web3/.

Ford Motor Company. "The Model T." Accessed April 20, 2023. https://corporate.ford.com/articles/history/the-model-t.html.

Hayes, Adam. "The Risks and Rewards of Investing in Startups." Investopedia, July 28, 2022. https://www.investopedia.com/articles/personal-finance/041315/risk-and-rewards-investing-startups.asp.

Konrad, Alex. "The Cloud 100." Bessemer Venture Partners and Salesforce Ventures, August 9, 2022. https://www.forbes.com/lists/cloud100/?sh=730d11987d9c.

Marino, Maria, Michael Maziarka, and Chad Storlie. "Market Guide for B2B Customer Community Platforms." Gartner, October 10, 2022. https://www.gartner.com/en/documents/4004093.

Moore, Geoffrey A. *Crossing the Chasm: Marketing and Selling High-Tech Products to Mainstream Customers*. New York: HarperBusiness Essentials, 2014.

Pattabhiram, Chandar. "The 'C' Shift to Becoming a MegaBrand." LinkedIn, December 19, 2019. https://www.linkedin.com/pulse/c-shift-becoming-megabrand-chandar-pattabhiram.

Shah, Dharmesh. "INBOUND 2022." HubSpot Marketing, 2022. https://www.youtube.com/watch?v=0PvZTD6oEBc&t=4s.

Vaidyanathan, Ashvin, and Ruben Rabago. Essay, in *The Customer Success Professional's Handbook: How to Thrive in One of the World's Fastest Growing Careers– While Driving Growth for Your Company*. Hoboken, NJ: John Wiley & Sons, 2020, pp. 138–138.

Walker, Kate, and Talia Goldberg. "Five Laws for Community-Led Growth." Bessemer Venture Partners, August 16, 2022. https://www.bvp.com/atlas/five-laws-for-community-led-growth.

Chapter 3

Marino, Maria, Michael Maziarka, and Chad Storlie. "Market Guide for B2B Customer

Community Platforms." Gartner, October 10, 2022. https://www.gartner.com/en/documents/4004093.

Chapter 4

Bickart, Barbara, and Robert M. Schindler. "Internet Forums as Influential Sources of Consumer Information." *Journal of Interactive Marketing* 15, no. 3 (June 28, 2001): 31–40. doi:10.1002/dir.1014.abs.

Chen, Chun-Der, and Edward C. Ku. "Diversified Online Review Websites as Accelerators for Online Impulsive Buying: The Moderating Effect of Price Dispersion." *Journal of Internet Commerce* 20, no.1 (January 2, 2021): 113–35. doi:10.1080/15332861. 2020.1868227.

Constantinides, Efthymios, and Nina Isabel Holleschovsky. "Impact of Online Product Reviews on Purchasing Decisions." *Proceedings of the 12th International Conference on Web Information Systems and Technologies* 2 (April 23, 2016): 271–78. doi:10.5220/0005861002710278.

Marmon, Johanna. "Why We Care about Search Marketing." *Mar-Tech*, March 28, 2023. https://martech.org/why-we-care-about-search-marketing/.

Chapter 7

Imhoff, Claudia, Jonathan G. Geiger, and Lisa Loftis. "Building the Customer-Centric Enterprise, Part 1." *DM Review* 10 (2000): 24–29.

Chapter 10

Magwaza, Pam. "The Community-Led Show #7: Alteryx's Dean Stoecker Means Business with Community." *Commsor*, June 6, 2022. https://www.commsor.com/post/the-community-led-show-7-alteryxs-dean-stoecker-means-business-with-community.

Millington, Richard. *Buzzing Communities: How to Build Bigger, Better, and More Active Online Communities*. FeverBee, 2012.

Chapter 12

Salesforce. *State of the Connected Customer* 2022. https://www.salesforce.com/resources/research-reports/state-of-the-connected-customer/.

Torres, Teresa. *Continuous Discovery Habits: Discover Products That Create Customer Value and Business Value*. Bend, OR: Product Talk LLC, 2021.

Williams, Evan. "Own the Moment of Customer Onboarding: Launch the Love." *Gainsight*, June 29, 2022. https://www.gainsight.com/blog/owning-customer-onboarding-gainsight-essentials/.

Chapter 13

Gothelf, Jeff, and Josh Seiden. "You Need to Manage Digital Projects for Outcomes, Not Outputs." *Harvard Business Review*, February 6, 2017. https://hbr.org/2017/02/you-need-to-manage-digital-projects-for-outcomes-not-outputs.

Quick, Daniel. "Pulse 2022." *In 5 Steps to Measuring the Impact of Customer Education*. San Francisco: Gainsight, August 17, 2022.

Chapter 14

Community Roundtable. "The State of Community Management 2022." https://communityroundtable.com/what-we-do/research/the-state-of-community-management/state-of-community-management-2022/.

"Culture." *Oxford Learner's Dictionary*. Oxford University Press, n.d. https://www.oxfordlearnersdictionaries.com/us/definition/american _ english/culture _ 1.

Jaques, Elliot. *The Changing Culture of a Factory*. London: Tavistock Publications, 1957.

McCord, Patty. *Powerful: Building a Culture of Freedom and Responsibility*. San Francisco: Missionday, 2020.

Hastings, Reed, and Erin Meyer. *No Rules Rules: Netflix and the Culture of Reinvention*. New York: Penguin Press, 2020.

AI 시대, 고객을 넘어 팬덤을 만드는 10가지 성공법칙

커스터머 커뮤니티

초판 1쇄 발행 2025년 9월 22일

지은이	닉 메타 · 로빈 판 리샤우트
옮긴이	정서은 · 박예진
발행처	예미
발행인	황부현
편 집	김정연
디자인	김민정

출판등록 2018년 5월 10일(제2018-000084호)
주소 경기도 고양시 일산서구 강성로 256, B102호
전화 031)917-7279   **팩스** 031)911-5513
전자우편 yemmibooks@naver.com
홈페이지 www.yemmibooks.com

ⓒ 닉 메타 · 로빈 판 리샤우트, 2025

ISBN 979-11-92907-81-9   03320

- 책값은 뒤표지에 있습니다.
- 이 책의 저작권은 저자에게 있습니다.
- 이 책의 내용의 전부 또는 일부를 사용하려면 반드시 저자와 출판사의 서면동의가 필요합니다.